박 변리사의
특허 노트

박 변리사의 특허 노트

개정판 1쇄 인쇄 | 2023년 6월 10일
지은이 | 박남영
펴낸이 | 이재욱(필명:이승훈)
펴낸곳 | 해드림출판사
주   소 | 서울 영등포구 경인로82길 3-4(문래동1가 39)
        센터플러스빌딩 1004호(우편07371)
전 화 | 02-2612-5552
팩 스 | 02-2688-5568
E-mail | jlee5059@hanmail.net

등록번호   제2013-000076
등록일자   2008년 9월 29일

ISBN   979-11-5634-539-8

특허 개발부터 특허 소송까지 적용가능한 완벽 실무 가이드

박 변리사의

PATENT REFERENCE BOOK

특허 노트

"일부 구성을 생략한 발명도 특허가 되나요?"
"왜 발명을 여러 건으로 나누어 출원할까?"
"특허받으면 특허를 팔 수도 있습니까?"

특허발명 단계별 노하우 총정리

**4년만의
개정판 출간**

해드림출판사

하나님께 이 책을 바칩니다

초판을 낸 지 4년 만에 개정판을 내게 되었습니다. "제 버릇 개 줄까"라는 속담처럼, 뭐가 좀 있으면 적어두고 끼워두는 습관을 버릴 수가 없었네요. 지금껏 모아둔 내용이 좀 되는데 이 책의 의도에 맞는 자료는 많지 않았습니다. 대부분 자주 접하기 어려운 내용뿐이었는데, 정말 다행이었습니다. 이번이 마지막이 될 테니까요.

이번 개정판에 추가된 주제는 1. '인터넷을 이용한 영업방법도 특허를 받을 수 있나요?', 2. '내 발명을 타인이 몰래 개량하여 특허를 받은 경우', 3. '변리사가 바라본 기업 내 특허팀의 발생과 성장', 4. '해외출원 시 특허 출원명세서 번역은 직역? 아니면 의역?', 5. '명세서 번역문 검토 어느 정도로 해야 하나요?', 6. '특허 침해당할 때 특별사법경찰에 신고하기?', 7. '세관의 침해의심물품 수출입 등 사실 통보서를 받았을 때', 8. '제가 만든 노래를 저작권으로 보호받고 싶습니다', 9. '이모티콘, 지식재산권으로 어떻게 보호받을 수 있을까요?', 10. '영업에 사용 중인 표장 보호받기 : 상호등기 VS 상표'입니다. 그리고 기존 주제에 최근의 선택발명에 관한 판례, 균등침해에 관한 판례, 미국의 3가지 종류의 연속출원(Continuing Application), 선행기술조사의 추가 노하우, 특허괴물 및 특허의 보이지 않는 효과 등을 간략하게 정리하여 추가하였고, 초판에 있던 오탈자를 바로잡았습니다. 마지막으로 디자인 존속기간을 등록일로부터 15년에서 20년으로 수정하였습니다. 이를 초판의 한 독자분께서 고맙게도 이메일을 통해 알려주셨습니다.

　끝으로 포기하지 않고 글을 쓸 수 있도록 힘을 주신 하나님께 감사드리고, 많이 부족할 수 있는 저의 책을 아껴주신 모든 분께 진심으로 감사드립니다.

2023년 5월
박남영

하나님께 이 책을 바칩니다

특허 상담을 하면서 의뢰인분들이 자주 물어보시거나 오해하고 계신 것 등이 생길 때마다 이 노트 저 노트에 제목만 간단히 적어두었었는데, 4년 정도 지나고 나니까 100가지가 넘게 되었습니다.

움직일 수 없는 꽉 막힌 느낌이랄까 개인적으로 정리되지 않은 상태로 오래 두는 것을 싫어해서 2014년 새해를 맞이하면서 이것을 버리려던 내용을 보충하여 책을 내든 어떤 식으로든 마무리해야겠다고 마음먹었습니다.

그냥 버리자니 지난 정성이 아깝고 정들어서 아쉽고, 반대로 내용을 보충하여 책 같은 것을 내자니 여간 막막한 게 아니었습니다. 더군다나 이런 글이 자기만족 외에 누군가에게 도움이 될지 확신도 안 서고, 오히려 잘못 써서 창피한 꼴이나 당하는 것이 아닌지 걱정이 앞서 고민만 몇 달 한 것 같습니다.

어찌어찌해서 펜을 들어 글을 쓰기 시작했는데, 글 쓰는 중에 후회하기를 100번도 더 한 것 같습니다. 글 쓰는 재주가 없어서 그런지 너무너무 힘들었습니다. 지금도 그렇지만 글 잘 쓰는 사람이 부럽습니다.

    이 책은 제가 수집한, 특허 상담을 하면서 의뢰인분들이 자주 물어보시거나 오해하고 계신 것을 중심으로 백여 가지의 주제를 제1화 특허 개발 단계 이야기, 제2화 특허 출원 단계 이야기, 제3화 출원 심사 단계 이야기, 제4화 특허·심판소송 단계 이야기, 제5화 특허권 단계 이야기로 발명의 탄생부터 특허권으로 활용되기까지를 단계 순으로 정리하였습니다. 이 글에서 딱히 줄거리를 찾기 힘든데도 이야기라고 제목 붙인 것은 주제 하나하나가 의뢰인분들과의 이야깃거리였기 때문입니다.

    감사하게도 이 책의 내용이 어느 정도 윤곽이 잡혔을 때부터 세미나 요청이 여러 번 있었고, 그때마다 이 정리된 글이 큰 도움이 되었습니다. 글을 쓰면서 진척은 없고 지루하게 시간만 잡아먹을 때마다 "이게 무슨 소용이 있나?" 하고 푸념했던 기억이 엊그제 같네요.

    제 바람은 먼저 '발명가분들이 특허에 대해서 어떤 오해를 하고 무엇을 궁금해하는지'를 알고 싶은 분들이 이 글을 읽었으면 좋겠습니다. 다음으로 특허사무소나 사내 특허팀에서 화학 분야 쪽 특허실무가 궁금하신 분들이 읽고 도움을 얻으셨으면 좋겠습니다. 특히 화학을 전공하지 않은 변리사님들 중에 화학 분야 쪽 특허실무가 궁금하신 분들이나 현재 화학 분야를 담당하고 있는 후배 변리사님들에게 조금 민망하지만, 이 책을 추천하고 싶습니다. 이 책을 완성해 가면서 스스로 아쉬운 점은 글재주가 부족해 처음 의도와는 달리 너무 어렵게 쓰인 것인데, 지면을 빌어 죄송하다는 말씀을 드립니다.

오랜 시간 포기하지 않고 글을 쓸 수 있도록 힘을 주신 하나님께 먼저 감사드리고, 부족한 저에게 이것저것 물어봐 주신 의뢰인분들께 지면을 통해 고맙다는 인사를 드립니다. 마지막으로 모난 남편 모난 아빠를 항상 용납해 준 아내 혜정, 첫째 우림, 둘째 온유, 셋째 시온에게 고맙고 사랑한다는 말을 전합니다.

제1화　**특허 개발 단계 이야기**

20~24   제언

제2화   출원 단계 이야기

25~39   명세서 작성

40~46　명세서 검토

47~57　청구항 작성

제3화 심사 단계 이야기

제4화 심판·소송 단계 이야기

제5화 특허권 단계 이야기

제6화 특허 외 이야기

특허 개발 단계 이야기

특허 개발 단계는 특허 가능한 발명을 발굴하는 단계라고 할 수 있습니다. 많은 사람들이 특허받을 수 있는 발명은 어렵고 특별하다고 생각합니다. 대기업 연구원들도 마찬가지입니다. 어떤 경우에는 이미 발명을 해 놓고도 발명인지 모르고 지나쳐 버리는 경우도 종종 있습니다. 여기에서는 주로 주로 특허 가능한 발명을 어떻게 발굴할 수 있는지, 어떤 것까지 특허 가능한 발명이 될 수 있는지 등에 관한 것들을 정리해 놓았습니다.

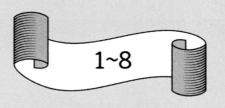

1~8

오해

001
꼭 원하는 실험결과가 있어야 할까요?

특허를 받으려면 꼭 원하는 실험결과나 최적화된 결과가 있어야 할까요?

다른 일들과 마찬가지로 특허 출원 단계에서도 발명의 내용이 완벽하면 할수록 좋습니다. 그러나 이에 못지않게 시간, 즉 타이밍도 중요합니다. 모든 나라는 특허에 있어서 선출원주의를 채택하고 있습니다. 다시 말해 동일한 발명의 경우 먼저 특허 출원한 자에게 발명에 대한 독점권, 즉 특허권을 부여하는 것입니다.

따라서 출원 전에 발명이 개량될 수도 있다거나, 제품의 스펙이 바뀔 수도 있다고 해서 출원일을 계속 늦추는 것은 바람직하지 않습니다. 그러는 사이 다른 사람이 먼저 동일한 발명을 특허 출원하거나, 유사한 출원발명이 공개되어 버리면, 아무리 그 발명이 최적화되고, 그 발명에 많은 노력과 시간, 그리고 돈이 들어갔다고 해도 특허를 받을 수가 없습니다.

특허 상담을 하다 보면 발명자로부터 심심찮게 이런 말을 듣습니다. "이 특허는 우리 발명보다 앞서 출원이 되기는 했지만, 아이디어 수준에 불과하고 실시예나 비교예 등은 만들어 낸 거라 실제 해보면 안 되는 것입니다." 그러나 이미 엎질러진 물과 같습니다. 주워 담을 수가 없습니다. 발명은 기술적 사상이라서 아이디어가 발명의 핵심이라고 할 수 있습니다.

중요한 발명이라고 한다면 일단 출원하여 빠른 출원일을 확보한 다음, 추후 개량된 부분이나 바뀐 스펙에 대해서는 국내우선권주장출원을 하거나 별도로 신규 출원하는 것이 바람직합니다.

발명가나 연구원들이 말하는 스펙(specification)은 제품 생산에 사용될 물질, 제품성분, 성분비, 제조방법 및 조건 등을 이르는 말입니다.

미완성 발명은 원칙상 특허 출원해도 등록받을 수 없으나, 완벽한 실험결과 또는 충분한 실험결과를 확보하지 못했다고 해서 결코 등록받지 못하는 것은 아닙니다. 혹여 보기에 미완성 발명을 특허 출원했다고 해도 실무상 이를 국내우선권주장출원으로 보완하여 등록받을 수 있습니다.

국내우선권주장출원은 1년 이내에 원 특허 출원을 개량하여 이에 대한 우선권을 주장하면서 다시 출원하는 특허 출원을 말합니다. 이러한 국내우선권주장출원을 하는 경우 원 특허 출원은 원 특허 출원일로부터 1년 3개월이 경과하는 시점에 취하 간주되고, 국내우선권주장출원에서 원 특허 출원에 있던 내용은 원 특허 출원일에 출원된 것으로 보는 소급효를 갖게 됩니다.

002
발견이 발명?

발명자 중에 발명과 발견을 혼동하는 경우가 종종 있습니다. 아무리 대단한 발견이라도 용도발명 등이 아닌 다음에는, 통상 발견만을 가지고는 특허를 받을 수는 없습니다.

참고로, 용도발명은 특정 물질에 대하여 어떤 특성을 발견하고 이를 새로운 용도로 이용한 발명을 말합니다. 원칙적으로는 발견이지만, 새로운 용도라고 하는 창작적 요소가 존재하기 때문에 특허법상 보호해 줄 가치가 있어 발명으로 인정하고 있습니다.

또한, 발견이란 자연계에 이미 존재하는 것을 찾아내는 것이라 창작이 아니므로, 천연물이나 세균 등의 단순한 발견은 발명에 해당하지 않습니다.

그러나 천연물에서 특정 물질을 인위적으로 분리하는 방법을 개발한 경우 그 방법이나 그 분리된 물질 등은 발명에 해당될 수 있습니다.

다만 감자를 뽑아 보면 뿌리에 감자들이 매달려 있는 것처럼 발명자의 발견에도 많은 경우 발명이 직간접적으로 매달리게 되는 것 같습니다.

003
진보성이 낮아 특허가 안 될 것 같아요

많은 발명자들이 한 분야에서 오랫동안 연구에 매달려 온 사람들이거나, 보통 석사 또는 박사 학위를 갖고 있는 연구원이므로, 특허법에서 말하는 통상의 기술자가 아니라, 통상의 기술자보다 조금 더 높은 수준의 기술자일 수 있다는 사실을 명심해야 합니다. 발명자 자신을 기준으로 자신의 아이디어나 발명이 쉬운지 어려운지 절대 판단할 필요가 없습니다.

이에 더하여, 발명자 자신이나 자신의 작업장, 연구실, 실험실 등에서 알고 있던 기술들이 세상에 공개된 종래기술이나 통상적인 기술들이 아닐 수 있다는 사실을 인식하고 있어야 합니다.

만약 진보성이 낮다고 생각하여 특허 출원하지 않은 발명을 이후 경쟁업체에서 특허 출원해서 등록받는 경우 큰 낭패가 아닐 수 없고, 실제 그러한 경우를 심심찮게 보곤 합니다.

특허 출원만 되어 있는 경우라도 경쟁업체는 추후 특허가 될까 노심초사할 수밖에 없습니다. 변리사의 의견을 받아 놓는다든지 정보제공을 한다든지 하는데, 특허 출원 비용보다 훨씬 더 큰 비용이 듭니다.

다만 제 경험상 대기업 연구소의 연구원들이 출원한 발명의 경우 간혹 심사관 중에 진보성 판단 시 통상 기술자의 수준을 해당

연구원들의 기술 수준이나 자신의 기술 수준으로 다소 높게 잡는 경우가 있습니다. 그러나 심사관들도 계속 노력하고 있고, 심사관의 거절 이유에 대한 대응 시 이의 부당함을 주장할 수 있으며, 이러한 주장이 받아들여지기도 합니다.

　대기업의 경우 위에서와 같은 아이디어나 발명이 대부분 사내특허 전담부서 등을 통해 개발되어 특허사무소에 출원 의뢰되므로, 보통은 특허사무소에서 출원 진행 시 검토할 수 있는 내용은 아닙니다. 그러나 누구든 기회가 되는 대로, 사소한 것으로 여겨 사장될 운명에 처한 아이디어나 기술 등을 발굴해 내 특허가 될 수 있도록 해야 합니다. 저는 이것도 애국하는 길이라고 생각합니다.

004
새로운 물질도 특허가 되나요?

합성을 많이 하는 연구원들에게서 여러 번 받은 질문입니다.

"새로운 물질인데 아직 어떤 효과가 있는지는 확인해 보지 않았습니다만, 특허를 받을 수 있을까요?"

저의 대답입니다. "네, 특허받을 수 있습니다."

효과에 대해서는 예상되는 효과나 적용 가능한 용도 등을 기재하면 되니까 걱정할 필요가 없습니다. 다만, 일반 특허 요건인 청구항에 기재된 발명이 발명의 상세한 설명에 의하여 뒷받침되어야 하므로, 제조방법과 그 제조방법에 의하여 제조된 물질이 청구항에서 청구하고 있는 물질임을 입증할 수 있는 데이터 정도는 기재되어야 합니다. 보통 유기 합성 후에 NMR, XRD, IR, 원소 분석 데이터 등을 통해 해당 물질이 합성된 것을 확인할 수 있습니다.

제조방법이 통상의 기술자에게 너무나 자명한 경우라면 예외적으로 구체적인 제조방법인 실시예는 생략될 수 있고, 물질 발명에 포함되는 하위 개념의 물질들이 유사하지 않다면 각각에 대하여 구체적인 제조방법을 적어야 하며, 그 물질이 제조되었음을 확인할 수 있는 확인자료는 출원명세서에 기재하지 않았더라도 추후 제출 가능합니다.

또한, 새로운 물질이므로 신규성은 당연히 인정된다고 해도, 종래의 물질에서 쉽게 치환이나 부가 가능한 정도는 구성의 곤란성이 없어 진보성이 인정되기 어렵고, 다만 그러한 경우라도 통상의 기술자가 용이하게 예측할 수 없는 현저한 효과를 가진다면 진보성이 인정되어 특허를 받을 수 있습니다.

이상의 내용은 하기와 같은 판례를 통해서도 확인할 수 있습니다.

특허법원 2008. 1. 17. 선고 2007허2261 판결에서 "화학물질 발명의 진보성은 화학구조에 있어서 특이성과 성질 또는 용도 면에서의 특이성을 기초로 하여 판단하여야 할 것이며, ① 공지 화학물질의 화학구조와 현저히 다른 화학구조를 갖는 화학물질의 발명인 경우, ② 공지 화학물질과 화학구조는 유사하더라도 공지 화학물질로부터 예측할 수 없는 특유한 성질을 갖는 화학물질의 발명인 경우, ③ 화학구조가 유사한 공지 화학물질로부터 예측 가능한 성질을 갖는 화학물질이라도 그 성질의 정도가 현저히 우수한 화학물질의 발명인 경우는 당해 기술 분야에서 통상의 지식을 가진 자가 용이하게 발명할 수 없는 것으로 보아 진보성을 인정하여야 할 것"이라고 판시하여, 새로운 물질이 특허 가능한 경우를 명확히 알려주고 있습니다.

또한, 특허법원 2000허6370 판결에서는 "화학물질의 발명은 그 구성이 화학물질 그 자체이므로 출원 당시의 명세서에 의하여 그 화학물질의 존재가 확인될 수 있어야 할 것인바, 화학발명은 다른 분야의 발명과 달리 직접적인 실험과 확인, 분석을 통하지 아니하고는 발명의 실체를 파악하기 어렵고, 화학 분야의 경험칙상 화학 이론 및 상식으로는 당연히 유도될 것으로 보이는 화학반응이 실제로는 예상외의 반응으로 진행되는 경우가 많은 것이므로, 화학물질의 존재가 확인되기 위해서는, 그 화학물질의 합성을 위하여 명세서에 개시된 화학반응이 당업자라면 누구나 수긍할 수 있을 정도로 명확한 것이 아닌 한, 단순히 그 화학구조가 명세서에 기재되어 있는 것으로는 부족하고 출원 당시의 명세서에 당업자가 용이하게 재현하여 실시할 수 있을 정도로 구체적인 제조방법이 필수적으로 기재되어 있어야 할 것이고"라고 판시하여, 당업자(당해 기술 분야에서 통상의 지식을 가진 자)라면 누구나 수긍할 수 있을 정도로 명확한 화학반응인 경우 외에는 반드시 구체적인 제조방법이 기재되어야 함을 알 수 있습니다.

또한, 특허법원 2005허5693 판결에서 발명의 상세한 설명에는 그 기술 분야에서 통상의 지식을 가진 자가 신규 화학물질발명의 내용을 정확하게 이해하고 반복 재현할 수 있도록 그 발명의 대표적인 화합물에 관한 구체적인 실시예가 기재되어 있어야 할 것이므로, 화학물질의 구조가 유사한 신규 화합물의 제조방법이 적어도 1개는 기재되어야 할 것임은 물론이고, 그 화학구조가 유사하다고 볼 수 없는 경우에는 반드시 그 제조방법이 따로 기재되어 있어야 하고, '화학물질의 구조가 유사하다.'라는 것은 그 모핵의 구조가 동일하고 다만 치환기에 있어 일부 차이가 있는 경우를 의미한다고 판시하여, 출원명세서에는 대표성을 가진 화합물에 대한 제조방법이 1개 이상 기재되어야 하고, 그 대표성이 미치지 않는 화합물이 있다면 따로 제조방법이 기재되어야 함을 알 수 있습니다.

또한, 특허법원 2002. 9. 12. 선고 2001허5213 판결에서 "확인

자료를 추가하는 보정은 그 기술 분야에서 통상의 지식을 가진 자에게 자명한 사항의 보정이라 할 것이므로 요지변경에 해당하지 아니한다."라고 판결하여, 출원명세서의 기재만으로 그 화학물질의 존재가 확인되는 경우에 NMR 데이터 등과 같은 확인자료를 추가하는 보정은 통상의 기술자에게 자명한 사항의 보정으로 허용됨을 알 수 있습니다.

005

일부 구성을 생략한 발명도 특허가 되나요?

종래기술에서 일부 구성을 생략한 발명을 통상 생략 발명이라고 하는데, 가끔 이러한 생략 발명으로 특허를 받을 수 있는지 질문을 받을 때가 있습니다. 가능은 한데 쉽지는 않습니다.

제가 처리한 사건 중 한국특허 출원 제2013-0011063호가 인용발명인 일본 특허 공개 제2010-116546호 대비 생략 발명에 해당함에도 특허받은 경우가 있어 여기에 소개해 드립니다.

거절 결정을 받은 상태에서 의견서로 주장한 내용을 요약하면 하기 표 1과 같습니다.

표1

구분	이건 출원발명 한국특허출원 2013-11063 (변성공액디엔계 중합체)	인용발명 일본특허공개 2010-116546 (변성스티렌 부타디엔 고무)
구성	주쇄: 공액디엔 단량체(부타디엔)+비닐방향족 단량체(스티렌) 말단: 특정 변성제	주쇄: (화학식 1)+스티렌+부다디엔 말단: 임의성분
해결 원리	말단을 변화시켜 과제 해결	주쇄를 구성하는 단량체를 변화시켜 과제 해결

	이건 출원발명에 따른 말단 변경에 의해 인장강도, 저구름 저항성 및 젖은 노면 저항성이 크게 향상됨	인용발명에 따른 주쇄 변경에 의해 저구름 저항성 및 젖은 노면 저항성이 크게 향상되나 말단 변경에 의한 효과는 거의 없음(오차 범위 내)
효과		

위의 표 1에서 구성을 보면, 이건 출원발명은 주쇄와 말단으로 구성된 중합체인데, 주쇄에서 인용발명의 화학식 1에 해당하는 단량체가 생략된 것을 제외하고는 인용발명과 동일합니다. 그러나 과제의 해결원리와 효과는 보시는 바와 같이 차이가 있습니다.

이로부터 이건 출원발명은 인용발명에 개시되어 있지 않고, 이건 출원발명과 인용발명은 과제의 해결원리가 상이하며, 이건 출원발명은 통상의 기술자가 예측할 수 없는 효과를 가지고 있음을 주장 및 입증함으로써 거절 결정 이유를 극복하고 특허를 받았습니다.

상기와 같은 주장을 뒷받침하는 자료로 미국특허심사지침서(MPEP) 2144.04 및 대법원 2001. 2. 13. 선고 97후1368 판결 내용을 제시하였습니다.

먼저 미국특허심사지침서(MPEP) 2144.04에서 어떤 구성의 기능이 반드시 필요한 경우가 아니라면 그 구성과 그 기능의 생략은 자명한 것으로 판단됩니다(Omission of an element and its function is obvious if the function of the element is not desired). 반대로 반드시 필요한 것으로 여겨지는 어떤 구성을 생략하더라도 그 구성의 기능이 유지되는 경우라면 이는 자명하지 않은 것으로 판단됩니다(Omission of an element with retention of the element's function is an indicia of unobviousness).

제 발명이 A+B+C로 이루어진 발명이고, 제1 인용문헌(first reference)이 A+C+D로 이루어진 발명인데 구성 D는 반드시 필요한 구성은 아니며, 제2 인용문헌(second reference)에 B에 대한 모든 내용이 개시되어 있는 경우를 가정해 보도록 하겠습니다.

제1 인용문헌과 제2 인용문헌을 결합하면 쉽게 A+B+C+D 발명이 도출되는데, 이것과 제 발명을 비교하면 제 발명에서 D가 빠져 있습니다. 따라서 제 발명은 인용문헌들 대비 생략 발명에 해당합니다. 그러나 구성 D의 작용 효과가 반드시 필요하거나 요구되는 것이 아니므로, 이와 같은 생략 발명은 진보성이 부정되어 특허를 받을 수 없습니다.

한국의 경우 대법원 2001. 2. 13. 선고 97후1368 판결에서 "인용문헌들의 경우 동결건조 제품에 부형제가 첨가되는 점에서 제1항 발명의 주사제와 차이는 있으나, 주사제를 제조함에 있어 제1항 발명도 인용문헌들과 동일한 염을 사용하고 있고, 또한 생리적으로 허용가능한 산의 일종인 염산으로 처리하여 염산염화한 것으로서, 인용문헌들의 동결건조 과정을 생략함으로써 당연히 얻어지는 부형제를 생략한 것 이외는 구성상 특이한 점이 없고, 일반적으로 부형제를 첨가한 동결건조 제품이 부형제를 첨가하지 않은 액제 주사제보다 장기 보전성이 우수한 점을 감안할 때, 안정성의 효과면에서도 인용문헌들에 비하여 제1항 발명의 특별한 차이가 인정되지 않으므로 제1항 발명의 전제부도 인용문헌들에 비하여 구성상의 특별한 점이 없어, 결국 제1항 발명은 특징부 및 전제부의 구성과 작용효과에 있어서 인용문헌들과 특별한 차이점을 찾을 수 없으므로 인용문헌들로부터 용이하게 발명할 수 있는 것이어서 그 특허등록이 무효라는 취지로 판단하였는바, 기록에 비추어 살펴보면 원심의 위와 같은 판단은 정당하고, 거기에 상고이유가 주장하는 바와 같은 제1항의 발명에 대한 진보성에 관한 심리미진, 법리 오해 또는 채증법칙 위배 등의 흠이 없다."라고 판시하였습니다.

이는 미국특허심사지침서(MPEP) 2144.04와 같이 생략되는 구성의 생략이 자명한지와 효과의 차이가 인정되는지 여부에 따라서 생략 발명의 진보성이 인정되는지 여부를 판단한 것으로 보입니다.

없어서는 안 될 구성이라면 생략이 자명하다고 할 수 없고, 그 구성을 생략했는데도 대등한 효과가 발현된다면 효과면에서 특별한 차이가 있다고 볼 수 있습니다.

생략 발명을 뒷받침할 수 있는 한국 판례를 하나 더 소개하도록 하겠습니다.

대법원 2007. 9. 6. 선고 2005후3284 판결로, "어느 특허발명의 특허청구범위에 기재된 청구항이 복수의 구성요소로 되어 있는 경우에는 각 구성요소가 유기적으로 결합한 전체로서의 기술 사상이 진보성 판단의 대상이 되는 것이지 각 구성요소가 독립하여 진보성 판단의 대상이 되는 것은 아니므로, 그 특허발명의 진보성 여부를 판단함에 있어서는 청구항에 기재된 복수의 구성을 분해한 후 각각 분해된 개별 구성요소들이 공지된 것인지 여부만을 따져서는 안 되고, 특유의 과제 해결원리에 기초하여 유기적으로 결합된 전체로서의 구성의 곤란성을 따져 보아야 할 것이며, 이때 결합된 전체 구성으로서의 발명이 갖는 특유한 효과도 함께 고려하여야 할 것이다.

그리고 여러 선행기술문헌을 인용하여 특허발명의 진보성을 판단함에 있어서는 (ⅰ) 그 인용되는 기술을 조합 또는 결합하면 당해 특허발명에 이를 수 있다는 암시, 동기 등이 선행기술문헌에 제시되어 있거나 (ⅱ) 그렇지 않더라도 당해 특허발명의 출원 당시의 기술수준, 기술상식, 해당 기술분야의 기본적 과제, 발전경향, 해당 업계의 요구 등에 비추어 보아 그 기술분야에 통상의 지식을 가진 자(이하 '통상의 기술자'라고 한다.)가 용이하게 그와 같은 결합에 이를 수 있다고 인정할 수 있는 경우에는 당해 특허발명의 진보성은 부정된다고 할 것이다."라고 판시하였습니다.

이는 생략 발명에 대하여 구성의 생략에 초점을 맞출 것이 아니라 과제 해결원리에 기초하여 유기적으로 결합된 전체로서의 구성의 곤란성을 따져 보아야 하고, 이때 결합된 전체 구성으로서의 발명이 갖는 특유한 효과도 함께 고려하여야 한다는 것입니다.

006
측정 방법도 특허를 받을 수 있나요?

측정 방법도 자연법칙을 이용하는 한 특허를 받을 수 있습니다.

특허의 대상이 되는 발명에는 크게 물건발명과 방법발명이 있고, 다시 물건발명에는 일정한 형태를 가진 물품에 대한 협의의 물건발명과 화학물질, 조성물, 음식물, 의약품 등과 같은 물질 발명이 있으며, 방법발명에는 제법(製法) 발명과 통신 발명, 측정 방법, 제어방법 등과 같이 물건의 생산을 수반하지 않는 통상의 방법발명이 있습니다.

경험상 법 조문이나 법 제도를 적용하고자 할 때 아주 유용한 두 가지 해석 방법이 있습니다.

첫째는 조문이나 법 제도의 취지에 맞춰 보는 것입니다.

어떻게 해석해야 될지 애매할 때 그 취지에 맞게 해석한 경우 대부분 틀리지 않습니다.

둘째는 법조문이 예시적으로 열거된 규정인지, 제한적으로 열거된 규정인지 파악하는 것입니다.

예시적으로 열거된 조문의 경우 열거된 것에 포함되지 않았더라도 법의 효력이 미칠 수 있으나, 제한적으로 열거된 조문의 경우에는 열거된 것에 포함되지 않는다면 법의 효력이 미치지 않습니다.

특허법 제62조에 규정된 거절 이유들은 제한적으로 열거된 것인데, 여기에 측정 방법을 문제 삼는 거절 이유는 없습니다. 그러므로, 측정 방법으로도 특허를 받을 수 있습니다.

007
특허 가능한 발명은 법에 기재되어 있어야 한다?

산업상 이용 가능성, 신규성, 진보성, 기재불비 등과 같은 특허법 제62조에 열거된 특허 거절 이유는 제한적인 것이지, 예시적인 것이 아닙니다.

즉, 출원발명은 거절 이유가 있어야 거절됩니다. 따라서, 출원발명이 거절 이유가 없으면, 당연히 특허 가능합니다. 가끔 발명자들이 이러이러한 종류나 내용의 기술도 특허를 받을 수 있느냐고 물어봅니다. 생소한 기술이라고 해서 어려워할 필요는 없습니다.

그 기술이 자연법칙을 이용하는 것이고, 특허법 제62조에서 딱히 거절할 이유가 없다면 특허를 받을 수 있습니다.

예외가 있다면, 인간을 대상으로 하는 수술방법, 치료방법 등은 인간의 존엄 및 생존에 깊이 관계되어 있는 점 등의 이유에서 특허를 받을 수 없습니다.

008
인터넷을 이용한 영업방법도 특허를 받을 수 있나요?

BM 특허(Business Model 특허)는 컴퓨터, 인터넷 등의 정보통신기술을 이용하여 영업방법, 재고관리 방법, 금융거래, 교육, 전자화폐, 보안, 인증방법 등의 사업 아이디어를 새롭게 구현한 발명에 대한 특허를 말합니다. 이러한 BM 특허는 아이디어 기반 특허로 심사 기준이 까다로워 다른 기술 분야의 특허에 비해 등록률이 떨어지지만, 특허권을 부여받을 수 있습니다.

참고로, 전자상거래 관련 발명의 심사 기준에 따르면, 컴퓨터상에서 구현되는 구성에 한정이 없는 청구항은 발명의 성립성이 부정됩니다. 그러면 특허를 받을 수 없겠죠? 쉽게 말해, 청구항에 영업방법이 자세히 정의되어 있어서 영업방법을 구성하는 단계가 인간의 행위가 아닌 컴퓨터를 통해 어떻게 수행될 것인지에 대한 내용이 없는 경우에 발명의 성립성이 부정됩니다. 단, 상기와 같은 인간의 행위에 사용자 인터페이스상 선택, 입력 등과 같은 사용자의 행위는 포함되지 않습니다.

BM 특허의 성립성이 영업방법과 컴퓨터의 구현기술로 정의되어야 인정되는 것과는 달리, BM 특허의 신규성과 진보성은 영업방법이나 컴퓨터의 구현기술 중 어느 하나에만 존재해도 인정됩니다. 그러므로 BM 특허는 영업방법에만 신규성과 진보성이 인정되어도 특허권을 부여받을 수 있습니다.

BM 특허의 대표적인 예를 소개하면 미국의 PRICELINE의 역경매에 대한 특허(US 5,794,207; 발명의 명칭: Method and apparatus for a cryptographically assisted commercial network system designed to facilitate buyer-driven conditional purchase offers)와 미국 아마존의 원 클릭 결제방법에 대한 특허(US 5,960,411; 발명의 명칭: Method and system for placing a purchase order via a communications network)가 있습니다.

상기 PRICELINE의 역경매 특허는 2016년 9월 4일에 만료되었고, 이를 우선권 주장하여 출원한 한국 특허 출원(10-1999-7001852)은 특허법 제45조에 규정된 단일성 흠결 거절 이유에 아무런 대응을 하지 않아 특허를 받지 못했습니다. 상기 아마존의 원 클릭 결제방법 특허는 2017년 9월 12일에 만료되었고, 한국에는 특허 출원을 하지 않았습니다.

상기 PRICELINE의 역경매 특허(US 5,794,207)의 청구항 제1항은 다음과 같습니다.

1. A method for using a computer to facilitate a transaction between a buyer and at least one of sellers, comprising: inputting into the computer a conditional purchase offer which includes an offer price; inputting into the computer a payment identifier specifying a credit card account, the payment identifier being associated with the conditional

purchase offer; outputting the conditional purchase offer to the plurality of sellers after receiving the payment identifier; inputting into the computer an acceptance from a seller, the acceptance being responsive to the conditional purchase offer; and providing a payment to the seller by using the payment identifier.

상기 아마존의 원 클릭 결제방법에 대한 특허(US 5,960,411) 의 청구항 제1항은 다음과 같습니다.

1. A method of placing an order for an item comprising: under control of a client system, displaying information identifying the item; and in response to only a single action being performed, sending a request to order the item along with an identifier of a purchaser of the item to a server system; under control of a single-action ordering component of the server system, receiving the request; retrieving additional information previously stored for the purchaser identified by the identifier in the received request; and generating an order to purchase the requested item for the purchaser identified by the identifier in the received request using the retrieved additional information; and fulfilling the generated order to complete purchase of the item whereby the item is ordered without using a shopping

cart ordering model.

이와 같은 유명한 BM 특허의 청구항들은 BM 특허 명세서 작성 시 컴퓨터 공학 관련 지식이 적은 저에게 매우 큰 도움이 됩니다.

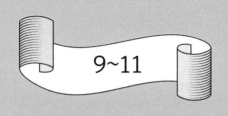
9~11

전략

009
기업의 출원 전략

출원 전략은 크게 보면 사업 경쟁이나 특허 전쟁에서 기업이 승리하기 위해 어느 기술 분야에서 어떤 특허들을 얼마나 확보할 것인가 하는 계획입니다.

작게 보면 한 개 또는 여러 개의 발명에 대하여 특허권을 확보하기 위해 종래기술에 대비하여 어떻게 발명을 준비하고 어떤 특허 청구항으로 어떤 절차를 이용하여 특허 등록에 이르게 할 수 있을까 하는 계획입니다.

이하에 제가 예전에 간단히 작성해 본 폴리카보네이트 분야에서의 출원 전략을 소개해 드립니다.

첫째로 해당 분야에서 어떤 경쟁업체들이 있고, 이들 업체가 어느 정도의 생산 능력을 가지고 있으며 얼마만큼 시장을 확보하고 있는지 알아야 할 것 같습니다.

예로, 폴리카보네이트 주요 생산 업체로 Bayer와 Sabic의 2대 메이커가 연간 약 100만 톤 이상의 능력을 보유하고 있고, 이어서 Mitsubishi, Teijin Kasei가 약 50만 톤 정도이며, 그 뒤를 Styron과 Idemitsu가 따르고 있고, 한국 업체로는 삼양사, 제일모직, 엘지화학 등이 있는 것으로 파악됩니다.

둘째로 세분화된 분야별로 수요를 알아야 하고, 나아가 수요가 점점 증가하고 있는 품목이나 증가할 것으로 예측되는 품목을 파악할 필요가 있습니다.

예로, 폴리카보네이트는 조사한 바로는 2010년 분야별 수요(%)를 살펴보면, 전기/전자/OA기기가 27%, 광학미디어가 10%, 자동차/차량이 14%, 기계 3%, 의료/보안 4%, 압출용 필름/시트가 25%, 잡화/기타가 17%로 이루어져 있습니다.

전기/전자 분야는 각종 하우징이나 기계부품용으로 얼로이 그레이드가 많이 사용되고, TV용은 수요가 주춤한 편이지만 스마트 팬(smart fan)이나 아이패드 등의 수요는 증가하고 있으며, 앞으로 LED 관련 수요가 늘어날 것으로 예상됩니다.

광학미디어는 CD의 퇴조로 수요가 감소하고 있으나 블루레이 디스크 등 새로운 수요가 생겨나고 있고, OA기기 분야는 PC/ABS 얼로이나 충전재 강화 그레이드가 많이 채용되고 있습니다. 정밀기기, 산업기계 등에는 유리섬유 강화나 탄소섬유 강화 그레이드가 많이 사용되고 있습니다. 자동차/차량 분야에는 헤드램프, 계기판 등에 내추럴 그레이드가 많이 사용되고 있지만, 내외장 부품에는 PC/폴리에스터계 얼로이가 사용되고 있으며, 여러 업체가 앞으로의 관심사인 자동차 경량화를 목표로 한 창유리(glazing)의 개발에 주력하고 있습니다.

셋째로 주요 경쟁업체들의 최근 출원 전략을 살펴볼 필요가 있습니다.

예로, 최근 공개된 특허 출원으로 본 폴리카보네이트 제조사 중 하나인 사빅의 출원 전략을 살펴보면, 신규한 구조의 폴리카보네이트 개발 이후, 제조방법, 물성, 파라미터, 블렌딩, 용도 등으로 다양하게 특허 출원하고 있는 것으로 보이고, 바이오(생물학적 기반), 생분해성 폴리카보네이트 등의 개발도 시도되고 있는 것으로 파악됩니다.

넷째로 현재 회사가 연구개발 및 특허 출원 등을 진행하고 있다면, 현재까지의 출원 전략을 살펴보고 평가해 볼 필요가 있습니다.

회사의 폴리카보네이트 관련 특허 출원은 고내열, 고유동, 내후성, 도광판 용도 등의 분야에서 새로운 구조의 폴리카보네이트와 이를 포함하는 조성물 위주의 특허 출원으로 이루어져 있으며, 국내우선권주장출원 제도를 적극적으로 활용하고 있는 것으로 보입니다. 몇몇 파라미터 발명 등의 특허 출원도 확인됩니다. 그러나, 특허 출원된 건 중에서 대부분이 특허 여부가 확정되지 않은 상태로, 최종 결과에 따른 출원 전략 평가는 할 수가 없었습니다.

국내우선권주장출원은 국내 출원인의 이익을 위한 제도입니다. 따라서 이를 적극적으로 활용하여 충분한 실시예 및 데이터가 확보되기 전이라도 우선 출원하여 출원일을 확보하고, 이후 실시예 및 데이터 등을 보강하여 국내우선권주장출원하는 것은 매우 잘하는 것입니다. 다만 이러한 선출원 이후에 재출원할 수 있는 1년이라는 우선기간만 믿고 선출원 발명이 미완성 발명인데도 실시예 및 데이터 확보를 등한시하거나 지연하는 경우에는 오히려 선출원이 없었더라면 온전한 출원으로 좀 더 일찍 출원될 수 있었던 건들이 그 때문에 재출원일이 늦어져 불이익이 될 수도 있습니다.

또한, 선출원 이후 1년이라고 하는 우선 기간이나 1년 6개월이라는 출원 비공개 기간을 허비 또는 잘 활용하지 못할 때, 중요한 기술에 대하여 충분한 실험이나 데이터를 확보하지 못해 이에 대한 온전한 특허 포트폴리오를 만들지 못하는 상황이 될 수도 있습니다. 따라서 출원일 확보가 중요하지만, 그로 인해 발명의 완성이나 보강 또는 개량 등이 늦춰져서는 안 될 것입니다.

다섯째로 이제 앞으로의 전략을 세워야 합니다.

연구개발팀은 앞으로의 출원 전략으로 잠재력이 있는 분야의 독자적인 폴리카보네이트 구조를 개발하여 특허를 받고, 이의 개량 기술을 포함해서 이와 직간접적으로 관련된 다양한 기술들을 개발하여 특허를 받을 필요가 있습니다.

여섯째로 유용한 신규 폴리카보네이트의 개발과 이 폴리카보네이트와 직간접적으로 관련될 수 있는 기술들의 개발에 비용과 시간을 어떤 비율로 투자할 것인지 현재 폴리카보네이트 사업 상태 및 다른 연구개발팀과의 연계성 등을 토대로 검토할 필요가 있습니다.

회사의 전체 폴리카보네이트 관련 특허 출원 건 중에서 해당 폴리카보네이트 연구개발팀에서 출원한 건은 그렇게 많지 않으므로, 현재 폴리카보네이트 연구개발팀의 출원 전략을 진단하기 위해서는 다른 연구개발팀과 연계해서 살펴볼 필요가 있습니다.

그리고 앞으로의 출원 전략을 세우기 위해서는 현재 폴리카보네이트 사업에 새로운 폴리카보네이트의 개발이 더 필요한지, 아니면 현재 생산하고 있는 폴리카보네이트를 보강하고 개선시키는 것이 더 필요한지 등을 먼저 확정할 필요가 있습니다.

참고로, 특허 포트폴리오는, 개인적으로, 동일한 기술적 사상(technical idea)을 바탕으로 출원된 다수의 특허 집합으로 정의할 수 있습니다. 이상적인 특허 포트폴리오는 기술적 사상을 최소한의 구성으로 구체화된 총괄 특허로 외곽을 쌓고, 핵심 기술 특허, 용도 변경 특허, 카테고리 변경 특허, 개량 발명 특허 등으로 내곽을 겹겹이 쌓아 강력한 특허 장벽을 구축함으로써 경쟁사의 시장 진입을 원천적으로 차단하고 기업의 핵심 기술을 보호하는 것입니다. 그러나 현실적으로는 특허성 부족으로 인해 특허 포트폴리오의 설계 자체가 어렵거나 약한 특허 포트폴리오 또는 범위가 크게 축소된 특허 포트폴리오 등이 만들어지는 경우가 대부분입니다.

010
의뢰 후 진행 과정과 국내우선권주장출원의 활용

특허사무소는 출원을 의뢰받으면 발명자와 발명 상담을 진행하고, 발명자로부터 실험 데이터 등 발명 관련 자료를 제공 받습니다. 그런 다음 상기 발명자로부터 입수한 내용과 기본적인 선행기술조사 결과 등을 토대로 명세서 초안을 작성하고, 작성된 명세서 초안은 발명자에게 전달됩니다. 이러한 명세서 초안에는 발명자의 확인이나 기재 가능 여부 또는 입수 가능 여부는 고려하지 않고 필요하다고 생각되는 모든 내용을 기재하고, 모든 필요한 자료들을 요청합니다.

간혹 구하기가 어려울 것이라고 지레짐작하여 명세서 초안에서 요청하지 못해 발명자가 가지고 있는 중요한 내용이나 자료가 출원명세서에 반영되지 못하는 일이 발생합니다. 처음부터 발명자의 사정을 추측하여 명세서를 작성하는 것은 위험천만한 일입니다. 때문에 명세서 초안에는 특허 출원에 필요한 최소한의 기술 내용을 기재하는 것이 아니라 가능한 한 심사에 유리하게 작용할 수 있는 최대한의 내용을 기재해야 하는 것입니다.

발명자들 중에는 명세서 초안에서 요구하는 내용이나 실시예 등에 너무 얽매여 명세서 수정 작업을 진척시키지 못하는 경우가 있는데, 명세서 초안은 최대한의 것을 요구하는 것이므로, 이에 너무 부담 갖지 말고, 준비가 어렵거나 시간이 더 필요한 내용이 있다면 이를 제외하고서라도, 명세서 수정 작업을 빨리 진척시켜야 합니다. 그래야 출원일을 먼저 확보할 수 있습니다. 시간이 더 필요해 제외된 부분은 출원 이후에 준비되는 대로 국내우선권주장출원을 활용하거나 또는 별도의 특허 출원으로 진행할 수 있습니다.

011
내 발명을 타인이 몰래 개량하여 특허를 받은 경우

내 발명을 바이어나 협력업체 등에게 비밀유지 서약서를 받고 소개를 했는데, 이들 중 누가 그 발명을 조금 개량하여 특허를 받은 경우, 내 발명을 기초로 개량한 것이니까 일정 부분 나도 권리가 있다고 주장할 수 있을까요?

다른 예로, 두 사람이 협력하여 발명을 완성하였는데, 이들 중 한 명이 비밀리에 그 발명을 조금 개량하여 단독으로 특허를 받은 경우, 이를 나중에 알게 된 나머지 한 명이 공동으로 연구하고 완성한 발명을 이용한 것이니까 내게도 일부 권리가 있다고 주장할 수 있을까요?

만일 내 권리 주장이 받아들여지지 않을 때, 그 특허를 모인출원으로 무효화할 수는 있을까요?

심정적으로는 안타깝지만, 모두 불가능합니다.

대법원 2005. 2. 18. 선고 2003후2218 판결 내용을 살펴보면, 비밀유지의무가 있는 피고가 원고로부터 넘겨받은 기술개발자료 등을 활용하여 특허 출원하여 등록까지 받은 경우에 원고의 발명과 동일한 청구항들은 특허법 제133조 제1항 제2호, 제33조 제1항 본문에 의하여 무효로 될 수 있지만, 원고의 발명과 동일하지 않은 청구항들은 무효로 될 수 없다고 판시하였습니다. 즉,

공동발명이 성립하기 위해서는 공동발명자가 개발한 최종의 발명물이 동일한 것이어야 하는데, 원고의 발명과 피고의 개량발명은 최종의 발명물이 동일하지 않으므로 공동발명이 될 수 없고, 따라서 피고가 단독으로 특허 출원하여 등록받은 특허에서 개량발명에 해당하는 청구항들은 무효로 될 수가 없습니다.

따라서, 나의 발명을 비밀유지의무가 있는 타인이 개량하여 특허를 받는 경우를 대비하려면, 발명을 공개하기 전에 반드시 특허 출원을 해야 합니다. 만일, 그 개량발명을 실시하기 위해서 내 발명 특허의 구성을 모두 포함해야 한다면, 아무리 개량발명으로 특허를 받았어도 나의 허락이 없이는 개량발명을 적법하게 실시할 수 없습니다. 나아가, 비밀유지계약서 등을 작성할 때 개량발명의 처분에 대한 내용도 규정해두면 금상첨화라 할 수 있습니다.

12~19

개발

012
일본 특허들의 꼼수?

일본 특허들을 보면 종종 무익한 요소를 유익한 것으로 둔갑시켜서 수치 한정을 한다든지, 불필요한 단계를 추가한다든지, 물성, 조성 등을 새로운 방법으로 정의하거나 또는 동일한 결과를 얻는 것일 뿐인데도 구성요소 간 파라미터를 잘 만들어 등록을 받는 사례들을 발견할 수 있습니다. 이 불필요한 단계가 삼척동자도 아는 당연한 것인데, 너무 당연해서 특허 문헌 등에 기재되지 않은 경우에는 이 특허를 무효시키기가 쉽지 않습니다.

이런 것들은 기술의 발전을 촉진하여 산업발전에 이바지함을 목적으로 하는 특허법 취지에 어긋난다고 볼 수도 있겠지만, 불가피한 부분일 수 있고, 어쨌거나 발명을 개량 또는 이용하는 등 긍정적인 측면이 있으며 특허 등록이나 특허 활용 등을 위해 전략상 필요하고, 따라서 우리도 이러한 것들을 적극적으로 배우고, 나아가 개발할 필요가 있습니다.

다만, 일본 특허가 다 이런 식이라고 오해해서는 안 될 것 같습니다. 오히려 일본 특허 중에는 다수의 실험을 세밀하게 실시해서 그 결과로부터 수치 한정이나 선택발명 또는 파라미터 발명을 도출해 낸 훌륭한 특허들이 아주 많습니다. 이러한 부분은 우리 발명이나 특허가 배워야 할 부분입니다.

언젠가 출원 상담 중에 발명가가 머쓱해하며 "일본 특허는 우리 특허에 비해 아주 세밀하게 실험해서 실시예, 비교예가 많습니다."라고 말한 것이 기억납니다.

다른 나라나 다른 출원인들이 명세서를 어떻게 쓰는지, 또한 출원이나 특허를 어떻게 활용하는지 유심히 살펴보고, 배울 점이 있으면 빨리 배우는 것이 좋을 것 같습니다.

013
특허 개발의 일례

특허는 필요한데 특허 출원할 만한 아이디어나 기술 등이 확보되지 않은 경우나 아이디어와 기술 등은 확보되었는데 무엇을 어떻게 할지 모르는 경우 변리사도 특허 출원 회의나 특허 개발 회의에 참석할 것을 요청받게 됩니다.

먼저 특허 개발을 특허 발굴의 의미를 포함하는 것으로 이해하면 좋을 것 같습니다. 즉, 묻혀 있는 특허 가능한 기술을 발굴하여 유용하게 만드는 첫 번째 단계라고 정의하면 되지 않을까 싶습니다. 사실 우리 주변에는 안타깝게도 이런저런 이유로 무시되고 버려지는 특허 가능한 기술들이 많이 있습니다.

이하에서는 제가 상기와 같은 출원 상담이나 특허 개발 회의를 하면서 나름대로 정리한 특허 개발 방법의 일례를 소개해 드리도록 하겠습니다.

먼저, 발명자나 연구원으로부터 현재 연구 중인 내용이나 가지고 있는 아이디어, 기술자료 또는 관련 기술 등을 청취합니다.

미리 준비되지 않은 경우에는 어떤 실험을 해오고 있는지, 현재는 어떤 실험이나 연구를 하고 있는지, 그 연구가 어디까지 진행되었는지 또는 어떤 콘셉트나 아이디어를 가지고 있는지 등을 차근차근 물어보고, 발굴되는 기술이나 아이디어 등을 노트에 자세히 적습니다.

또한, 기술 내용이나 아이디어 등에서 빠뜨리거나 간과된 것은 없는지 물질, 제조방법, 용도, 조성물 등으로 순서대로 체크해 가면서 살펴보는 것이 좋습니다.

둘째, 이렇게 발굴된 기술이나 아이디어를 기술적 특징들을 토대로 발명을 어떻게 나눌 것인지, 몇 개의 건으로 출원을 진행할 것인지, 침해 입증이 용이한 청구항으로 작성 가능한지, 해외 출원이 필요한지, 노하우로 가져갈 부분은 없는지 등을 함께 논의합니다.

참고로, 발굴된 기술적 특징들을 토대로 발명을 나눌 때는 기술 내용이나 아이디어를 구간이나 단계별로 쪼개 보고 또한 전체를 하나로 묶어 보면 발명을 나누고 합치는 것이 매우 수월해집니다.

셋째, 해당 발명에 대한 실험예 및 데이터를 줄 수 있는지, 줄 수 있다면 언제까지 가능한지 체크합니다. 그래야 특허 개발이 흐지부지되지 않습니다.

이쯤 되면 다들 시야가 넓어져 있게 되므로 회의를 바로 끝내지 말고 해당 발명을 더 쪼개 보고 더 구체적으로 들어가서 다른 기술적 특징은 없는지 등을 최종적으로 확인할 필요가 있습니다.

이때라도 머릿속에 떠오르는 관련 기술이 있다면 발굴된 발명에 결합시켜 본다든지, 아니면 그 관련 기술과 발굴된 발명을 치환해 본다든지 해서 또 다른 아이디어나 발명을 제안할 수 있습니다.

"이런 건 어떤가요? 이것도 가능하지 않을까요?"라고 물어보면 됩니다!

회의에 참석한 변리사는 특허 출원이 가능한지, 출원 방향이 맞는지 등을 적시에 확인해 줄 필요가 있고, 회의 참석자들은 팔로업(follow-up)을 위해 개발된 건들을 취합, 정리 및 단계별 기한 설정(time limit) 등을 한 다음, 최종적으로 합의된 내용들을 서로 확인해 보아야 합니다.

앞서 일례라고 말씀드린 것처럼 순서나 내용은 특허 개발 미팅의 분위기나 여건에 따라 조정될 수 있습니다. 보통 개발 건이라고 하면 특허 출원을 기준으로 말합니다. 그래서 1건 개발되었다고 하면 하나의 특허 출원을 예상할 수 있습니다.

일반적으로 방법 청구항에 대한 침해 여부는 특허권자가 입증하기가 어렵고, 또한 제삼자에 의한 침해 회피가 물건 청구항에 비해 용이합니다. 산의 정상은 하나이나 그 정상으로 갈 수 있는 루트는 여러 개일 수 있는 것과 같은 이치입니다. 산의 정상을 권리화하면 특허권자 허락 없이는 아무도 산의 정상을 밟을 수 없지만, 산의 정상에 이르는 루트 하나를 권리화하면 다른 루트를 통해 정상으로 가는 것까지는 막을 수 없습니다.

014
특허 개발의 또 다른 예

앞서 예에서는 현재 연구 중인 내용이나 아이디어가 있는 경우 특허 개발하는 방법을 말씀드렸는데, 여기에서는 연구나 개발하고자 하는 분야, 즉 대상만 정해져 있는 경우 특허 개발하는 또 다른 예를 소개해 드리도록 하겠습니다.

첫 번째 단계는 종래기술이나 알고 있는 기술을 펼쳐놓고 연구원이나 발명자의 머릿속에서 아이디어를 끄집어내는 것입니다.

이때, 종래기술의 문제점이나 해결해야 할 과제 또는 개발 방향 등을 토대로 종래기술을 개량하는 것도 좋고, 단지 종래기술과 차별화시키는 것도 괜찮습니다. 효과의 유무나 정도는 참고 사항으로 고려하거나 개발 또는 출원 건수를 조정할 때 고려하면 됩니다. 그리고 아이디어와 관련된 종래기술, 보고서, 실험 데이터, 사진, 도면, 기타 자료 등이 입수 가능한지 확인할 필요가 있습니다. 특히, 아이디어가 도출된 경우라도 그 도출로 끝내면 안 되고 최대한 구체화할 수 있도록 시도해야 합니다. 그리고 종래기술과 크게 다르지 않은 부분이나 구성이라도 추후 팔로업(follow-up) 등이 용이하도록 그 범위를 최대한 구체적으로 한정해 두는 것이 좋습니다.

또한, 이때 발명 전체를 단계별 또는 구성별로 나누어 한 번 더 빠뜨린 것은 없는지 확인할 필요가 있습니다. 그래야 작은 기술 하나라도 놓치지 않고 발굴할 수 있습니다.

두 번째 단계는 도출된 아이디어에 가지치기하는 것입니다.

아이디어를 ① 쪼개기, ② 합치기, ③ 다른 구성(용도 포함) 붙이기, 또는 ④ 다른 기술 분야에 적용하기 등의 작업을 통해 한 아이디어에서 여러 다른 아이디어로 가지치기를 할 수 있습니다.

시중에는 브레인스토밍(brainstorming) 기법이나 트리즈(TRIZ) 등을 활용하여 발명을 도출해 내는 방법들이 많이 알려져 있습니다. 이를 특허 개발 미팅 등에서 직접 적용하여 보면 각자의 특허 개발 역량을 향상시키는데, 어느 정도 도움이 됩니다.

제가 소개해 드린 특허 개발 방법에는 개발된 건들에 대한 평가 단계를 별도로 두지 않았습니다. 개발 과정 중에 불가능하거나 중요하지 않은 건들은 논의 중에 자연스럽게 걸러지기 때문입니다. 다만, 너무 많은 건이 도출된 경우에는 장래성, 실용성 또는 경제성 등을 평가하여 순위를 정하는 단계를 거치면 특허 출원이 우선적으로 필요한 건들을 도출하는데 큰 도움이 됩니다.

소비자나 고객사 또는 마케팅 담당자(marketer)로부터 시장에 필요한 기술 또는 시장에서 요구하는 기술이 무엇인지를 알면 활용도 높은 발명을 발굴할 수 있고, 여기에 미래기술이나 기술발전을 전망할 수 있는 교수나 과학자 또는 기술자 등의 도움을 받으면 미래지향적인 발명을 발굴할 수 있습니다. 이러한 내용이 특허맵에 더해지면 로드맵이 됩니다.

015
건을 분리하는 방법

개발된 발명에 대하여 한 건의 출원으로 진행할 것인가? 아니면 다수의 출원으로 진행할 것인가? 다수의 출원으로 진행한다면 어떻게 건을 나눌 것인가?

발명 상담이나 특허 개발 시에 늘 하는 일임에도 불구하고 간혹 결정하기가 쉽지 않을 때가 있습니다. 제 경험상, 그럴 때는 원칙으로 돌아가면 됩니다. 그러면 양심에 거리껴질 것도 없어 담대해집니다. 변리사는 건당 수임료를 받습니다.

종래기술과 다른 중요한 기술적 특징 별로 건을 분리하는 것이 원칙입니다.

예를 들어, 중요한 기술적 특징이 세 개 있다면, 원칙상 세 개의 출원으로 진행할 수 있습니다.

만약 의뢰인이 더 많은 건으로 출원하기 원한다면, 두 개나 세 개의 특징을 묶어 별도의 건으로 출원하거나, 물질, 제조방법, 용도 또는 조성물 등으로 쪼개서 출원하면 됩니다.

반대로 한 건으로 묶어서 출원하기 원한다면, 실질적인 권리범위의 축소와 발명의 단일성 위반 등에 해당하지는 않는지 검토할 필요가 있습니다.

다만 추후 출원 후 심사 시 문제가 되는 경우 분할 출원하는 방안도 고려해 볼 수 있으나, 경험상 관리나 특허청의 거절 이유통지(office action)에 대응하기가 더 번거로워질 수 있습니다.

016
현재 생산되는 제품과 관련이 없는 특허

현재 생산 또는 판매되는 제품과 직접 관련이 없는 특허가 필요할까요?

특허를 받기 위해 들어가는 비용과 특허를 유지하는데 들어가는 비용이 적지 않은 것이 사실입니다. 그렇다고 은행 예금처럼 가만히 둬도 이자가 붙는 것도 아니고, 로열티와 같은 임대수익을 올리는 것도 쉽지 않습니다. 어찌 보면 깨진 독에 물 붓는 것 같습니다. 그러나 기업이 막 성장하려고 할 때 또는 사업이 막 성공하려고 할 때 특허가 없는 것을 상상해 보면, 성장 동력을 잃어버리는 것과 같습니다. 수출길이 막히고 특허 침해가 문제가 되며 경쟁업체의 공격을 쉽게 허용할 수밖에 없습니다. 그리고 이미 일이 벌어지고 난 다음에는 특허를 얻고 유지하는데 들어갈 비용의 몇 배 또는 몇십 배, 아니 몇백 배의 비용을 쏟아부어야 합니다. 특허는 앞을 내다보는 것입니다.

특허는 미래에 사업의 성공과 기업의 성장을 위해서 반드시 필요한 것입니다. 현재 생산 또는 판매되는 제품과 직접적인 관련이 없는 특허라도 성공한 사업과 성장한 기업을 가정했을 때 필요한 경우라면 권리로서 확보할 필요가 있습니다. 특허는 실시와 무관하게 그 기술 분야 또는 그 시장을 선점하는 효과가 있습니다. 그리고 상표나 디자인도 마찬가지입니다. 오히려 더 중요할 수도 있습니다.

한 번은 고등학교 친구에게서 연락이 왔습니다. 중국에 어떤 물건을 수출하는데, 자신의 상표가 다른 사람의 이름으로 중국에 등록되어 있다는 것입니다. 그 친구는 국내에서는 상표등록을 받았으나, 중국에는 상표 출원을 하지 않은 상태였고, 중국에서 상표 등록받은 자는 한국인이었습니다. 필시 그 친구가 중국에 상표권을 가지지 않은 것을 알고 그 상표를 모방해서 출원한 것으로 보였습니다. 인터넷상으로는 중국에 그 친구의 제품과 동일한 제품을 판매하고 있는 것으로 보였으나, 경쟁업체 사람도 아니고, 국내에서 생산이나 판매 등의 이력도 없는 사람이라 일단 상표 브로커로 생각하고 중국 상표국에 3년 불사용 취소 신청을 하였습니다. 그러나, 결과는 상표권자가 사용 증거를 제출하여 부속품 2종을 제외하고 모든 지정상품에서 취소를 면하였습니다. 중국은 실제 사용이 아닌 사용 의향이 있는 증거도 인정됩니다.

그런 와중에 상표권자가 사업상 다툼이 있었던 사람과 밀접한 관계에 있는 사람이란 것을 알아내어, 승소 확률이 낮은 불복의 소를 포기하고, 부정한 방법으로 상표권을 취득한 것에 대한 상표 무효심판을 검토해 보았습니다. 그러나 그마저도 중국 상표법에서 말하는 부정한 방법과는 거리가 멀기도 하고 상표등록일로부터 5년이 지나버려 무효심판을 제기할 수도 없었습니다. 그 친구가 십여 년 전 국내 상표 출원할 때 중국에도 같이 상표

출원을 했더라면 이러한 일은 없었을 것을, 아쉬움이 많이 남습니다. 호미로 막을 것을 가래로도 막지 못하는 상황을 많이 보게 됩니다. 변리업을 하면 할수록 특허나 상표 등과 같은 지식재산권의 중요성을 더 깊이 깨닫게 됩니다.

또한, 특허는 발명의 실시나 사업화와는 무관하게 발명을 독점하는 권리이므로, 특허권자 자신이 발명을 직접 실시하지 않고 그 발명이 필요한 기업이나 사람에게 양도 또는 라이선싱을 할 수도 있습니다. 특허의 유용성에 대해서는 제5화에서 소개해 드릴 "132. 특허는 정말 쓸모가 없을까?" 부분을 참고하시면 좋을 것 같습니다.

의뢰인이 보다 구체적인 방안을 원하는 상황에서, 승패나 손익이 확률적으로 50:50인 경우나 여러 방안 중에 어느 것이 더 바람직하다고 말하기 어려운 경우 등에 맞닥뜨렸을 때, 오직 의뢰인의 사업적 판단에 맡겨야 하는 경우도 있지만, 제 개인적으로는 "이 발명이 내 발명이라면, 이 출원이 내 출원이라면, 또는 이 특허가 내 특허라면 나는 어떤 판단 또는 어떤 결정을 할까?"라고 자문해 보고, 필요하다면 답을 얻기 위해 고민하고, 그렇게 얻은 답을 의뢰인에게 말해줍니다. 저에게는 최선의 답입니다.

변리사는 실력이 있어야 합니다. 최선을 다했고, 양심에 거리낌이 없다고 다는 아닙니다. 그러나 아무런 의견 없이 "이건 이래서 리스크가 있고, 저건 저래서 리스크가 있으니 어떻게 하시겠습니까?"라고 하면, 의뢰인이 변리사를 찾아올 이유가 적어집니다. 변리사가 의견을 제시해도 결정은 의뢰인이 합니다.

이를 적용하여 보도록 하겠습니다. '나라면 내가 현재 생산 또는 판매하는 제품과 직접적인 관련이 없는 발명을 적잖은 돈을 들여 특허 출원해서 특허를 받을까?' 만약 그 발명이 전망이 있어 나중에라도 그 발명을 사업화할 수 있겠다는 판단이 선다거나, 그 특허를 관련 기업이나 사람에게 팔 수도 있겠다는 어느 정도의 확신이 서지 않으면 자금에 여유가 있지 않은 이상은 특허 출원하기는 쉽지 않을 것 같습니다.

017
화학 특허의 분류

대략 물질 특허, 제조방법 특허, 용도 특허, 조성물 특허 등으로 나눌 수 있는데, 가끔 이러한 분류가 유용하게 활용될 수 있습니다.

실무상 화학 발명에 대해서 설명할 때나 특허 개발 등을 할 때, 상기와 같이 카테고리를 나누어 설명하거나 검토하게 되면 전달도 빠르고, 어떤 한 내용이 누락되는 것을 방지할 수 있습니다.

예로 발명자가 새로운 제조방법에 관한 기술을 얘기하더라도, 화학발명의 종류를 대입하여 그 안에 물질 특허가 될 만한 것은 없는지, 용도 특허가 될 만한 것은 없는지, 또는 조성물 특허가 될 만한 것은 없는지 등을 살펴볼 수 있습니다.

018
발명의 종류를 살펴보면 특허 개발이 쉬워집니다

세미나에서 연구원에게 도움이 될 수 있는 판례를 소개해 달라는 요청을 받았습니다. 어떤 판례를 소개해야 재미있어하고 또한 도움이 될까 고민 끝에 발명의 종류와 그에 따른 특허요건이 설명된 판례를 소개하면 좋을 것 같다는 생각이 들었습니다.

발명의 종류는 개발 순서에 따라 달라질 수 있으므로, 판례의 태도를 알아보면서도 발명을 어떤 순서로 개발하면 될지와 이렇게 개발된 발명이 특허받기 위해서는 어떤 요건이 필요한지까지 알 수 있습니다.

이하의 내용은 제가 세미나에서 화학발명의 예에 대하여 소개한 내용을 요약한 것입니다.

종래기술로 ABS 수지와 폴리카보네이트 수지가 개척발명(pioneer invention)으로 각각 공지된 상태를 가정하였습니다. 이하의 발명들은 이러한 개척발명으로부터 개량된 개량발명으로 보시면 될 것 같습니다.

개척발명은 기술 분야에서 새로운 경지를 개척한 발명 또는 어떤 기술 분야에서 새로운 기술을 창조(creation) 해낸 발명을 의미합니다. 이러한 개척발명이 특허가 되면 원천특허(original patent)로도 볼 수 있는데, 이러한 원천특허에 대해서는 뒤에

"130. 원천특허는 어떤 특허를 말할까?"에서 자세히 설명해 드리도록 하겠습니다.

첫째, 종래기술을 결합하여 발명할 수 있습니다.

이를 조합 발명이라 합니다. 청구항은 다음과 같이 작성할 수 있습니다.

청구항 1

ABS 수지 및 폴리카보네이트 수지를 포함하는 것을 특징으로 하는 열가소성 수지 조성물.

이런 조합 발명에 대하여 판례는 다음과 같이 진보성이 인정되는 경우와 진보성이 인정되지 않는 경우를 판시하고 있습니다.

"등록된 발명이 공지공용의 기존기술을 종합한 것인 경우에도 선행기술을 종합하는데 각별한 곤란성이 있다거나 이로 인한 작용 효과가 공지된 선행기술로부터 예측되는 효과 이상의 새로운 상승효과가 있다고 인정되고 그 분야에서 통상의 지식을 가진 자가 선행기술에 의하여 용이하게 발명할 수 없다고 보이는 경우 또는 새로운 기술적 방법을 추가하는 경우에는 발명의 진보성이 인정되어야 할 것이나 그렇지 아니하고 공지공용의 기존기술을 종합하는데 각별한 곤란성이 없다거나 이로 인한 작용 효과도 이미 공지된 선행기술로부터 예측되는 효과 이상의 새로운 상승효과가 있다고 볼 수 없는 경우에는 발명의 진보성은 인정될 수 없다 할 것이다(대법원 1989. 11. 24. 선고 88후769 판결)."

조합 발명도 조합하는데 어려움이 있거나 조합했을 때 예상치 못한 상승효과가 인정되면 특허받을 수 있습니다.

둘째, 종래기술에서 어떤 구성이나 요소의 수치를 한정하여 발명할 수 있습니다.

이러한 발명을 수치 한정 발명이라 합니다. 청구항은 다음과 같이 작성할 수 있습니다.

청구항 1

> ABS 수지 30~50중량% 및 폴리카보네이트 수지 50~70중량% 를 포함하는 것을 특징으로 하는 열가소성 수지 조성물.

이런 수치 한정 발명에 대하여 판례는 다음과 같이 진보성이 인정되는 경우와 진보성이 인정되지 않는 경우를 판시하고 있습니다.

"원고는, 청구항 16은 화장료 조성물의 점도를 5000~15000 cps 범위로 한정하고, 이러한 화장료 조성물이 함침된 발포 우레탄 폼의 경도를 35~55 범위로 한정함으로써, 화장료 조성물이 함침된 발포 우레탄 폼이 최적의 충진력 및 배출력을 발휘하도록 한 구성이므로, 진보성이 인정되어야 한다고 주장하므로 살피건대, 화장료 조성물의 점도 5000~15000 cps와 발포 우레탄 폼의 경도 35~55는 한정된 수치 범위 내외에서 이질적이거나 현저한 작용 효과의 차이가 생긴다고 볼 수 없어 통상의 기술자가 반복적인 실험을 통하여 적절히 선택할 수 있는 정도의 단순한 수치 한정에 불과한 점 등에 비추어 보면, 청구항 16이 위와 같은 수치 한정으로 최적의 충진력 및 배출력을 갖는 구성이라고는 볼 수 없으므로, 원고의 위 주장은 이유 없다(특허법원 2013. 9. 13. 선고 2013허4411 판결)."

수치 한정 발명도 한정된 수치 범위 내에서 이질적이거나 현저한 효과가 실험 데이터와 같은 정량적 기재에 의해 인정되면 특허받을 수 있습니다.

셋째, 상위 개념에 해당하는 종래기술에 하위 개념으로서 포함되지만, 구체적으로는 개시되어 있지 않은 것을 선택하여 발명할 수 있습니다.

이러한 발명을 선택발명이라고 합니다. 청구항은 다음과 같이 작성할 수 있습니다.

ABS 수지 및 폴리카보네이트 수지를 포함하되, 상기 폴리카보네이트 수지는 B-PC-PHP 수지, B-PC-TOP 수지, B-PC-NAP 수지 및 B-PC-TBP 수지로 이루어진 군으로부터 선택된 1종 이상인 것을 특징으로 하는 열가소성 수지 조성물.

이런 선택발명에 대하여 판례는 다음과 같이 진보성이 인정되는 경우와 진보성이 인정되지 않는 경우를 판시하고 있습니다.

"선행 또는 공지의 발명에 구성요건이 상위 개념으로 기재되어 있고 위 상위 개념에 포함되는 하위 개념만을 구성요건 중의 전부 또는 일부로 하는 이른바 선택발명의 진보성이 부정되지 않기 위해서는 선택발명에 포함되는 하위 개념들 모두가 선행발명이 갖는 효과와 질적으로 다른 효과를 갖고 있거나, 질적인 차이가 없더라도 양적으로 현저한 차이가 있어야 하고, 이때 선택발명의 발명의 상세한 설명에는 선행발명에 비하여 위와 같은 효과가 있음을 명확히 기재하여야 하며, 위와 같은 효과가 명확히 기재되어 있다고 하기 위해서는 선택발명의 발명의 상세한 설명에 질적인 차이를 확인할 수 있는 구체적인 내용이나, 양적으로 현저한 차이가 있음을 확인할 수 있는 정량적 기재가 있어야 한다(대법원 2009.10.15. 선고 2008후736 판결)."

선택발명도 그 선택된 구성이 선행발명에 개시되어 있지 않고 그 선행발명이 갖는 효과와 질적으로 다르거나 양적으로 현저한 차이가 인정되면 특허받을 수 있습니다.

다만, 선택발명이라도 선행발명에 이론적으로 포함되는 수많은 화합물 중 특정한 화합물을 선택할 동기나 암시 등이 선행발명에 개시되어 있지 않고 그것이 기술적 의의를 갖는다면, 그와 같은 선택에 어려움이 있어 구성이 곤란한 경우에 해당하므로 진보성이 부정되지 않습니다(대법원 2021. 4. 8. 선고 2019후10609 판결).

넷째, 성질 또는 특성 등으로 기존의 물건이나 물질을 특정하여 발명할 수 있습니다.

이러한 발명을 파라미터 발명이라 합니다. 청구항은 다음과 같이 작성할 수 있습니다.

청구항 1

ABS 수지 및 폴리카보네이트 수지를 포함하되, 상기 ABS 수지의 용융지수(XABS)와 상기 폴리카보네이트 수지의 용융지수(XPC)는 하기 수학식을 만족하는 것을 특징으로 하는 열가소성 수지 조성물.

수학식 1

$| \text{XABS} - \text{XPC} | \leq 1.0$

이런 파라미터 발명에 대하여 판례는 다음과 같이 진보성이 인정되는 경우와 진보성이 인정되지 않는 경우를 판시하고 있습니다.

"그런데 성질 또는 특성 등에 의해 물(物)을 특정하려고 하는 기재를 포함하는 특허발명과 이와 다른 성질 또는 특성 등에 의해 물을 특정하고 있는 인용발명을 대비할 때, 특허발명의 특허 청구범위에 기재된 성질 또는 특성이 다른 정의(定義) 또는 시험·측정 방법에 의한 것으로 환산이 가능하여 환산해 본 결과 인용발명의 대응되는 것과 동일·유사하거나 또는 특허발명의 명세서의 상세한 설명에 기재된 실시형태와 인용발명의 구체적 실시형태가 동일·유사한 경우에는, 달리 특별한 사정이 없으면 양 발명은 발명에 대한 기술적인 표현만 달리할 뿐 실질적으로는 동일·유사한 것으로 보아야 할 것이므로, 이러한 특허발명은 신규성 및 진보성을 인정하기 어렵다(대법원 2002. 6. 28. 선고 2001후2658 판결)."

파라미터 발명도 선행발명과 실질적으로 동일·유사하지 않다면 특허받을 수 있습니다.

다섯째, 물질이나 물건의 특정 용도를 한정하여 발명할 수 있습니다.
이러한 발명을 용도발명이라고 합니다. 청구항은 다음과 같이 작성할 수 있습니다.

ABS 수지 및 폴리카보네이트 수지를 포함하는 열가소성 수지 조성물로 제조된 자동차 내장재.

이런 용도발명에 대하여 판례는 다음과 같이 진보성이 인정되는 경우와 진보성이 인정되지 않는 경우를 판시하고 있습니다.

"특정 광학이성질체의 용도에 관한 발명은, 첫째 그 출원일 전에 라세미체 화합물의 용도를 기재하고 있는 간행물 등에 그 광학이성질체 화합물의 용도가 구체적으로 개시되어 있지 아니하고, 둘째 그 광학이성질체 화합물의 특유한 물리 화학적 성질 등으로 인하여 공지된 라세미체의 용도와 질적으로 다른 효과가 있거나, 질적인 차이가 없더라도 양적으로 현저한 차이가 있는 경우에 한하여 특허를 받을 수 있다. 그런데 광학이성질체에 그 용도와 관련된 여러 효과가 있는 경우에 효과의 현저함이 있다고 하기 위해서는, 광학이성질체의 효과 중 일부라도 이에 대응하는 라세미체의 효과에 비하여 현저하다고 인정되면 충분한 것이고, 그 기술 분야에서 통상의 지식을 가진 자가 단순한 반복 실험으로 광학이성질체의 현저한 효과를 확인할 수 있다는 사정만으로 그 효과의 현저함을 부인할 수는 없다(대법원 2003. 10. 24. 선고 2002후1935 판결)."

용도발명도 그에 대한 용도가 선행발명에 개시되지 않고, 그 용도에 있어 질적으로 다른 효과가 있거나 양적으로 현저한 차이가 인정되면 특허받을 수 있습니다.

여섯째, 물질이나 물건을 제조방법으로 한정하여 발명할 수 있습니다.

이러한 발명을 제법한정물건(Product-By-Process) 발명이라 합니다. 청구항은 다음과 같이 작성할 수 있습니다.

청구항1

> ABS 수지를 이축 압출기의 주 호퍼로 투입하고 폴리카보네이트 수지를 사이드 피더로 분리 투입하여 200~220℃ 및 100~200 RPM 조건하에 용융혼련하여 제조하는 것을 특징으로 하는 열가소성 수지 조성물.

이런 제법한정물건 발명에 대하여 판례는 다음과 같이 진보성이 인정되는 경우와 진보성이 인정되지 않는 경우를 판시하고 있습니다.

"한편 생명공학 분야나 고분자, 혼합물, 금속 등의 화학 분야 등에서의 물건의 발명 중에는 어떠한 제조방법에 의하여 얻어진 물건을 구조나 성질 등으로 직접적으로 특정하는 것이 불가능하거나 곤란하여 제조방법에 의해서만 물건을 특정할 수밖에 없는 사정이 있을 수 있지만, 이러한 사정에 의하여 제조방법이 기재된 물건발명이라고 하더라도 그 본질이 '물건의 발명'이라는 점과 특허청구범위에 기재된 제조방법이 물건의 구조나 성질 등을 특정하는 수단에 불과하다는 점은 마찬가지이므로, 이러한 발명과 그와 같은 사정은 없지만, 제조방법이 기재된 물건발명을 구분하여 그 기재된 제조방법의 의미를 달리 해석할 것은 아니다. 따라서, 원심은 제조방법에 관한 발명의 진보성이 부정되지 않는다는 이유만으로 곧바로 그 제조방법이 기재된 물건의 발명인 이 사건 제9, 10항 발명의 진보성도 부정되지 않는다고 판단하였으니, 제조방법이 기재된 물건발명의 진보성 판단에 관한 법리를 오해하여 판결에 영향을 미친 위법이 있다(대법원 2015. 1. 22. 선고 2011후927 판결)."

제법한정물건 발명도 제조방법에 의해서만 물건을 특정할 수밖에 없는 사정이 있고, 그 물건발명에 신규성 및 진보성이 인정된다면 특허받을 수 있습니다.

일곱째, 이외에도 치환 발명, 생략 발명, 결정형 발명, 화학물질 발명, 합금 발명 등과 같은 기타 화학발명이 있습니다.

상기와 같은 화학발명의 종류를 이용하여 특허 개발 단계에서 특허를 발굴할 수 있습니다. 기초기술이 있으면, 여기에 다른 기술을 접목시켜서 조합 발명을 만들어 보고, 크기나 양을 한정하여 수치 한정 발명도 생각해 보고, 좀 더 구체적인 기술을 찾아서 선택발명도 도출해 볼 수 있습니다.

또한, 기초기술의 성질이나 특성 등을 한정하여 파라미터 발명을 해볼 수도 있고, 기초기술의 애플리케이션을 고찰하여 용도 발명을 끌어내어 볼 수도 있으며, 기초기술의 구성이나 특성이 방법 차이에 따라 달라질 때는 제법한정물건 발명을 생각해 볼 수도 있습니다. 이렇듯 발명의 종류를 하나하나 따져 보면 특허 개발이 쉬워집니다.

나아가 발굴된 발명으로 특허받기 위해서는 출원명세서가 앞서 판례에서 언급한 요건을 만족시킬 수 있도록 기재되어야 합니다. 그리고 심사, 심판, 소송 단계에서도 해당 화학발명에 대한 판례의 내용을 근거로 가부를 다툴 수 있습니다. 이렇듯 발명의 요건을 따져 보면 특허개발과 함께 특허 출원 등을 위해 무엇을 준비해야 할지도 명확해집니다.

019
선입관을 버려라!

　특허업무가 어느 정도 익숙해지면 정말 위험한 것이 사소한 것을 사소하게 여기고, 평범한 것을 평범하게만 보는 것입니다. 자신의 시야나 생각에 갇혀 있는 꼴입니다. 변리사뿐만 아니라 특허 관련 업무를 하는 사람들은 사소한 것이 사소한 것이 아닐 수 있고, 평범한 것이 평범한 것이 아닐 수 있다는 사실을 유념해야 합니다.

　사소하거나 평범한 것이 중요한 기술적 특징일 수도 있거니와 그 뒤에 중요한 기술적 특징이 감춰져 있을 수도 있다는 생각을 항상 붙잡고 있어야 합니다. 그렇지 않으면 자신의 선입관으로 인해 중요한 발명이 특허로 빛을 보지 못하고 사장되거나 쓸모없게 되어 버릴 수도 있습니다. 개인이나 기업의 손해일 뿐만 아니라 크게 보면 국가적인 손실일 수 있습니다.

　예를 들어, 너무 당연한 기술 내용이라 더 이상 특허 발굴하지 않은 경우 또는 상식적인 내용이라 발명자에게 더는 물어보지 않고 명세서 초안을 작성한 경우, 간혹 나중에 당연한 기술 내용, 상식적인 내용 뒤에 중요한 기술적 특징이 숨어 있는 것을 발견하기도 합니다.

　어떨 때는 비전공자가 다른 시각으로 해당 기술로부터 발명의 중요한 특징을 발굴해 내는 경우도 있습니다. 특허 개발자는 우리의 지식재산을 단 하나라도 빠뜨리지 않고 보호해야 한다는 사명감을 가지고 모든 아이디어나 기술을 새롭게 보는 태도와 다양한 관점에서 볼 수 있는 능력을 배양할 필요가 있습니다.

※ 거절 이유통지에 대응하여 아무리 따져봐도 극복 가능한 방안이 보이지 않고, 발명자가 준 의견도 발명의 구성과는 전혀 상관없는 효과이거나 심사관이 제시한 인용문헌과 상관없는 종래기술과의 차이점인 경우에, 한 번쯤 내 생각이나 판단은 접어 두고 과감하게 발명자의 의견을 토대로 작성된 의견서를 제출해 보는 것도 해 볼 만합니다. 자기 자신을 너무 과신하지 않으면 됩니다.

20~24

제언

020
미팅 시 메모나 내용 정리를 잘하자!

건이 많지 않다거나, 연관된 건이 별로 없는 경우에는 형식에 구애되지 말고 메모해서 추후 이를 해당 건에 적용하면 됩니다. 그러나 미팅에서 논의된 건들이 많고, 또 서로 연관되어 있으며, 시리즈 건이 다수인 경우에는 미팅에서 도출된 내용들을 체계적으로 정리할 필요가 있습니다.

그렇지 않으면, 놓치는 내용이 발생할 수도 있고, 내가 할 일은 기억할 수 있다고 해도, 발명자나 사내 특허 전담부서가 할 일이나 의도한 바를 놓칠 수도 있어 전체적인 통합 관리가 어려워질 수 있습니다. 특히 특허업무는 발명자, 사내 특허 전담부서 및 특허사무소가 유기적으로 연결되어 있기 때문에 일을 빈틈없이 처리하기 위해서는 내가 할 일만 알아서도 안 됩니다.

도출된 발명들이 무엇인지, 확인이 완료된 내용이 무엇인지, 추후 일정은 어떻게 되는지, 앞으로 확인이 필요한 내용은 무엇인지, 추후 주거나 받기로 한 내용은 무엇인지, 마지막으로 모니터링해야 할 것들은 무엇인지 등을 구체적이고도 명확하게 메모할 필요가 있습니다. 그러면 의뢰인에게 더욱더 만족스러운 서비스를 제공할 수 있게 됩니다. 메모나 정리를 잘하는 사람을 보게 되면 부럽고 그 비결이 배우고 싶어집니다.

021
발명자들의 검색 수준

　발명자들의 특허 검색 수준은 천차만별입니다. 그러나 발명자들은 기술에 대한 동향 파악이나, 중복 연구를 피하기 위해서나 또는 아이디어 등을 얻기 위해 일정 수준 이상의 특허 검색 능력을 갖추는 것이 좋습니다.

　회사나 사내 특허 전담부서는 발명자들이나 연구원들의 특허 검색 실력을 가늠하여 검색 기술이 미흡하다고 판단되는 경우 어드바이스나 교육 프로그램 등을 적절히 지원해 주면 좋을 것 같습니다. 만약 사내 특허 전담부서가 없고 특허 검색에 대한 경험이 적거나 교육을 접하기가 용이하지 않은 경우라면 특허사무소에서라도 고객관리 차원에서 검색 능력을 향상시킬 수 있는 교육을 실시하면 좋을 것 같습니다. 다만 검색 능력은 이론보다는 경험과 해당 기술 분야에 대한 이해에 의해 좌우됩니다.

　발명 상담을 하다 보면, 가끔 발명자가 특허 검색에 대한 지식이 부족한 것이 아니라 자신의 발명과 유사한 종래기술을 알면서도 일부러 안 밝히는 것은 아닌지 의심이 가는 경우가 있습니다. 이런 때는 그 종래기술을 알아내기 위해 발명자를 끝까지 추궁하기보다는 발명자의 의도를 존중하여 유사한 특허 문헌을 제시하고 이를 회피할 수 있는 방향으로 명세서를 작성하여 출원을 진행하는 것이 바람직할 것 같습니다. 어떤 경우에는 발명이 종래기술에 해당하는 경우라도 특허 출원을 해야 하는 때도 있습니다.

제5화에서 특허 검색 시 중요하게 고려해야 할 내용을 적어드린 것이 있는데 참고하시면 좋을 것 같습니다.

022
예비작업에 대한 유익

　복잡한 사건이 의뢰되거나 사건을 신속하게 처리할 수 없을 때는 잠깐 짬을 내서 그때까지의 내용을 잘 정리해 두거나 그 사건에 대한 기초 작업을 꼭 해 둘 필요가 있습니다. 기억력이 출중한 분들은 필요가 없을 것도 같습니다. 사건에 대한 자료나 서류 또는 전달내용이나 상담내용 등을 검토 및 정리하여 미리 폴더 등과 같은 적절한 위치에 배치해 두는 것이 좋습니다. 상담할 때 메모해 둔 것만으로는 이해하기 어려울 때가 종종 있었습니다.

　그렇게 하면 건의 처리가 지연되는 만일의 경우에도 나중에 누락되는 것을 방지할 수 있고, 일의 효율도 높일 수 있으며, 발명자나 사내 특허 전담부서의 담당자에게 재차 물어보거나 자료를 다시 요청해야 하는 번거로움이나 민망함(?)도 피할 수 있습니다.

　이 책안에는 대리인으로서 저 자신에게 어드바이스 하는 글이나 저의 다짐과 같은 글도 있는데, 이 글이 그중 하나입니다.

023
최신 지식재산권 정보를 안내해 보면 어떨까요?

가끔 의뢰인이나 출원인 또는 발명자 등 고객의 이메일 주소를 정리해서 그 주소로 한 달에 한 번 또는 분기별로라도 최신 지식재산권 관련 내용, 특히 기업에 도움이 될만한 지식재산권 정보를 소개하는 팸플릿을 만들어 송부하고 싶은 마음이 듭니다.

저도 유럽이나 대만의 몇몇 특허사무소로부터 특허법 개정 등과 같은 자국 내 특별한 특허 이슈가 있는 경우 메일로 관련 내용을 받아 본 적이 있습니다.

요즘은 소화하기 힘들 정도로 많은 상표, 특허, 디자인, 저작 등과 같은 지식재산 관련 정보의 홍수 속에 사는 것 같습니다. 특허사무소에서 홍수와 같이 쏟아지는 지식재산 관련 정보 중 쓸데없는 노이즈를 제거하고 기업에 정말 필요한 정보를 선별하여 해당 기업에 알려주면 특허 경영(patent management)에 도움이 되고, 나아가 기업의 특허 경영이 활발해지면 특허사무소가 해줄 수 있는 일들이 늘어 결국 서로 이익이 되지 않을까요?

정말 해보고 싶은데, 인력과 시간이 걸림돌이 됩니다.

지식재산 관련 유용한 기사나 자료 등을 접하게 되면 프린트해서 모아두는데, 그런 것들을 볼 때마다 무척 아쉬운 생각이 듭니다. "언제 저것들을 다 정리할까?" 까마득합니다. 다만, 언젠가는 꼭 해보리라 다짐해 봅니다.

과거에 우리 기업들이 단순히 자신의 기술을 보호하고자 하는데 목적을 두고 특허를 기업경영의 보조수단으로 삼았다면, 지금은 독립적으로 특허를 경영하여 시장 지배력이나 특허 경쟁력을 높이고, 라이선싱, 양도 또는 침해소송 등을 통해 직접 수익을 창출하는데 많은 관심을 가지고 있습니다.

특허 경영의 뜻이 손에 잡힐 듯 말 듯합니다만, 기업에서 별도로 특허를 관리하고 있다면 그 기업은 특허 경영을 하고 있다고 볼 수 있습니다. 더 발전해서 1~2명 전담인력을 배치하고 또한 그런 전담인력이 많아지면 별도의 조직으로 특허팀이 탄생합니다. 조직이 더욱 커지면 전담부서로 승격되고, 여기에서 많은 정책이 쏟아져 나옵니다.

지식재산은 사람, 물건, 돈 등의 유형자산과는 달리 형태가 없는 무형자산(intangible asset)인데 최근에 이러한 무형자산의 가치가 급격히 증가하여 유형자산보다 훨씬 크고, 주식시장에서 시가 총액으로 나타나는 기업의 가치도 무형자산에 의해 결정되기도 합니다. 그래서 요즘 특허 경영이 중요해졌습니다.

※ 산업재산권, 지적 재산권, 지식재산권이 혼용되기도 하나, 산업재산권은 특허, 실용신안, 상표, 디자인에 관한 권리를 의미하고, 지적 재산권은 지식재산권과 같은 뜻이나 일본식 용어로 현재의 우리나라 법률에서는 사용되고 있지 않습니다. 지식재산권은 산업재산권과 저작권, 영업비밀 등을 모두 포함하는 개념(용어)입니다.

024
변리사가 바라본 기업 내 특허팀의 발생과 성장

지식재산권이 중요해짐에 따라 기업에서 특허 전담 직원이나 별도의 특허팀을 꾸리는 사례가 점점 늘고 있습니다. 그렇다 보니 저에게 특허팀의 업무나 프로세스, 또는 업무 분담 등에 관하여 자문을 구하거나, 다른 기업은 어떻게 특허팀을 운용하는지 물어볼 때가 있습니다. 사실 저는 인 하우스 변리사로 있어 본 적이 없어 기업 내 특허팀의 모든 업무를 알지는 못합니다. 그들의 대리인으로서 알 수 있는 정도만 알 뿐입니다.

사견입니다만, 어느 기업이든 특허업무의 성격이나 내용이 크게 다를 것은 없습니다. '어떤 일'을 '누가' '어떻게' 처리하느냐 하는 문제일 뿐입니다. 회사에서 지식재산권 관련 '어떤 일'이 적다면 지식재산권을 좀 아는 직원이나 관리나 회계 부서의 직원이 부수적인 업무로 특허업무를 처리할 수 있습니다. 많은 중소기업에서 그렇게 하고 있습니다.

회사에서 지식재산권 관련 '어떤 일'이 많아지면, 특허업무만을 전담하는 직원을 두거나 2명 이상의 전담 직원으로 구성된 특허팀을 꾸리게 됩니다. 특허팀이라면, '어떤 일'의 내용에 따라서 달라지겠지만, 예를 들어 '어떤 일'이 특허 출원이나 경쟁사 특허 분석 등일 때, 크게 출원 파트와 분석 파트로 나눌 수 있습니다.

만일 '어떤 일'에 상표나 디자인 등이 차지하는 비중이 크다면 특허 파트와 상표 파트로 나눌 수도 있습니다.

기업이 크게 성장하거나 기술 경쟁이 더 치열해지면 심판이나 소송 등과 같은 분쟁이 발생하거나 발생할 우려가 있으므로, 즉 '어떤 일'이 심판이나 소송 등과 같은 분쟁인 경우 별도의 분쟁 파트를 만들어 운용할 수 있습니다. '어떤 일'이 지식재산권 양도 계약, 라이선스 계약 등과 같은 계약인 경우에는 계약 파트를 만들어 운용할 수도 있습니다. 어떤 기업은 분쟁은 없는데 라이선스 계약 등이 많았습니다.

기업에서 지식재산권에 투자하는 비용이 많아지면 회계 처리만을 전담하는 회계 파트가 필요합니다. 또한, 기업 내 특허팀이 커져 팀장 개인의 역량만으로 회사의 사업/시장과 연계해 로드맵을 수립하고, 이에 따라 지식재산권 포트폴리오를 구축하거나 침해 리스크 등을 관리하는 것이 어려운 수준에 이르게 되면 기획 파트를 만들어 특허팀의 컨트롤 타워 역할을 하게 할 수 있습니다.

결론적으로, 기업 내 특허팀은 상술한 파트 별로 업무 분담이 되어 있기도 하고, 어떤 경우에는 특허팀에서 연구개발 업무나 인허가 업무 등을 지원하기도 하는데, 규모가 작을수록 지식재산권 본연의 업무가 아닌 다른 업무와의 중첩이 심해지는 것 같습니다.

참고로, 일부 기업에서는 최고지식재산경영자(CIPO; Chief Intellectual Property Officer)를 두어 지식재산권을 통해 기업의 가치를 더욱 높이려고 합니다.

제2화

출원 단계 이야기

출원 단계란 기업이나 발명자가 발명에 대한 특허 출원을 특허사무소에 의뢰하는 것을 시작으로 변리사가 발명자와 발명 상담하고 이를 토대로 출원명세서를 작성하여 특허 출원을 하는 일련의 과정을 의미합니다.

많은 사람이 자석식 전화기를 발명한 사람이 알렉산더 그레이엄 벨(1847~1922)이라고 알고 있지만, 사실은 이탈리아 발명가 안토니오 무치(1808~1889)가 최초로 전화기를 발명한 사람입니다. 2002년 6월 미국 의회가 공식적으로 안토니오 무치를 최초의 전화 발명자로 인정하여 최초의 전화 발명가라는 타이틀은 126년 만에 제자리를 찾게 되었습니다.

안토니오 무치는 전화기를 발명한 뒤 특허 출원을 준비하던 중 설계도와 전화기 모델을 잃어버렸고, 그 이후 벨이 무치가 발명한 것과 비슷한 전화기로 특허 출원을 하여 특허를 취득했습니다.

엘리샤 그레이(1835~1901)는 1876년 2월 14일 같은 날 벨보다 단 두 시간 늦게 미국 특허 사무국에 특허 출원을 하는 바람에 실제 전화 통화에 먼저 성공했음에도 불구하고 특허를 받지 못했습니다.

이들 세 사람의 이야기는 특허 출원이 얼마나 중요한지를 말해주고 있습니다. 여기에서는 주로 특허 출원 명세서 작성 시 주의해야 할 사항 등을 다루어 보도록 하겠습니다.

명세서 작성

025
구성요소를 단계적으로 한정하자

　발명의 구성요소를 한정할 때에는 피라미드를 쌓듯이 단계적으로 잘 한정해 들어가야 합니다. 만약, 구성요소와 그 구성요소를 한정하는 한정사항(limitation)의 거리가 너무 멀면 청구항의 구성요소를 한정사항으로 정의해야 하는 경우 청구범위의 손실이 급격히 커지게 됩니다. 구성요소나 청구범위가 층층이 한정되었다면 너끈히 확보할 수 있을 권리 범위가 아깝게 버려지게 될 수도 있습니다. 따라서 발명의 구성요소 한정이나 청구범위의 한정은 점진적으로 좁혀질 수 있도록 최대한 여러 단계로 나누어 설정해야 합니다.

　쉽게 예를 들면, 청구범위를 '[청구항 1] 동물, [청구항 2] 제1항에 있어서, 상기 동물은 코끼리'라고 기재하는 것보다는 '[청구항 1] 동물, [청구항 2] 제1항에 있어서, 상기 동물은 척추동물, [청구항 3] 제2항에 있어서, 상기 척추동물은 포유류, [청구항 4] 제3항에 있어서, 상기 포유류는 코끼리'라고 기재하는 것이 바람직합니다. 다만, 상기와 같은 내용을 모두 특허 청구범위에 포함시킬 필요는 없습니다. 어차피 발명의 상세한 설명에라도 기재되어 있으면, 심사과정에서 보정이 필요한 경우 청구항에 가져다 쓸 수 있으니까요.

026
물성 측정 방법 등의 리스트화 및 활용

회사와 같은 출원인의 물성 측정 방법, 측정 기기 또는 측정 조건 등을 리스트화해 두면 명세서를 작성할 때 매우 편리합니다.

측정 방법, 측정기기 또는 측정 조건 등을 때마다 찾아보고 물어보는 일은 서로 귀찮은 일이기도 하고, 또한 그러한 자료를 보관하고 있지 않거나 물어보기도 어려운 경우에는 난감할 수도 있습니다. 그러나 그런 자료가 준비되지 않거나 미비한 채로 특허 출원이 되는 경우 청구범위를 명확히 특정할 수 없다거나, 통상의 기술자가 쉽게 실시할 수 없다는 이유로 거절되는 일이 발생할 수도 있습니다. 또한, 인용발명과 차별화시킬 수 있는 구성요소가 있어도 이를 특정할 측정 방법 등이 같이 기재되어 있지 않으면 그러한 구성요소로 보정할 수가 없습니다.

특허 출원이 많은 대기업이나 중견기업의 경우 물성 측정 방법 등을 프로젝트별 또는 연구팀별로 리스트화해 두면, 발명자가 기재하기 어려운 경우, 특히 출원일을 확보하기 위해 신속히 출원해야 하는 경우에 꽤 유익하게 활용될 수 있습니다.

또한, 앞서 만들어 놓은 물성 관련 파라미터를 특허 개발에서나 다른 발명에 활용하거나 참고할 수도 있습니다. "이와 같은 물성 데이터를 주실 수 있나요?"

다만, 측정기기 등이 둘 이상이거나, 그럴 가능성이 있는 경우 발명자의 확인 없이는 활용하기 어려운데, 측정 결과에 큰 차이가 없거나 어떤 경우든 발명의 핵심 범위를 포함하는 경우라면 명세서에 기재하지 않아서 거절 이유를 자초하는 것보다는 임으로 하나를 선택해서 기재하는 것이 훨씬 더 좋습니다.

027
명세서에 내용을 많이 쓰면 항상 좋을까요?

어떤 발명자가 제게 이렇게 말한 적이 있습니다. "많지는 않지만 100페이지가 넘는 특허 명세서도 있더라고요. 이 발명도 그런 방향으로 작성해 주셨으면 합니다."

"네. 한번 해보지요."라고 대답했는지 "최대한 반영하겠습니다."라고 대답했는지 기억은 잘 나지 않습니다. 그러나, 특허 명세서 상에 너무 많은 내용을 쓰는 것이 항상 좋은 것만은 아닙니다.

특허 명세서에 내용이 적으면 이런저런 거절 이유가 발생했을 때 보정할 수 있는 근거나 한정 사항(limitations)이 적어 대응하기 어려운 상황이 될 수도 있으므로, 특허 출원 시 명세서에 여러 직간접 기술에 대한 내용을 포함시키게 됩니다. 보통 변리사가, 특히 개인 건일 때 이렇게 발명에 살을 많이 붙이는데, 종종 출원인이나 발명자가 더 많이 요청하는 경우도 있습니다.

사실 발명에 살을 붙이는 작업이 손쉬운 작업은 아닙니다. 변리사가 가진 모든 지식과 창작 능력을 동원해야 합니다. 이렇게 해서 많은 직간접 관련 기술 내용 등이 특허 출원 명세서에 추가되면, 추후 거절 이유가 통지되어도 거절된 청구항 등에 부가 또는 대체할 수 있는 한정사항이나 근거가 많게 되므로, 출원발명이 거절 이유를 모두 극복하고 특허로 등록될 수 있는 확률이 크게 높아집니다.

그러나 그 발명의 개량 또는 관련 발명에 대한 개발이 끝난 것이 아니라 계속 진행 중인 경우라면 발명에 살을 붙일 때 매우 조심할 필요가 있습니다. 후에 출원되는 개량발명이나 관련 발명, 즉 시리즈 발명이 자신의 앞서 출원된 발명 때문에 특허 되지 못하는 경우가 발생할 수 있기 때문입니다. 실제로 이런 경우가 비일비재합니다.

발명에 대한 첫 특허 출원을 준비할 때부터 발명자의 연구 및 개발 방향이나 추가로 진행될 실험 등에 대한 논의가 필요합니다. 만약 시리즈로 특허 출원이 계속될 것이라면 선 특허 출원에 미리 포함시켜야 할 내용과 포함시키지 말아야 할 내용을 구분하고, 또한 늦어도 선 특허 출원의 공개일 전에는 시리즈 발명이 모두 출원되어야 함을 주의하고 지속적으로 모니터링할 필요가 있습니다.

명세서에 내용을 많이 쓴다고 해서 좋은 것만은 아닙니다. 100페이지 넘는 방향으로 작성했으면 좋겠다고 한 특허 출원 명세서는 결국 40페이지 가까운 분량으로 정리되어 특허 출원이 되었습니다. 그렇다고 부족한 채로 특허 출원 되지는 않았습니다.

보통 발명은 여러 차례 개량되는데, 명세서에는 앞서 개량된 내용을 모두 기재할 수 있으므로, 개량이 많이 된 발명일수록 명세서의 분량은 늘어나게 됩니다. 오래된 기술일수록 쓸 내용이 많다는 의미입니다. 명세서의 분량보다는 새로운 기술 내용의 분량, 개량의 분량, 실험 데이터의 분량 등이 중요합니다.

참고로, 명세서에 많은 내용을 넣어 달라고 요구하는 발명자보다는 대부분 너무 많거나 자세히 기재하면 회사의 기술이 모두 공개되므로 특허를 받는데 필요한 만큼만 기재해 달라고 하는 발명자가 더 많습니다.

028
명세서 작성 시 주의 사항

명세서를 작성하다 보면 자꾸 발명에 살을 붙이게 됩니다. 특히 종래기술을 많이 알고 있는 경우에 그렇습니다. 특허받기가 쉽지 않겠다는 생각에 만일을 위하여 어찌 되었건 최소한 등록은 받을 수 있게 만들자는 의도로 이 구성 저 구성을 예비적으로 많이 끼워 넣을 때가 있습니다.

그런데 요즘은 출원인들이 특허받았다고 마냥 좋아만 하지는 않습니다. 특허의 권리 범위를 따지고, 특허가 쓸모 있는지 없는지를 따집니다. 오히려 수고해서 명세서에 넣어 준 구성 때문에 의뢰인에게 면박을 당할 수도 있습니다. 예비적으로 넣어 준 것이라 불명확하거나 뒷받침이 안 될 위험성이 매우 크기 때문에 차후에 주목을 받는 경우에는 '관련 실시예를 왜 요청하지 않았느냐.', '좀 더 명확하게 해야 하는 것 아니냐.' 등등 컴플레인을 받을 수 있습니다.

특허사무소에서 원 발명과 무관하게 예비적으로 넣어 주는 내용이라 할지라도 넣고자 마음먹었으면 만전을 기할 필요가 있습니다. 더 잘해주려고 하다가 예상치 못한 컴플레인을 받으면 마음이 편치 않습니다.

029
배경 기술에 특허 문헌을 적을까 말까?

사실 요즘같이 인용문헌 3~4개를 결합해서 출원발명의 등록을 거절하는 심사 실무상 일반적인 내용 외에 관련성이 있는 특허 문헌을 배경기술에 적는 것은 지양되지만, 출원발명의 특허성에 전혀 영향을 주지 않는다면 기재해도 무방합니다. 이 경우 가능하다면 IDS 제출이 필요한 미국 등의 출원을 대비하여 특허 문헌의 출원일이나 공개일까지 명확히 기재하는 것이 좋습니다.

출원명세서의 배경기술에 일반적인 기술 내용만 적고 특허 문헌이나 논문 등의 출처를 구체적으로 기재하지 않은 경우 거절 이유가 통지되기도 하나, 임의의 특허 문헌을 기재하거나 의견제출통지서에 인용발명이 기재되었다면 그중 하나를 기재하는 것으로 쉽게 극복 가능합니다.

IDS는 Information Disclosure Statement의 약어로 발명자와 그들의 대리인 등이 등록 전까지 알고 있는 당해 출원발명의 특허성과 관련된 모든 정보를 미국특허청(USPTO)에 제공하는 서류를 뜻합니다. 만약 알고 있는 특허성과 관련된 정보를 IDS로 제출하지 않은 경우 추후 발견 시 특허권을 행사할 수 없게 되거나 미국특허변호사의 경우 라이선스가 박탈될 수도 있다고 합니다.

참고로, 의견제출통지서에 거절 이유가 기재되어 있어 보통 이를 거절 이유통지서라 부릅니다.

030
발명을 어디까지 기재해 줄 것인가?

한 번은 특허 출원 의뢰된 발명에 대한 선행기술조사 결과, 출원인이 동일하고 내용 또한 매우 유사한 선행기술이 발견되었는데, 다행히 그 선행기술에는 몇 가지 일반적인 내용이 빠져 있어, 그것에 의하여 의뢰된 발명과 그 선행기술을 어느 정도 차별화시킬 수 있었습니다. 그 선행기술은 출원 당시로만 본다면, 일반적인 내용이 빠져 있어 조금 부족하게 작성된 것으로 판단할 수도 있으나, 결과적으로는 그 내용이 기재되지 않으므로 해서 그 뒤에 제안된 발명의 등록 가능성을 높일 수 있게 되었습니다.

또한, 그 선행기술에 기재되지 않은 부분도 발명에 있어서 중요한 사항이 아니라, 물성 시편 제조예에 포함되어야 할 내용으로, 기재되지 않아도 특허를 받는데 치명적인 흠결이 되는 것도 아니었습니다. 후출원을 고려한다면, 항상 많은 내용을 담는 것만이 능사는 아닙니다.

특허 출원 의뢰된 발명에 살을 많이 붙여 주거나, 내용이나 범위를 확장시키고자 할 때는 추가 사업계획이나 실험계획 또는 시리즈 건이나 개량 건에 대한 출원계획 등을 반드시 살펴볼 필요가 있습니다. 공개된 선행기술이 자신의 특허 출원이라고 해서 배제되지는 않습니다.

031
배경기술에 구체적인 것을 적으면 안 좋다?

명세서상에 구체적인 내용이 기재되어 있지 않아 종래기술이나 통상의 기술자의 상식에 해당한다고 주장해야 할 때, 그렇지 않으면 발명의 상세한 설명이 통상의 기술자가 실시할 수 있도록 기재된 것이 아니라고 하거나 청구항이 발명의 상세한 설명에 의하여 뒷받침되지 않는다고 할 때, 간혹 배경기술의 내용이 도움이 될 때가 있습니다.

또한, 심사관이 제시한 인용문헌이 배경기술에 그 문제점과 함께 기재되어 있는 경우 그것을 근거로 본원발명이 인용문헌에 비하여 우수한 효과가 있음을 주장할 수 있는데, 때때로 효과가 있습니다.

그러므로 진보성이나 신규성을 부정할 자료로 쓰일 확률이 희박하거나 반대로 인용될 것이 예상된다면 적절히 문제점이나 열악한 효과 등과 함께 해당 문헌을 명세서에 기재하는 것이 좋을 수도 있습니다. 청구항이 젭슨 타입을 활용한 경우라면 특히 더 고려해 볼 필요가 있습니다. 그러나 애매할 때는 안 적는 것이 상책입니다.

여기서 젭슨 타입 청구항이란 개량발명에 있어서 이미 공지된 기술을 청구항의 전제부에 기재하고 그 공지된 기술에 대하여 그 발명이 특징으로 하는 개량 부분을 특징부에 명확하게 지적하는 형식으로 기재하는 청구항을 의미합니다. 일반적으로 "~에 있어서(전제부), ~를 특징으로 하는(특징부) ○ ○ ○ ○(발명의 대상)"의 형식을 취합니다.

032
변리사 임의로 실시예를 작성하는 것의 위험성

변리사가 특허 출원 명세서 초안을 작성할 때 아직 발명자로부터 실시예를 입수하지 못한 경우 발명자의 수고를 덜어주면서 특허 출원도 늦어지지 않도록 발명자의 다른 유사 특허 출원 명세서나 발명과 유사한 종래기술을 찾아 예시적으로 명세서 초안에 실시예를 구체적으로 적어 주는 경우가 많이 있습니다. 때에 따라서는 사내 특허 전담부서나 연구원이 요청하기도 합니다. 그러나, 이러한 일이 간혹 다른 업무에 쫓기는 발명자로 하여금 명세서 초안의 검토나, 수정 또는 보충에 대하여 소홀하게 만들 수도 있습니다.

화학발명에 있어서 가장 중요하다고 할 수 있는 실시예를 발명자가 정확히 확인해 주지 않으면, 출원 후에 보정으로도 해결할 수 없는 심각한 문제가 발생할 수도 있습니다. 실시예에 대해서는, 실시예의 입수가 불가능한 경우가 아니라면, 일단은 발명자가 직접 기재하거나 최소한 발명자로부터 실험 자료를 받아 기재하는 것이 좋을 것 같습니다.

명세서 초안 작성 시 필요한 실시예를 발명자에게 요청하는 것을 넘어 실시예를 예시로 작성해 주는 경우 실시예가 아주 없거나 입수가 불가능할 때에는 특허 출원에 큰 유익이 되기도 하지만, 실제 실험 자료와 상당한 차이가 있는 때에는 큰 낭패를 볼 수도 있으므로 각별히 주의해야 합니다.

단지 변리사가 예시로 제시해 준 실시예에 대하여 발명자가 OK 사인을 해서 그대로 특허 출원된 다음에, 심사 단계에서 의견서 제출 통지서, 즉 거절 이유통지서를 받고 나서야 비로소 실시예가 잘못 기재되었다는 것을 알게 되는 경우가 있습니다. 이런 경우 누구를 탓할 수도 없습니다. 발명자를 수고스럽게 하는 것이 꼭 나쁜 것만은 아닙니다.

033
수치 한정 발명과 실시예

  수치 한정 발명의 경우 그 수치 한정의 임계적 의의가 실시예와 비교예에 의하여 뒷받침되어야 하므로, 특허 출원 명세서에 경계치 부근에 해당하는 실시예와 비교예가 반드시 기재되어 있어야 합니다. 또한, 수치 한정된 범위 내에서 다 임계적 의의가 있어야 하므로 이를 대표할 수 있는 실시예들이 준비되어야 합니다. 예로 수치 한정이 40 내지 50 중량% 범위로 되어 있다면, 이를 대표할 수 있는 실시예로 40~43 중량% 범위 내, 44~46 중량% 범위 내, 및 47~50 중량% 범위 내의 실시예가 각각 필요합니다.

  출원 이후에 진보성 흠결의 거절 이유를 받고 나서 수치 한정 범위 내에서 각별한 효과를 입증하기 위해 참고 자료로 실험 데이터를 제출할 수도 있겠지만, 다시 실험 데이터를 입수하는 것도 쉽지 않을뿐더러 실제 참고 자료로 각별한 효과를 인정받기가 쉽지 않습니다. 만일 각별한 효과를 입증할 수 있는 실시예와 비교예를 빠뜨렸는데, 출원하고 1년이 경과하지 않았다면 국내 우선권주장출원을 고려하는 것이 좋습니다.

  임계적 의의는 수치 한정 구간과 그 밖의 구간이 전혀 다른 양상, 즉 상승효과, 예상치 못한 효과 또는 각별한 효과 등을 보이는 것을 의미하고, 그 수치 한정 구간에서 최소값과 최대값은 경계값이 됩니다.

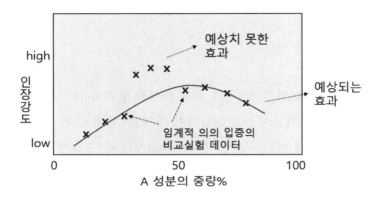

위 그림을 보면 통상의 기술자가 비례 관계로부터 예측할 수 있는 35~45 중량% 구간의 효과와 실제 실험했을 때 나타나는 효과가 전혀 다른 것을 알 수 있습니다. 그래서 각별한 효과는 통상의 기술자가 쉽게 적용할 수 있는 비례 관계, 반비례 관계 또는 트레이드오프(trade-off) 관계 등으로부터 예측할 수 있는 효과와는 각별한 차이가 있는 효과라고 말할 수 있습니다.

034
수치 한정에 따른 효과의 기재 방법

외국에 특허 출원을 고려하고 있다면 발명의 상세한 설명에 수치 범위에 대한 효과를 기재할 때, 그 수치 범위 내에서 바람직한 효과가 있다는 식으로 기재할 필요가 있습니다.

처음부터 수치 한정 발명으로 특허받을 의도였다고 한다면 임계적 의의를 더욱 강조하기 위해 수치 범위를 벗어나는 경우 열악한 효과가 있다는 식으로 기재할 수도 있으나, 그렇지 않은 수치 한정에 있어서 그 효과를 강조하기 위해 수치 범위 밖에서 열악한 효과가 있다는 식으로 기재하면, 그것을 근거로 심사관은 그 수치 범위 내로 발명을 한정할 것을 요구합니다.

그 수치 범위 밖에서는 발명의 유용한 효과가 나타나지 않기 때문에 발명의 목적을 달성할 수 없고, 종래기술에서 해결되어야 할 과제 또한 해결할 수 없기 때문입니다. 이는 또한 발명의 상세한 설명에 의하여 그 수치 범위 밖은 뒷받침이 되지 않는다는 것을 의미합니다. 즉, 본래의 발명 범위를 넘는다는 것입니다.

위와 같은 이유로 거절 통지를 받으면, 어떻게 작성하느냐의 차이일 뿐인데 출원인에게 너무 가혹한 처사인 것처럼 보이지만 딱히 심사관이 잘못 판단하고 있다고 말할 근거는 없는 것 같습니다.

따라서, 외국에도 특허 출원할 발명인 경우에는 심사관에 의해 생각지도 못한 청구범위 감축 보정이 요구되지 않도록 수치 범위에 대한 효과 기재에 있어서 조심할 필요가 있습니다. 중국이 가장 심한 것 같고, 유럽의 경우도 가끔 같은 거절 이유가 통지되는 경우가 있으므로 주의하는 것이 좋을 것 같습니다.

예를 들어, A 성분 10~30 중량%에 대하여, "10 중량% 미만인 경우 OO 효과가 열악하고 30 중량%를 초과하는 경우 XX 효과가 열악하다."라고 기재하는 것보다 "상기 범위 내에서 OO 및 XX 효과가 모두 우수하다."라고 기재하는 것이 통상적으로 바람직합니다.

그러나 이러한 기재 방법도 수치 범위를 어떻게 활용할지에 따라 달라질 수 있습니다. 결국에 가서는 수치 범위 한정으로 특허받을 수밖에 없다고 생각한다면 수치 범위 밖의 열악한 효과를 기재하여 각별한 효과를 강조하는 쪽으로 기재하는 것도 좋은 작전입니다.

035
실시예 기재 방법에 대한 오해

실시예에서 실험방법은 간단히 적고 데이터만 자세히 적어 넣으면 된다고 생각하는 발명자가 있습니다. 이런 경우 발명의 중요한 특징을 쉽게 파악할 수는 있으나, 다른 관련 사항들을 끌어내기 어렵고, 발명의 내용과 범위를 확장하기가 어렵습니다.

예를 들어 "OO 단량체를 중합해서 중합체를 제조하였다."라고 기재된 실시예를, "OO 단량체를 톨루엔 용매 하에서 중합해서 OO 중합체를 제조하였다."라고 수정하면, 발명의 상세한 설명에 "상기 중합은 일례로 용액 중합일 수 있다. 상기 용액 중합은 일례로 방향족 탄화수소 용매 하에서 실시될 수 있다. 상기 방향족 탄화수소 용매는 일례로 탄소수 6 내지 12, 6 내지 10, 또는 7 내지 8의 방향족 탄화수소 용매이고, 바람직하게는 톨루엔일 수 있으며, 이러한 경우 OO한 효과가 있다." 등과 같은 내용을 추가할 수 있고, 또한 기타 관련된 내용 등을 부가할 수 있게 됩니다.

또한, 실험방법을 제대로 적지 않으면 "발명의 상세한 설명이 통상의 기술자가 쉽게 실시할 수 있을 정도로 기재되지 않았다."라거나, 아니면 "청구항이 발명의 상세한 설명에 의하여 뒷받침되지 않는다."라는 거절 이유를 받을 수도 있습니다.

다행히 그런 거절 이유를 피해도 만약 신규성이나 진보성 흠결 등과 같은 다른 거절 이유가 통지되고, 이를 극복하기 위해 청구항을 다른 기술적 특징으로 보정해야 되는데, 그 특징에 대응되는 구체적인 예가 실시예에서 빠져 있다면 경우에 따라서는 그 특징으로 보정하는 것이 오히려 문제가 될 수도 있습니다.

보정된 청구항이 발명의 상세한 설명에 의하여 뒷받침되지 않는다는 거절 이유 때문인데, 따라서 보정이 제한될 수도 있고, 몇몇 경우에는 어떠한 수(手)도 통하지 않아 특허받기가 정말 어려워질 수 있습니다. 유럽 특허청(EPO)이 좀 그런 편입니다.

실시예를 작성하는 것이 익숙하지 않거나, 다른 일로 특허업무에 충분한 시간을 내기 어려운 경우라면 실험방법 등을 크게 축소하거나 생략할 것이 아니라, 오히려 실험 노트나 실험 데이터 등을 가공 없이 변리사에게 제공해 주면 좋을 것 같습니다. 변리사가 가공하면 됩니다.

036
조성비(%)의 기술적 결함

청구항 1

"A 성분 5 내지 30 중량%, B 성분 20 내지 60 중량% 및 C 성분 40 내지 70 중량%로 포함하는 것을 특징으로 하는 D 조성물."

위의 청구항 1에 기재된 발명은 발명의 구성이 명확하게 기재되어 있지 않으므로, 특허받을 수 없습니다.

왜 그럴까요?

한 성분의 최소 함량 %와 나머지 성분들의 최대 함량 %의 합은 100 중량% 이상이어야 하고, 한 성분의 최대 함량 %와 나머지 성분들의 최소 함량 %의 합은 100 중량% 이하여야 합니다.

상기와 같은 룰은 특히 화학 분야에서 많이 적용되는데, 만약 이를 만족하지 못하면 기술적으로 100 중량%를 맞출 수 없는 조성비가 존재하게 되므로, 청구항에 기재된 발명은 불명확하게 기재된 것에 해당하여 특허가 거절됩니다.

참고로, 특허청 발행 유무기 화합물 및 세라믹스 심사 실무 가이드에서는 최소값과 최대값의 룰을 다음과 같이 설명하고 있습니다.

"조성비가 %로 기재된 조성물 발명의 경우, 아래와 같이 조성비의 기술적인 결함이나 모순이 있는 경우 발명의 구성이 명확하게 기재되어 있다고 할 수 없다.

　ⅰ) 모든 성분의 최대성분량의 합이 100%에 미달하는 경우
　ⅱ) 모든 성분의 최소성분량의 합이 100%를 초과하는 경우
　ⅲ) 하나의 최대성분량과 나머지 최소성분량의 합이 100%를 초과하는 경우
　ⅳ) 하나의 최소성분량과 나머지 최대성분량의 합이 100%에 미달하는 경우

그러나, 특정 성분들로만 구성되어 있지 않고 다른 성분도 포함될 수 있는 경우에는(예: '~을 포함하는 … 조성물' 등) 한 성분의 최대값과 나머지의 최소값들의 합이 100% 이하만 충족하면 기재불비에 해당하지 않는다."

특허법원 2007. 3. 28. 선고 2006허4765 판결에서는 "조성물 발명의 구성을 명확하게 하기 위해서는 그 구성 성분의 조성비 등이 명확하게 기재되어 있어야 하는데, 발명을 특정하기 위한 사항인 조성비의 기재가 모든 경우에 각 성분의 임계치를 취하여 정확히 100%를 만족시킬 필요는 없는 것이지만, ① 모든 성분의 최대성분량의 합이 100%에 미달하는 경우, ② 모든 성분의 최저성분량의 합이 100%를 초과하는 경우, ③ 하나의 최대성분량과 나머지 최저성분량의 합이 100%를 초과하는 경우, ④ 하나의 최저성분량과 나머지 최대성분량의 합이 100%에 미달하는 경우 등과 같이 조성비의 기술적인 결함이나 모순이 있는 경우

에는 발명의 구성이 명확하게 기재되어 있다고 할 수 없다."라고 판시한 바 있습니다.

상기 발명에서 C 성분이 40 중량%인 경우에 A 성분과 B 성분을 최대 중량%로 투입하더라도 100 중량%를 만들 수가 없습니다. 다만, D 조성물이 A, B, C 성분 외에 기타 첨가제가 포함되는 것이 명세서상에 기재되어 있거나 일반 기술상식에 해당한다면, '포함한다'라는 기재에 의해 불명확하다는 거절 이유를 피할 여지는 있으나, 설명이나 입증해야 하는 번거로움이나 어려움이 있을 수 있습니다.

이러한 조성비의 기술적인 결함이나 모순은 상기와 같은 룰에 맞도록 함량 범위를 감축하는 보정을 하면, 쉽게 치유될 수 있습니다. 다만, 룰에 맞는 함량 범위, 즉 하한치 또는 상한치가 발명의 상세한 설명에 명시되어 있지 않은 경우 신규사항 추가로 인한 보정 불인정이 문제 될 수 있는데, 감축한 함량 범위가 임계적 의의를 갖는 수치 한정 발명이 되지 않는 이상 함량 범위를 감축하는 보정은 적법한 보정으로 받아들여지고 있습니다.

외국 특허 출원의 경우 사정이 조금 다른데, 일본은 발명의 상세한 설명에 기재가 없는 하한치나 상한치로 함량 범위를 감축하는 것에 대해 한국과 같이 우호적으로 봐주는 것 같고, 미국은 매우 까다롭게 보아 인정받기가 쉽지 않으며, 유럽이나 중국은 거의 적법한 보정으로 인정해 주지 않는 것 같습니다. 그러나 예외가 없지는 않습니다. 확실히 하고 싶으면 담당 심사관한테 물어보면 됩니다.

037
종래 특허가 명세서 작성의 기준이 될까요?

"내가 본 특허에서는 00를 기재하지 않고도 등록되었습니다."
"00특허에서는 00를 자세히 기재하지 않았습니다."

명세서 작성에 필요한 어떤 내용을 자신이 본 적 있는 종래의 특허 문헌에 기재되었는지 여부나 개시된 정도에 근거하여 필요 없다거나 대충 쓰면 된다고 생각하는 경우가 종종 있습니다.

그러나 그 특허가 시기를 잘 만났거나 심사관을 잘 만나서 운 좋게 특허받았다고 볼 수도 있습니다. 그러면 특허 된 지금은 무효심판에 의해 무효될 위험(risk)을 안고 있다고 볼 수 있습니다. 종래의 특허 문헌은 명세서 작성에 있어서 기준이 될 수 없습니다.

특허 심사를 받을 때 현행 심사 태도가 어떻게 바뀔지, 어떤 심사관을 만날지, 그리고 어떤 종래기술이 튀어나올지는 아무도 모르므로, 출원발명이나 특허에 불이익을 주는 것이 아니라면, 현재 불필요하다는 생각을 접고 그 요청 사항을 준비하는 것이 현명한 처사인 것 같습니다.

종래의 특허 문헌을 봤을 때 기술적으로 불필요한 내용 같아도 특허받기 위해 필요할 수 있고, 실제로 그 내용이 출원발명을 특허가 되게 하거나, 보다 강력한 특허가 되게 할 수 있음을 이해했으면 좋겠습니다.

　순진하게 발명과 그 발명에 대한 권리인 특허를 동일하게 여겨서는 안 됩니다. 발명을 원석이라고 한다면 특허는 보석이라고 할 수 있습니다. 뛰어난 발명이라고 반드시 뛰어난 특허가 되는 것이 아니고, 별것 아닌 것 같은 발명이라고 결코 보잘것없는 특허가 되는 것이 아닙니다.

038
층상 VS 비층상은 사실은 다르지 않다

   사람들은 층상과 비층상은 정반대 개념으로 동일할 수 없다고 생각합니다. 그러나 궤변처럼 들리겠지만, 특허에서는 층상과 비층상도 동일할 수 있습니다.

   예컨대 층상이나 비층상이 명확히 구별되도록 정의되지 않으면 층상의 범위와 비층상의 범위는 일부 중첩될 수밖에 없고, 그 중첩되는 범위로 인해 층상과 비층상은 동일한 것으로 여겨질 수 있습니다.

   한 번은 거절결정불복심판 중에 청구항 제1항 발명은 층상 구조로 한정되어 있고 인용발명은 비층상 구조로 한정되어 있는데, 기술설명회에서 심판관이 "층상 구조와 비층상 구조가 동일할 수 있으므로, 청구항 제1항 발명은 인용발명에 의하여 진보성이 부정될 수도 있을 것 같습니다."라고 하는 말에 뒤통수를 얻어맞은 것처럼 무척 당황했던 기억이 납니다.

   "층상 구조와 비층상 구조가 같을 수도 있구나!"

   최종적으로는 통상의 기술자에게 층상과 비층상이 명확히 구별된다고 하는 것을 입증하는 자료를 충분히 제출하여 인용심결을 받아 거절결정이 취소되고 다시 심사 단계로 환송된 다음 특허 결정이 되었지만, 새삼 용어의 선택과 용어에 대한 정의가 얼마나 중요한지 깨닫는 계기가 되었습니다.

따라서 변리사라면 명세서에 사용되는 용어, 특히 청구항에 사용되는 용어의 경우 그 범위의 경계가 명확한지 확인하고, 그렇지 않은 경우 명세서상에 그 범위가 특정되도록 정의하는 것에 익숙해질 필요가 있습니다.

다만, 통상의 기술자에게 그 용어만으로도 경계가 흔들리지 않고 범위가 특정된다면 따로 정의하지 않아도 크게 문제가 되지는 않습니다. 그래도 정의해 두는 것이 좋다고 말씀드리고 싶습니다. 아니, 정의해 두어야 한다고 말씀드립니다.

청구항에 기재된 '층상'이나 '비층상'의 범위가 불명확하다면 통상은 심사 단계에서 "발명의 범위를 특정할 수 없으니까 청구항이 명확하게 기재되지 않은 것입니다."라고 하는 거절 이유를 받게 될 것입니다. 그러나 앞의 기술설명회 사건처럼 거절결정 불복심판에서 진보성이 없다는 이유를 지지하기 위한 논거로 사용하면 심판관은 새로운 거절 이유를 통지하지 않고도 기각 심결을 내릴 수 있습니다. 심사관의 거절 이유만 쫓아가다 이렇듯 심판 단계에서 미처 생각하지 못한 일격을 당할 수도 있습니다. 심사관의 의도를 파악하는 것도 중요하지만 거절 이유를 다른 각도에서 보는 것과 거절 이유의 주변을 살피는 것도 간과해서는 안 됩니다.

이런 이야기가 너무 비약하는 것처럼 들릴 수 있으나, 특허가 간절하다면 매사에 주의해야 합니다.

039
한정사항과 그에 따른 효과의 기재

모든 한정 사항(limitations)에 대한 효과를 요청하는 것은 불필요할 뿐만 아니라, 발명자를 매우 부담스럽게 만드는 것이라고 생각할 수도 있습니다. 저라도 부담스러울 것 같습니다. 그러나 명세서 작성 시 하찮게 여겼던 효과가 심사나 심판에서 등록 여부를 결정할 수 있는 중요한 사항이 될 수도 있습니다.

만약 한정사항만 기재하고 그에 따른 효과는 지극히 일반적인 것으로 여겨 기재하지 않았는데, 어쩔 수 없이 그 한정사항으로 청구항을 보정하는 경우, 심사관 또는 심판관은 그것의 효과에 대한 정성적인 기재도 없으니까 '기술적 의미 또는 기술적 의의'가 전혀 없는 것이고, 따라서 그런 정도의 한정은 통상의 기술자에게 자명한 것이므로 특허를 받을 수 없다고 단정할 것입니다.

심사관이나 심판관이 좋게 봐주고 싶어도 봐줄 수가 없습니다. 출원인이 처음부터 기술적으로 중요한 것이 아니라고 얘기한 것과 같습니다.

그래서 부담스럽고 불편해도 한정사항에 대한 효과를 기재해야 합니다.

'기술적 의의 또는 기술적 의미'는 현저한 효과나 임계적 의의를 포함할 수는 있지만 조금 다른 개념으로, 주지 또는 관용기술을 단순히 더한 정도나 통상의 기술자에게 상식적 수준에 불과한 정도는 넘어서는 수준을 의미하는 것입니다.

다만, 어떤 경우에는 기술적 의의와 임계적 의의를 동일 개념으로 쓰기도 하고, 어떤 경우에는 기술적 의의를 자명한 정도와 임계적 의의의 중간 정도의 개념으로 사용하기도 하는 것 같습니다. 그러나, 경험적으로 분명한 것은 이러한 기술적 의의는 종종 구체적인 증거 없이 발명의 진보성을 부정하는 것을 막는데 매우 효과적일 수 있다는 것입니다. 그렇다고 한다면 우리로서는 이러한 개념을 간과하거나 버릴 이유가 없습니다.

구체적으로 살펴보면, 이런 경우들입니다.

인용발명, 즉 비교대상발명에 출원발명의 성분은 나와 있으나 성분비는 나와 있지 않은 경우, 비교대상발명에 출원발명의 구체적인 예들이 개시되지 않은 경우, 또는 비교대상발명에 출원발명의 부가적인 구성이 개시되지 않은 경우 등일 때, 진보성 판단 시 기술적 의의가 중요하게 고려될 수 있습니다.

수치 한정 발명의 진보성 판단 시 우리나라 대법원 판례가 현저한 효과나 이질적인 효과를 갖는 경우에만 진보성을 인정하고 있으므로, 아직 기술적 의의만으로 수치 한정 발명이 특허받기는 어려울 수도 있습니다. 그러나, 기술적 의의는 수치 한정 발명에 국한되는 것이 아니라, 모든 발명에 적용되는 것이고, 또한 요구되는 진보성의 정도도 시대적 상황 또는 특허 정책 등에 따라 변할 수 있으므로, 명세서를 작성하는 사람에게 기술적 의의는 매우 중요하게 고려되어야 합니다.

강한 특허, 완벽한 특허를 말하면서 이러한 효과 기재에 대하여 불편스럽게 생각하면 안 됩니다. 만약, 특징적인 효과가 없거나 생각나지 않으면, 일반적인 효과나 '발명의 효과'에 기재된 내용을 가져오는 것도 괜찮습니다. 이것은 비단 한국 특허 출원에 국한되는 것은 아닙니다.

참고로, 대법원 2013. 2. 28. 선고 2011후3139 및 대법원 2010. 8. 19. 선고 2008후4998 판결에서는 수치 한정이 비교대상발명과는 상이한 과제를 달성하기 위한 기술수단으로서의 의의를 가지고, 이에 관한 기재나 암시가 비교대상발명에 없으며, 그 효과도 이질적인 경우라면, 수치 한정에 임계적 의의가 있는지 여부에 대하여 살펴볼 필요가 없고, 임계적 의의가 없다고 해도 특허발명의 진보성이 부정되지 않는다고 하였습니다. 이 판례에서 말한 '기술수단으로서의 의의'도 기술적 의의입니다.

40~46

명세서 검토

040
명세서가 단지 기술설명서?

특허사무소에서 명세서 작성에 필요하다고 생각되는 기술자료나 내용을 요청하는 경우, 간혹 "이건 필요 없을 것 같으니까 기재하지 않겠습니다." 또는 "이건 기재할 필요가 없을 것 같습니다."라는 말을 들을 때가 있습니다.

그러나 특허사무소에서 기술자료나 내용을 요청하는 경우에는 관련성이나 중요성 등을 잘 모르기 때문이 아니라, 대부분 특허 등록 가능성을 높이기 위해서거나, 아니면 추후 심사과정에서 현재의 내용만으로는 등록을 받을 수 없는 만일의 사태를 대비하기 위한 것입니다.

특허 심사는 연구나 기술 개발과 같지 않고, 출원명세서에 발명으로 기재된 것이 특허법에 규정된 요건을 모두 만족하는지 여부를 자세히 조사하여 특허 등록 여부를 결정하는 것입니다.

특허를 받기 위해서는 심사관의 관점이 중요하고, 또한 출원인이나 발명자의 관점과 다를 수 있음을 인식할 필요가 있습니다.

실무를 하다 보면, 가끔 정말 사소한 것처럼 보이는 구성요소로 인해 발명이 특허성을 인정받아 등록되는 경우를 봅니다. 저는 의뢰인에게 운이 좋았다고 얘기하지만, 만약 그 사소한 것을 기재하지 않았다면 어떻게 되었을까요?

041
명세서 작성 시 실수의 정도

명세서 등과 같은 문서 작성에 있어서 실수가 없기는 참 어렵습니다. 가끔 그렇게 열심히, 꼼꼼히 봤는데도 특허 출원하고 나서야 오류가 있는 것을 발견하게 되면, 조금은 허무하기까지 합니다. 그러나, 우리 특허법이나 판례도 이러한 사정을 인지해서 통상의 기술자를 기준으로 지극히 자명한 사항인 경우 보정을 허용하고, 청구항을 명세서 전체의 취지를 고려하여 해석하는 등의 장치를 두고 있습니다.

따라서, 특허 출원 전 리뷰어(reviewer)가 명세서 등을 검토하면서 오류라고 여겨지는 것에는 아래와 같은 세 가지 경우가 있을 수 있다는 것을 고려하여 그에 맞게 코멘트하면 좋을 것 같습니다.

첫 번째로, 내용 중에는 충분히 선택할 수 있는 사항이 있습니다.
예를 들어, 어떤 용어의 선택에 있어서 사람마다 마음에 드는 용어가 다를 수 있습니다. 이는 오류가 아닙니다.

두 번째로, 치명적이지 않은 오류가 있습니다.
특허받는데 문제가 없거나 자진보정에 의하여 쉽게 치유 가능한 경우입니다.

세 번째로, 치명적인 오류가 있습니다.

특허받는데도 문제가 될 수 있고, 자진보정으로도 치유하기 어려운 경우입니다. 그러나 이러한 오류도 자세히 살펴보면 발명 본연의 핵심사항에 해당되지 않는 경우가 대부분입니다.

세 번째와 같이 오류가 치명적인 부분에서는 어떠한 오류도 있어서는 안 되겠지만, 두 번째와 같이 오류가 치명적이지 않은 사항에 대해서는 조금 관대함을 갖고 볼 필요가 있으며, 첫 번째와 같이 누구나 충분히 선택할 수 있는 사항에 대해서는 명세서 작성자의 방식이나 스타일을 존중해 줄 필요가 있습니다.

그리고 명세서 등을 검토할 때 한 가지 더 고려해야 할 것이 있는데, 그것은 의뢰인이 지불하는 비용입니다. 어떤 회사들은 중요도나 난이도에 따라 해당 발명에 S급, A급, B급, C급 등과 같이 등급을 붙여 출원 비용을 책정하기도 합니다. 출원 비용이 큰 발명, 즉 높은 등급의 발명인 경우 보다 세밀한 명세서 작성 및 리뷰가 필요합니다.

042
발명의 명칭의 의의

발명의 명칭에 신경을 너무 많이 쓴다거나 굉장히 민감하게 반응하는 발명자분이 간혹 있습니다. 경쟁사가 쉽게 검색해 내지 못하게 한다거나, 투자자 등 제삼자에게 특허에 대한 인상을 좋게 하기 위해서 가끔 수정하기도 하지만, 특허에 있어서 발명의 명칭은 그렇게 중요한 사항은 아닙니다.

발명의 명칭은 출원발명을 분류하여 기술분야를 특정하고 정리 및 검색을 용이하게 하기 위해 기재하는 것으로, 발명의 내용을 고려하여 카테고리가 구별되도록 간단명료하게 기재하면 되는데, 보통 청구항 말미를 그대로 가져다 적습니다.

실무상 발명의 명칭은 ① 너무 막연한 기재나, 너무 장황한 기재를 피하여 발명의 내용에 따라 간명하게 기재하고, ② 개인명, 상표명, 상품의 애칭, 개량된, 개선된, 최신식, 문명식 등과 같은 극히 추상적인 성능만을 나타내는 표현 또는 특허라는 용어를 발명의 명칭에 포함시켜서는 안 되며, ③ 특허청구범위에 2 이상의 카테고리의 청구항을 기재하는 경우에는 이들 복수의 카테고리를 모두 포함하는 간단명료한 명칭으로 기재하여야 하고, 마지막으로 ④ 그 발명이 무엇을 청구하는지 명확히 알 수 있도록 기재하여야 합니다.

043
발명의 상세한 설명 VS 실시예의 수치 범위 대조

수치 한정된 청구항이 없더라도, 중요하게 여겨지는 수치 한정이 아니더라도 발명의 상세한 설명에 기재된 수치범위와 실시예에서 사용된 수치가 일치하는지 꼭 확인해야 합니다. 참고로, 발명의 상세한 설명에 실시예가 포함되어 있으나 편의상 구분하였습니다.

간혹 발명의 상세한 설명에서는 A, B 및 C의 합을 100 중량%로 기준하여 모든 성분들의 함량 범위를 기술하고, 실시예에서는 A, B, C 및 D의 합을 100 중량%로 기준하여 사용된 물질들의 함량을 기재한 명세서를 보게 됩니다. 문제는, 거절 이유 또는 거절 결정 이유에 대응하여 청구항을 각 성분의 함량 범위로 한정해야 할 때인데, 이 경우 운 좋게 들어맞을 수도 있지만 다른 기재가 없다면 실시예에 적힌 대로 청구항을 수치 한정하는 것 외에는 청구항이 발명의 상세한 설명에 의하여 뒷받침되지 않는다거나, 아니면 불명확하다거나 하는 등의 거절 이유를 피하기가 쉽지 않습니다.

그러므로 처음 명세서 초안을 작성할 때 실시예의 모든 데이터가 발명의 상세한 설명에 기재된 내용을 만족하는지 꼼꼼히 확인할 필요가 있습니다. 나중에 다시 확인해 보기란 쉬운 일이 아닙니다. 내용 파악도 해야 하고 계산도 해야 하고, 다시 뒷장을 넘겨 맞춰 봐야 하는 번거로운 일이기 때문입니다. 사실 번거로움의 문제가 아니라 번거로운 일이 되게 하는 시간과 비용의 문제이긴 합니다.

이후에도 실시예의 데이터 수치가 바뀌거나 발명의 상세한 설명에서 수치범위가 바뀌는 경우에는 그 즉시 서로 대응되는지 확인해 봐야 합니다. 실제 명세서 초안을 여러 번 수정하다 보면, 나중에 가서는 명세서 작성자나 발명자 모두 주의력이 다소 떨어져, 연관된 다른 부분을 미처 수정하지 못하고 결국에는 발명의 상세한 설명과 실시예가 맞지 않는 채로 출원되는 경우도 있습니다.

따라서 명세서 작성자는 수치가 맞는지, 대응하는지를 늘 확인하는 습관을 가져야 합니다.

044
특허 출원 명세서 초안의 효율적 검토

리뷰어(reviewer) 입장에서 제한된 시간에 어떻게 하면 특허 출원 명세서 초안을 효과적으로 검토할 수 있을까요?

명세서 초안을 검토해 보면 자주 발견되는 오류들이 있습니다. 이러한 오류들이 명세서 초안에 있는지 없는지만 잘 확인해도 명세서의 품질을 높이는데 큰 도움이 됩니다.

다음은 명세서상에 자주 발견되는 오류들을 토대로 만든 체크리스트입니다.

1) 특허청구범위에 발명의 요지가 제대로 포함되어 있는지 여부

화학발명은 발명의 요지를 제대로 파악하지 못하면 전혀 다른 엉뚱한 발명을 출원할 수도 있습니다.

2) 필요 없는 용어나 내용이 청구항에 포함되지 않았는지 여부

필요 없는 용어나 내용이라도 청구범위가 이들 용어나 내용으로 좁혀지게 됩니다. 적을 막기 위해 성벽을 쌓아 놓았는데, 정작 성문은 활짝 열어 놓은 격입니다. 청구항에서 필요 없는 용어나 내용은 열린 성문과 같습니다.

3) 청구항에 불명확한 용어나 내용, 즉 별도의 정의가 필요한 용어나 내용은 없는지 여부

청구항, 즉 청구범위는 나중에 권리범위가 되는데 권리범위가 '왔다 갔다, 늘었다 줄었다' 하면 법적 안정성이 훼손되고, 다른 사람들에게 큰 피해를 줄 수 있습니다. 그래서 청구항이 불명확 하면 아무리 뛰어난 발명도 특허를 받을 수 없습니다.

4) 오탈자, 미삭제 용어, 용어의 불일치, 도면부호의 부정확한 인용은 없는지 여부

이는 글쓰기의 기본입니다. 그리고 오탈자 등은 발명을 불명확 하게 할 수도 있습니다.

5) 청구항 제1항의 범위에 모든 실시예가 포함되고 모든 비교예는 배제되었는지 여부

종종 실시예 중 일부가 청구항 제1항의 범위에서 배제되어 있거나, 비교예가 청구항 제1항의 범위에 포함되는 경우가 있습니다. 이는 청구범위를 잘못 잡았거나 실시예, 비교예를 제대로 파악하지 못한 것입니다.

6) 주요 청구항의 한정 사항(limitations)에 대하여 발명의 상세한 설명에 다중 한정이 되어 있는지 여부

출원 후에는 범위에 포함된다고 해서 임의로 축소 또는 한정할 수 없고, 명확히 기재되어 있는 경우에 한해 축소 또는 한정할 수 있습니다. 1~20 수치 범위를 맘대로 5~15 범위로 줄일 수가 없습니다.

7) Product-By-Process(PBP) 청구항으로 작성된 경우 정말 생성물을 구조나 성분 등으로 특정할 수는 없는지 여부

제조방법은 내부 자료의 입수나 만들고 있는 장소를 덮치지 않는 이상 청구항에 기재된 제조방법으로 물건을 만들었다는 것을 입증하기가 어렵습니다. 따라서 침해 입증이 용이한 물건의 구조나 성분 등으로 청구범위를 잡는 것이 바람직합니다.

Product-By-Process(PBP) 청구항은 물건(Product)을 청구하면서 물건의 성질이나 구조 등이 아닌 제조방법(Process)으로 특정한 청구항을 말합니다. 예를 들어 '어떤 방법으로 제조됨을 특징으로 하는 어떤 물질' 등과 같이 작성할 수 있습니다.

이러한 PBP 청구항에 대해서 2011후927 전원합의체 판결은 "제조방법이 기재된 물건 발명의 특허요건을 판단함에 있어서 그 기술적 구성을 제조방법 자체로 한정하여 파악할 것이 아니라 제조방법의 기재를 포함하여 특허청구범위의 모든 기재에 의하여 특정되는 구조나 성질 등을 가지는 물건으로 파악하여 출원 전에 공지된 선행기술과 비교하여 신규성, 진보성 등이 있는지 살펴야 한다."라고 판시하였습니다.

이는 모든 PBP 청구항의 특허 요건을 제조방법이 아닌 제조방법에 의해 나타나는 물건의 성질이나 구조 등으로 판단해야 한다는 뜻으로, 청구항을 제조방법 자체로 한정하여 판단하는 것과 비교하여 특허 등록에는 불리한 반면 특허권 행사에 있어서는 유리할 수 있습니다.

8) 기타 부정확한 인용 관계는 없는지 여부 등

이는 발명을 불명확하게 할 수 있고, 전혀 다른 특징을 갖게 할 수도 있습니다.

9) 발명이 목적으로 하는 효과에 대한 데이터가 구비되어 있는지 여부

발명의 우수한 효과를 입증하는 유용한 자료가 되며, 발명의 완성부터 조합 발명, 선택 발명, 수치 한정 발명, 파라미터 발명 등을 입증 또는 한정하는데 도움이 됩니다. 이외에도 여러모로 쓸모가 많습니다.

다중 한정은 해당 구성을 다양한 범위로 한정하는 것을 의미합니다. 예를 들어 A 구성에 대하여, A는 10 내지 50 중량%로만 한정하는 것이 아니라, A는 10 내지 50 중량%, 15 내지 40 중량%, 또는 20 내지 30 중량% 등과 같이 여러 범위로 한정하는 것입니다. 이때 반드시 좁은 범위로 한정할 필요는 없습니다.

045
특허 품질과 명세서 품질을 혼동하지 맙시다!

특허 품질이란 어떤 회사 또는 어떤 분야의 특허 군이 전체 특허 출원 건수 중 등록된 특허의 비중, 등록 이후 연차료를 지급하여 특허가 유지되고 있는 유효 특허의 비중, 해외 특허, 특히 미국 특허의 비중, 그리고 다른 특허에 인용된 비율 등의 높고 낮은 정도를 의미합니다.

그러나 특허 명세서 품질은 발명의 기술적 수준이나 중요도 등과는 상관없이 말 그대로 발명의 특징을 명세서에 잘 기술하였는지, 구비되어야 할 요소들을 빠짐없이 갖추고 있는지, 그리고 청구범위를 잘 설정하였는지 등을 의미합니다.

특허 품질과 특허 명세서의 품질을 혼동하지 맙시다. 방향을 잘 잡아야 합니다.

046
필요 VS 불이익?

명세서상의 어떤 내용에 대하여 다짜고짜 "이게 왜 필요합니까?", "이거 필요 없는데 빼야 하는 것 아닌가요?"라는 질문을 받으면 조금 당황스러울 때가 있었습니다.

특별히 뺄 이유가 없다면 빼지 않는 것이 좋습니다. 출원 후에 필요한 경우가 생겼을 때에는 출원 시 제출한 명세서에 기재되어 있지 않으면 거의 보정을 할 수 없기 때문입니다.

출원 전 명세서상에 어떤 내용이 아무 의미가 없어 보이고 불필요해 보일지라도, 특별히 빼야 할 이유가 없거나 넣는다고 해서 불이익한 뭔가가 생기는 것이 아니라면 그대로 두는 것이 좋습니다. 나중 일을 지금 우리가 어떻게 다 예상할 수 있을까요? 출원인의 사정도, 발명자의 사정도, 그리고 특허청의 정책도 바뀔 수 있습니다.

실제로 명세서 작성자들이 조금 더 기재해 준 내용 때문에 출원 발명이 거절 이유를 극복하고 특허가 되는 경우가 적지 않습니다.

앞으로는 명세서상에 보충된 내용에 대해서 "이게 필요합니까?"라는 얘기 말고, "이 내용은 공개되면 사업상 회사에 불리합니다."라거나, "이 내용은 노하우로 가져가고 싶습니다."라고 얘기했으면 좋겠습니다.

특허 출원 명세서 작성은 논술 시험이 아닙니다. 심사관은 발명이 얼마나 조리 있게, 논리적으로 명세서상에 기술되어 있는지를 심사하지 않습니다. 발명의 핵심적인 사항이 강조되고 조리 있게 쓰이는 것은 좋지만, 이로 인해 보정 범위, 특허 가능성, 권리범위 등과 같이 출원발명이 가질 수 있는 이익은 훼손되지 않도록 주의해야 합니다.

47~57

청구항 작성

047
개방형 청구항 VS 폐쇄형 청구항

발명이 반드시 개방형 청구항(open claim)으로 기재되어야 옳다고 생각해서 간혹 발명을 폐쇄형 청구항(closed claim)으로 작성한 경우를 보면 실수가 있었거나 잘 몰라서 그런 것으로 오해할 수 있습니다.

그러나 간혹 폐쇄형 청구항이 오히려 해당 발명에 잘 부합하고, 즉 적정한 특허청구범위가 되고, 또한 개방형 청구항으로는 등록이 어려우나 폐쇄형 청구항으로는 등록 가능할 때가 있습니다. "적정하고 강한 특허청구범위"라는 캐치프레이즈에 잘 어울리는 것 같습니다.

그렇다 해도 개방형 청구항이 필요하다면 개방형 청구항 위주로 명세서를 작성하되, 최소한 폐쇄형 청구항도 염두에 두고 필요한 내용들을 발명의 상세한 설명에라도 기재해 두는 것이 좋을 것 같습니다.

개방형 청구항을 폐쇄형 청구항으로 보정하는 것이 형식상 특허청구범위를 감축하는 것으로 보일 수도 있으나, 실질적으로는 신규사항 추가에 해당할 수 있고, 또한 이를 처음부터 염두에 두고 명세서를 작성하지 않으면, 그러한 폐쇄형 청구항을 뒷받침해 줄 수 있는 내용이 없거나 적어 매우 궁색해 보일 수도 있습니다.

개방형 청구항은 개시하지 않은 성분이나 단계의 부가를 배제하지 않는 청구항으로, 통상 'comprising', 'including', 'containing', 'characterized by' 또는 '~을 포함하는' 등으로 표현됩니다.

폐쇄형 청구항은 개시되지 않은 성분이나 단계의 부가를 배제하는 청구항으로, 통상 'consisting of' 또는 '~으로 구성된' 등으로 표현됩니다. 다만, 균등론 등이 적용될 수 있고, 미국 Norian Corp. VS Stryker Corp. 사건에서는 청구항에 나열된 구성요소의 특성으로 보아 전혀 무관한 구성요소가 침해 제품에 포함되어 있는 경우에는 이 무관한 구성요소는 제한적 해석에 고려할 사항이 아니라고 판단함으로써, 폐쇄형 청구항의 제한 범위는 청구항의 구성요소의 특성을 고려하여 그와 연관성 여부를 먼저 판단해야 함을 제시하였습니다. 즉, 폐쇄형 청구항이라도 무관한 구성요소가 포함되는 것까지 그 범위에서 배제되는 것은 아닙니다.

중간형 청구항은 해당 발명의 기본적이고 신규한 특징에 실질적으로 영향을 미치지 않는 성분이나 단계의 부가를 배제하지 않는 청구항으로, 개방형 청구항과 폐쇄형 청구항 사이의 중간 부분에 위치한다고 보시면 좋을 것 같습니다.

통상 중간형 청구항은 'consisting essentially of' 또는 '~을 필수적으로 포함하여 구성되는' 등으로 표현되지만, 한국은 미국의 경우와는 달리 적법한 청구항으로 인정하고 있지는 않습니다(특허법 제42조 제4항 제2호 흠결; 대법원 2007.10.11. 선고 2007후1442 판결).

'having'은 개방형 언어인지 폐쇄형 언어인지 명세서에 비추어 해석되어야 하고, 'composed of'는 'consisting of' 또는 consisting essentially of'와 같은 의미로 해석될 수 있습니다.

실제 개방형 청구항, 폐쇄형 청구항, 중간형 청구항의 보호범위를 획일적으로 구분할 수는 없고, 사건별로 해석이 필요하며, 특히 한국의 경우 언어적 차이 등에 의해 더욱 구분하기 어려울 것 같습니다.

048
방법적 특징과 물건적 특징의 구별

방법적 특징과 물건적 특징을 잘 구별하면 청구항 작성할 때 매우 유익합니다.

방법적 특징과 물건적 특징을 구별하지 않고, ① 물건적 특징만을 가지고 방법 청구항을 한정하거나, ② 방법 청구항에 대하여 물건적 특징을 가지고 종속항을 불필요하게 추가, 또는 ③ 방법적 특징으로 물건 청구항을 한정하는 경우가 종종 있습니다.

어차피 물건적 특징은 물건 청구항에 한정사항으로 기재되어 심사를 받아 볼 수 있고, 방법 청구항으로 카테고리만 바꿨다고 해서 등록에 크게 유리하지도 않으며, 단지 심사청구료나 등록 이후에 유지료만 더 낼 뿐이므로, 적절히 제외시키는 것이 바람직합니다.

다만, 최소한 하나 정도는 방법 청구항을 남겨 두는 것이 좋습니다.

특허 심사를 받다 보면 어쩔 수 없이 물건 청구항을 버리고 방법 청구항으로 가야 할 때가 있는데, 특허청구범위에 방법 청구항이 없는 경우 새로 신설하거나 물건 청구항을 방법 청구항으로 카테고리를 변경하는 것이 제한될 수 있기 때문입니다.

한 예로, 재심사청구 시에 청구범위를 확장하거나 청구항의 카테고리를 바꾸는 보정, 또는 청구항을 신설하는 것은 받아들여지지 않습니다.

예외적으로 화학분야 등에서 방법적 특징으로 물건 청구항을 한정하지 않는 한 그 물건을 특정할 수 없는 경우에 한해 예외적으로 PBP(Product By Process) 청구항이라고 해서 물건 청구항임에도 불구하고 방법적 특징을 구성으로 인정받을 수는 있으나, 오히려 제한적으로 해석되어 특허요건이나 권리범위 판단시 불리하게 작용할 수 있습니다. 따라서 PBP 청구항은 예비적 또는 마지막 수단이 되어야 할 것 같습니다.

방법적 특징은 시간적 요소를 가지거나, 최종적으로 제조되는 물건 또는 생성물에 포함되지 않는 특징 등을 의미하고, 물건적 특징은 물건의 구조나 성분 또는 조성 등과 같은 물건 자체가 가진 특징 등을 의미합니다.

PBP 청구항에서 제조방법(Process)은 시간적 요소를 갖지만, 생성물(Product)에 독특한(unique) 성질이나 구조 등을 발현시키므로 예외적으로 물건적 특징이라고 할 수 있습니다.

PBP 청구항에 대한 2011후927 전원합의체 판결의 대상이 된 특허법원 판결 2008허6239를 살펴보면, PBP 청구항에서 제조방법(Process)이 제조공정 중 용출된 PVA가 생성물(Product)에 부착 또는 석출되지 않게 하고, 또한 PVA의 용출에 따른 폐수처리 문제를 해결할 수 있는 방법적 특징일 뿐으로 생성물(Product)에는 종래 물건과 다른 어떠한 독특한 성질이나 구조 등을 발현시킬 수 없는 구성임에도 불구하고 제조방법(Process)에 특허성이 있으니까 PBP 청구항은 볼 것도 없이 특허성이 있다고 판단한 잘못이 있었습니다.

이렇듯 방법적 특징과 물건적 특징을 잘 구별하면 청구항 작성할 때뿐만 아니라, 특허성을 판단할 때도 매우 유익합니다.

049
종속항이 발명을 축소시킨다?

어떤 발명자들은 청구항 제1항, 즉 독립항과 그 이하의 항, 보통 종속항의 관계에 대하여 발명이 처음부터 종속항으로 한정되어 청구범위가 너무 좁혀지는 것은 아닌지 걱정합니다.

그러나 각각의 청구항이 독립된 하나의 발명에 해당하니까, 만일 열 개의 청구항이 있다고 치면 열 개의 발명이 각각 청구된 것이라고 볼 수 있습니다. 그리고 청구항 제1항과 같은 독립항이 종속항에 의하여 그 범위가 좁혀지는 것이 아니라, 독립항보다 청구범위가 다소 축소된 청구항, 다시 말해 다른 기술적 특징이 부가된 청구항을 여러 개 추가한 것이라고 생각하면 됩니다. 다수의 발명을 하나의 출원으로 묶은 것입니다.

050
종속항이 왜 필요할까요?

종종 "종속항이 왜 필요한가요?"라고 물어보는 사람들이 많이 있습니다. 다시 말해, 종속항은 안 적어도 되지 않느냐는 질문입니다. 청구항은 인용 여부에 따라 독립항 또는 종속항으로 구분할 수 있지만, 청구항 하나하나가 개별적인 발명에 해당합니다. 심사 시 편의상 특허 등록 여부는 하나의 출원 전체에 대하여 등록 결정 또는 거절 결정 중 하나의 결정으로 하나, 청구항 각각에 대해서 심사관의 의견을 받아 볼 수 있습니다. 심사관으로부터 특허 가능하다는 의견을 받은 청구항은 분할출원이나 보정을 통해서 쉽게 등록받을 수 있게 됩니다.

또한, 특허 등록 후에는 청구항 전부 또는 각각에 대해서 무효심판이 청구될 수 있고, 이때 무효가 인정되는 청구항만 무효가 되고, 그렇지 않은 청구항은 살아남아서 권리가 그대로 유지됩니다. 이렇듯 종속항의 기재는 발명을 다면적으로 유익하게 해 줍니다. 공개된 특허 명세서 중 청구항이 100개가 넘는 것도 있는데, 그렇게 많은 청구항을 쓰는 것은 그만한 이유가 있기 때문입니다.

참고로 특허청구범위를 독립항과 이의 종속항으로 기재하는 방식은 특허제도의 다항제에 따른 것입니다.

051
제외 청구항의 활용

제외 청구항은 청구범위 내에서 일부분을 제외하는 식으로 작성된 청구항을 의미합니다.

통상 제외 청구항은 출원 시부터 기재되어 있는 경우는 적고, 거절 이유통지에 대응하여 인용발명과 중복되는 부분을 제외하기 위해 작성되는 경우가 대부분일 것입니다.

그러나 거절 이유통지에 대응하여 제외 청구항으로 보정하는 것이 항상 적법한 것으로 인정되는 것은 아니므로, 출원 전에 알게 된 선행기술이나, 열악한 효과를 발생시킬 수 있는 구성 등에 대해서는 종속항으로 이들을 배제하는 제외 청구항을 만들어 놓거나, 최소한 발명의 상세한 설명에라도 제외 청구항으로의 보정을 준비해 두는 것이 좋습니다.

이와 관련해서, 발명 상담 시 열악한 효과를 발생시킬 수 있는 부분은 없는지, 혹은 어떤 종래의 구성이 들어가면 효과가 떨어지지는 않는지 확인할 필요가 있습니다.

제외 청구항은 출원 시에 구성요소 간 중복되는 부분을 제외하기 위해서도 사용됩니다. 예로, 폴리프로필렌 수지 및 올레핀계 수지(단, 폴리프로필렌 수지는 제외한다.)로 작성할 수 있습니다. 이런 경우 불명확하다는 거절 이유를 피하면서도 청구범위를 극대화할 수 있습니다.

포유동물의 치료방법을 사람 이외의 포유동물 치료방법 또는 가축의 치료방법으로 하는 보정은 자명하므로 그 기재가 발명의 상세한 설명에 없어도 실무상 허용됩니다.

또한, 보정 전 특허청구범위가 "양이온으로서 Na^+ 이온을 함유하는 무기염을 주 성분으로 하는 철판 세제."라고 기재되어 있는 경우에, 선행기술에 음이온으로서 CO_3^{2-} 이온을 함유하는 무기염을 주성분으로 하는 철판 세제의 발명이 기재된 것이 있고, 그 구체적인 예로서 양이온을 Na^+ 이온으로 한 예가 개시되고 있을 때, 특허청구범위로부터 선행기술에 기재된 사항을 제외하는 목적으로, 특허청구범위를 "양이온으로서 Na^+ 이온을 함유하는 무기염(다만, 음이온이 CO_3^{2-} 이온의 경우를 제외한다)을 주성분으로 하는 철판 세제."라고 하는 보정은 새로운 기술적 사항을 도입하는 것이 아니므로 실무상 허용됩니다.

다만, 제외 청구항은 신규사항 추가에 해당하지 않을 때 받아들여지는 것이지 신규사항 추가에 해당되는 데도 예외적으로 받아들여지는 것은 아니므로, 실무상 허용되는 예를 확대 해석하는 것은 위험할 수 있습니다.

052
청구항에 도면 부호를 쓸까 말까?

청구항에 기재된 발명을 보다 명확히 나타내기 위해 필요한 경우 한정사항에 도면의 인용부호를 종종 병기해 넣기도 하는데, 청구범위가 그 인용부호에 의해 한정 해석되는 것은 아닌지 걱정이 될 수 있습니다.

왜냐하면, 청구항에 '결합수단'으로 기재되어 있으면 결합시킬 수 있는 모든 수단이 그 청구범위에 포함될 수 있는데, '결합수단(10)'이라고 기재하면, 후일 권리범위 다툼 시 도면에 도시되어 있는 형상과 같은 '결합수단(10)'으로 권리범위가 한정해석되어야 한다는 주장을 상대방이 할지도 모르기 때문입니다.

PCT 국제조사 및 국제예비심사 가이드라인(2004. 05. 특허청)에는 "국제출원에 도면이 포함되어 있고 이 도면의 특징과 연계시킴으로써 청구항의 기술적 특징을 보다 명료하게 알 수 있는 경우에는 청구항의 특징 뒤에 괄호 형태로 적절한 인용부호를 기재하는 것이 바람직하나, 이들 인용부호가 청구범위를 한정하는 것으로 해석하여서는 아니 되며, 기재된 발명의 요지에 대한 이해를 돕기 위한 것으로만 해석하여야 한다."라고 규정하고 있습니다.

또한, 대법원 2001. 9. 18. 선고 99후857 판결에서도 "청구의 범위에 기재된 도면의 인용부호는 특별한 사정이 없는 한 등록청구의 범위에 기재된 사항을 이해하기 위한 보조적인 기능을 가질 뿐 그러한 범위를 넘어 등록청구의 범위에 기재된 사항을 한정하는 것으로 볼 수 없다."라고 판시하였습니다.

그러므로 원칙적으로 청구항에 기재된 도면의 인용부호는 청구범위를 한정하는 것으로 해석되지 않습니다.

다만, 상기 판결에서 도면의 인용부호가 청구범위를 한정한 것으로 볼 수 없다는 내용 앞에 '특별한 사정이 없는 한'이라는 단서가 붙어 있으므로, 도면의 인용부호가 청구범위를 한정할 가능성을 100% 배제할 수는 없습니다. 따라서, 청구항에서 한정사항에 도면의 인용부호가 병기되지 않으면 불명확하다거나, 발명의 상세한 설명에 의하여 뒷받침이 안 된다거나, 또는 종래기술과 차별화되지 않아 진보성 흠결이 문제 될 수 있는 경우 등에 한해서 인용부호를 사용하는 것이 바람직할 것 같습니다.

덧붙여, 특허청 실무 상 도면 부호를 병기하지 않은 경우 발명의 내용 파악에 많은 시간이 소요되고 기재불비가 발생하기 쉬우며, 청구항에 도면 부호를 기재하더라도 특별한 사정이 없는 한 청구범위는 도면의 실시예로 한정되지 않으므로, 도면이 첨부된 경우 청구항에 도면 부호를 반드시 병기할 것을 권하고 있습니다.

도면의 인용부호가 청구범위를 한정하는 것으로 볼 수 없다고 하는 것이 특허권자에게 항상 유리한 것만은 아닙니다. 타인의 실시가 내 권리에 포함된다고 주장할 때야 청구범위를 넓게 인정받는 것이 유리하지만, 내 권리를 방어해야 할 때, 즉 무효심판을 청구 당했을 때에는 반대로 내 청구범위가 조금이라도 비교대상발명에 포함되거나 자명해서는 안 되므로, 경우에 따라서는 내 청구범위가 좁게 인정되는 것이 유리할 때도 있습니다.

미국도 심사기준에서 청구항에 도면 부호가 병기되어 있더라도 도면에 도시된 구성요소로 한정해석되어서는 안 된다고 규정하고 있습니다.

053
청구항에 반드시 필요한 단어인가?

청구항 작성 시 초안을 잡은 다음 가끔 의도적으로 단어들을 하나씩 짚어가며 이 단어가 없어도 작동되는지 또는 효과가 있는지 여부를 따져, 그것이 반드시 필요한 것인지를 확인해 보면 좋습니다.

반드시 필요한 것이 아닌데도 들어가 있다고 하면 권리범위를 괜히 축소할 우려가 있고, 특허받더라도 제삼자가 회피하기가 쉬워져 무용지물이 될 수도 있습니다.

많은 명세서를 작성한 경험이 있다고 하더라도 가끔은, 특히 익숙하지 않은 기술과 관련된 발명을 접할 때나 청구항에 생소한 방식을 적용할 때 상기와 같이 해보면 매우 유익합니다. 원숭이도 나무에서 떨어질 때가 있습니다.

청구항의 모든 구성요소가 침해로 추정되는 물건이나 방법에 모두 포함되어야 침해가 성립합니다. 단 한 구성요소라도 빠져 있으면 침해가 성립하기 어렵습니다. 이를 구성요소 완비의 원칙(All Elements Rule)이라 합니다. 만약 필요 없는 구성요소가 청구항에 들어가 있는 경우, 누군가 그 구성요소를 빼버리고 발명을 사용하면, 균등 범위가 문제 되지 않는 이상 일반적으로 특허 침해에 해당하지 않습니다.

균등 범위는 특허발명의 구성과 완전히 일치하지는 않지만, 특허발명의 과제의 해결원리 및 작용효과와 동일하고 특허발명의 목적이 달성되면서 또한 당업자가 자명하게 치환 내지 변경 가능한 범위를 말하는데, 출원절차에서 의식적으로 제외한 경우에는 해당 사항이 없습니다.

054
청구항에서 발명은 어느 정도로 특정되어야 할까?

청구항에 구성이나 용어가 어느 정도로 특정되어야 하는지 충분한 검토 없이 사용되는 경우가 있습니다. 발명자들이 사용하는 용어가 통상의 기술자를 기준으로 항상 청구항의 범위를 명확히 한정할 것이라고 과신해서는 안 됩니다. 발명자들은 보통 자기 편리한 대로 용어를 선택하여 사용하는 경향이 있습니다. 또한, 특허사무소에서 사용해 왔던 방식이나 용어 또는 다른 특허문헌에 사용된 방식이나 용어라고 해서 명확할 거로 맹신해서는 안 됩니다. 어제까지만 심사관이 간과했던 것일 수 있습니다.

예로, 평균분자량이나 평균입경이 청구항에 수치범위로 기재되어 있다면, 통상의 기술자에게 경계치, 즉 수치범위의 양 말단의 수치가 흔들리지 않는 특정된 값을 주기 위해 어떻게 측정한 것인지, 어떤 방식으로 평균값을 구한 것인지 제시되어야 합니다.

측정조건이나 측정 방법 또는 측정기기에 따라서 달라지는 값이라면, 특정된 값을 주기 위해 발명의 상세한 설명에 측정조건, 측정 방법 또는 측정기기가 명확히 기재되어야 합니다.

그렇지 않으면 불명확하게 기재된, 즉 범위를 한정할 수 없는 청구항이 되거나, 발명의 상세한 설명에 의하여 뒷받침이 되지 않는 발명, 또는 통상의 기술자가 용이하게 실시할 수 있을 정도로 개시되지 않은 발명에 해당되어 특허를 받지 못할 수도 있습니다.

평균분자량의 경우 중량평균 분자량, 수평균 분자량 또는 Z 평균 분자량 등으로 한정하지 않으면 명확하지 않다는 거절 이유가 통지되고, 평균입경의 경우에는 측정 방법이나 측정장치가 기재되지 않으면 명확하지 않다는 거절 이유가 통지될 수 있습니다.

다만, 경험상 논리적으로 또는 과학적으로 완벽한 한정이 요구되는 것은 아니고, 그 용어 자체가 통상의 기술자에게 한정된 범위로 인식되고 있는 경우에는 대체로 명확히 기재된 것으로 보며, 반대로 그 용어 자체로는 통상의 기술자에게 한정된 범위로 인식되지 않아 추가적인 한정이 필요한 경우에는 명확하게 기재되지 않은 것으로 볼 수 있습니다.

055
청구항은 무조건 넓게 잡으면 좋을까?

특허 출원한 발명이 등록되기 위해서는 발명자가 실제 발명한 발명, 즉 효과가 확인되거나 거의 확실시되는 발명보다 너무 넓은 범위의 청구항은 처음부터 심사관에게 나쁜 인상을 줄 우려가 있습니다. 발명의 상세한 설명에 의하여 뒷받침되어야 한다든지, 통상의 기술자가 용이하게 실시할 수 있을 정도로 기재되어야 한다든지, 또는 발명의 목적이나 효과가 달성되어야 한다든지 하는 거절 이유는 물고 늘어지면 끝이 없습니다. 실시예 범위도 지켜내기 어려울 때가 있습니다.

그래서 처음에 너무 넓은 청구범위로 특허 출원한 건이, 적정한 청구범위로 좁혀서 특허 출원한 건보다 거절 이유를 많이 받아, 결국에 가서는 더 좁은 청구범위로 등록되는 경우가 있습니다.

제 경험상 발명자가 실제 발명한 발명보다 조금 더 넓은 범위 또는 개념상 한 단계 더 위의 범위로 청구항을 작성하는 것이 좋을 것 같습니다. 그 청구범위라는 것이 수학 문제 풀 듯 계산해서 나올 수 있는 것도 아니고, 뜻하지 않게 심사관이 청구범위를 넓게 인정해 줄 가능성도 있으므로, 앞서 말씀드린 범위로 청구항을 작성하는 것이 출원인의 이익은 최대화하면서 그에 대한 위험은 최소화하는 것이 아닐까 생각합니다. 이 또한 실제 발명보

153

다는 넓게 청구범위를 잡는 것이라 원칙에서 벗어난 것 같지만, 변리사의 판단만 있는 것은 아니니까, 오히려 이 정도의 갭을 두는 것이 원칙에 잘 부합하는 것일 수 있습니다.

어떤 사람은 어차피 거절 이유가 나올 텐데 처음부터 청구범위를 좁힐 필요는 없고, 아주 넓게 잡는 것이 좋다고 말하기도 하나, 의외로 거절 이유통지 없이 바로 등록되는 특허 출원이 적지 않다는 것을 간과하고 있다는 생각이 듭니다.

또 어떤 사람은 이미 유사한 특허가 너무 많고, 운 좋게 등록이 되었어도 현실적으로 무효가 될 확률이 높으므로, 청구범위를 좁혀서 심사받는 것이 낫다고 얘기하기도 하지만, 어떤 무효심판에도 끄떡없는 완벽한 특허만이 유용한 것은 아니라는 사실을 간과하지 않았나 하는 생각이 듭니다.

056
청구항 1부터 수치 한정?

발명의 효과가 수치 한정으로부터 발현되는 발명인데, 수치 한정에 대한 비교데이터가 없고, 그런데 수치 한정을 뺀 나머지 구성에 대해서도 종래기술에서 발견되지 않은 경우, 청구항 제1항에 발명의 핵심인 수치 한정을 포함시킨다면, 청구범위에 대해서 좀 아는 출원인이라면 청구범위를 넓히기 위해 수치 한정을 청구항 제1항에서 빼서 종속항에 넣어달라고 할 것입니다. 무주공산인데 수치 범위만 "내 범위요!"라고 할 필요가 없기 때문입니다.

그래도 청구항이 전적으로 변리사에게 맡겨진 의뢰 건일 때는 청구항 제1항에 수치 한정을 포함시키는 것을 충분히, 때로는 긍정적으로 고려할 때가 있습니다.

정답은 없습니다. 다만, 개인이나 소기업 특허 출원의 경우 대기업과는 사정이 다른데, 특허등록을 받거나 특허권을 유지 및 활용하는 데 있어서 불확실성을 키우는 것은 위험합니다. 무효 가능성이 있는 넓은 권리범위의 특허보다는 무효 가능성 없는 좁은 권리범위의 특허가 좋을 수도 있습니다. 여기서 말하는 좁은 권리범위가 무조건 좁은 권리범위를 말하는 것은 아닙니다. 핵심 발명, 과제를 해결할 수 있는 발명, 목적이나 효과가 확실히 달성되는 발명을 말하는 것입니다.

참고로, 점점 더 수치 한정 발명에 대한 심사가 까다로워지는 것 같습니다. 그래서인지 현저한 효과, 즉 임계적 의의를 뒷받침해 줄 수 있는 확실한 실험예가 있지 않으면 특허받기가 쉽지 않습니다. 심사관이나 기술 분야에 따라서 다소 편차가 있을 수는 있습니다.

이런 상황에서 신규성이나 진보성에 대한 거절 이유를 극복하기 위해 수치 한정으로 보정하면, 심사관은 수치 한정에 기술적 의의조차도 없었으면서 단지 거절 이유를 회피하기 위해 그렇게 보정한 것은 아닌지 의심할 수밖에 없습니다. 실제 몇몇 심사관들은 출원 이후에 특허받는데 문제가 생겼을 때 비로소 제출하는 실험 데이터는 믿어 주기 어렵다고 말합니다.

만약, 비용적으로 무리가 없고, 수치 한정과 수치 한정 외의 나머지 구성에 모두 발명의 기술적 특징이 있다면, 처음부터 두 건으로 출원하는 것이 좋은 방안이 될 것 같습니다.

057
택일적 기재 VS 논리적 기재

"제1항, 제3항 내지 제8항, 또는 제10항 내지 제15항 중 어느 한 항에 있어서, …"

상기 표현 중 '또는'을 '및'으로 고쳐야 논리적으로 맞아 보입니다. 그러나, 특허법은 "2 이상의 항을 인용하는 청구항은 인용되는 항의 번호를 택일적으로 기재하여야 한다."라고 규정하고 있고(특허법 시행령 제5조 제5항 참조), 택일적 표현에는 '및'보다는 '또는'이 어울립니다.

표현이 조금 어색하고 서툴러 보일 수도 있겠지만, 그런 것이 특허법상 문제가 되는 것은 아니니 목멜 필요는 없습니다.

참고로 특허청 심사기준에서, 인용하는 청구항을 택일적으로 기재한 예는 다음과 같습니다.

(예 1) 청구항 1 또는 청구항 2에 있어서,
(예 2) 청구항 1 내지 청구항 3 중 어느 하나의 항에 있어서,
(예 3) 청구항 1, 청구항 2 또는 청구항 3 중 어느 한 항에 있어서,
(예 4) 청구항 1, 청구항 2 또는 청구항 3에 있어서,

(예 5) 청구항 1 내지 청구항 7 및 청구항 9 내지 청구항 11 중 어느
한 항에 있어서,

(예 6) 청구항 1 내지 청구항 7 또는 청구항 9 내지 청구항 11 중 어
느 한 항에 있어서,

(예 7) 청구항 1, 청구항 2 및 청구항 4 내지 청구항 7 중 어느 한 항
에 있어서,

위의 예에서 '~ 중 어느 한 항에 있어서'가 '및'의 전후에 열거된 청구항 전체를 한정한 것으로 보아 인용되는 항의 번호를 택일적으로 기재한 것으로 인정하고, '및' 대신 '또는'으로 연결된 경우에는 '또는'의 전후에 열거된 청구항을 각각 한정한 것으로 보아 인용되는 항의 번호를 택일적으로 기재한 것으로 인정합니다.

인용되는 항의 번호를 택일적으로 기재하지 않은 예는 다음과 같습니다.

(예 1) 청구항 1, 청구항 2에 있어서,

(예 2) 청구항 1 및 청구항 2 또는 청구항 3에 있어서,

(예 3) 청구항 1 및 청구항 2 또는 청구항 3 중 어느 한 항에 있어서,

(예 4) 청구항 1, 2에 있어서,

58~60

청구항 판단

058
실시예, 비교예 VS 특허청구범위

특허 출원 의뢰서나 명세서 초안을 검토하다 보면 종종 특허청구범위와 실시예 또는 비교예가 하기 그림과 같이 맞지 않는 것을 종종 발견하게 됩니다. 모든 실시예는 특허청구범위에 포함되어야 하고, 모든 비교예는 특허청구범위에 포함되어서는 안됩니다. 실시예와 비교예를 고려했을 때, 이론 상 바람직한 특허청구범위는 하기 그림과 같습니다. 전혀 특허청구범위의 낭비가 없습니다.

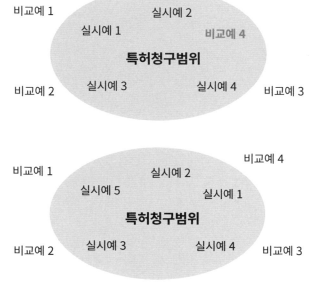

실시예와 비교예를 특허청구범위와 따로 생각하다 보니까 실시예 중 일부가 특허청구범위에서 배제되거나, 비교예가 특허청구범위에 포함되는 경우가 생기는 것 같습니다. 이러한 오류는 명세서 초안을 작성한 이후, 특히 출원 직전에 실시예나 비교예, 또는 특허청구범위가 수정되는 경우 많이 발생합니다. 명세서 작성 작업은 끝까지 주의를 기울여야 합니다.

실시예를 토대로 한 한정이나 내용이 발명의 상세한 설명에도 기재되지 않은 경우에는 출원 이후 청구항이 불명확하게 기재되었다는 등의 거절 이유를 받았을 때 극복하기가 정말 어려워질 수 있습니다.

이런 경우 실시예로 밖에 한정할 방법이 없는데, 그나마 실시예가 많으면 괜찮지만, 실시예가 한두 개인 경우에는 정말 곤혹스럽습니다.

명세서 작성자는 초안 작성 시 가장 많은 노력을 기울이기 때문에, 발명자가 실시예를 나중에, 특히 출원 직전에 주게 되는 경우 명세서 작성자의 주의력이 떨어지거나 시간에 쫓겨 실수하는 경우가 간혹 있습니다. 명세서 작성자는 처음 명세서 초안 송부 이후 명세서의 내용이 보충되거나 변경 또는 수정되는 경우에는 모순이나 오류가 없도록 각별하게 주의해야 합니다.

특허청구범위는 청구항들의 집합으로, 청구항이 좀 더 개별적이라는 것 외에는 둘 다 의미상 큰 차이가 없습니다.

059
종래기술 VS 특허청구범위

실체 심사는 출원명세서에서 특허청구범위를 대상으로 진행되고, 그 특허청구범위가 실체 심사를 통과해 등록이 되면 특허에 대한 권리범위가 됩니다. 따라서 특허 출원 전 명세서에 특허청구범위 작성 시 실체 심사를 통과할 수 있는, 즉 등록될 수 있는 등록 가능성과 권리범위를 모두 고려해야 합니다.

문제는 등록 가능성을 높이기 위해 특허청구범위를 좁히면 추후 권리범위가 좁아질 수 있고, 넓은 권리범위를 확보하기 위해 특허청구범위를 넓히면 등록 가능성이 낮아질 수 있다는 것입니다.

특허청구범위를 잘못 잡으면 특허받을 수 있는 발명이 거절되어 빛을 보지 못하게 되거나, 특허가 되었어도 권리범위가 너무 좁아 쓸모없는 특허가 될 수 있습니다. 따라서 특허청구범위를 단지 등록 만이 목적이 아니라면, 등록 가능성을 확보할 수 없을 정도까지는 아니지만, 그 직전까지는 최대한 넓게 작성해야 합니다.

종래기술 대비 특허청구범위의 등록 가능성 및 권리범위의 구체적인 예는 다음과 같습니다.

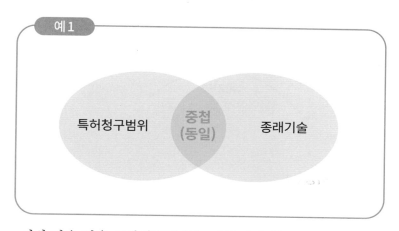

이와 같은 경우 특허청구범위는 신규성이 없으므로, 등록 가능성이 매우 낮습니다.

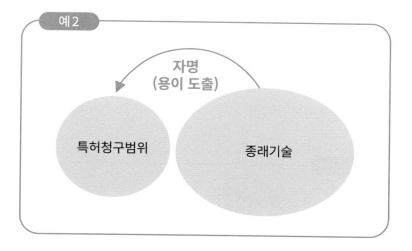

이와 같은 경우 특허청구범위는 신규성은 있으나, 진보성은 없다고 볼 가능성이 있으므로, 등록 가능성이 그렇게 높아 보이지는 않습니다.

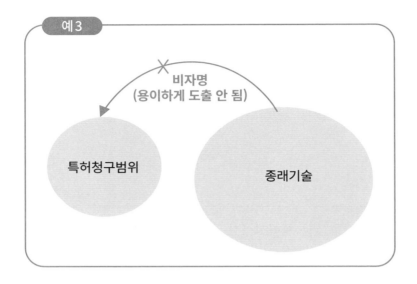

이와 같은 경우 특허청구범위는 신규성이 있고 진보성도 있어 보이므로, 등록 가능성이 매우 높아 보입니다. 다만, 진보성 판단은 통상의 기술자가 쉽게 발명할 수 있는지 없는지 여부를 따지는 것으로 구체적인 사정이 필요하므로 속단할 수는 없습니다.

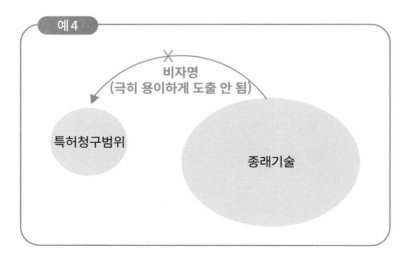

이와 같은 경우 특허청구범위는 신규성과 진보성이 모두 있어 등록 가능성이 거의 확실시되나, 등록 후 권리범위가 좁아 특허 활용이 매우 제한적일 수 있습니다.

원칙적으로는 특허청구범위를 [예 3]과 같이 되도록 작성해야 하겠지만, 경우에 따라서는 진보성, 즉 비자명성의 정도가 기술 분야나 배정된 심사관, 또는 특허 정책 등에 따라 달라질 가능성도 있고 또한 심사 시 종래기술의 범위가 달리 판단될 수도 있으므로, 심사과정에서 종래기술이 문제가 될 때 특허청구범위를 조정 또는 한정할 것을 감안하여 둘째에 해당하는 특허청구범위로 작성할 수도 있습니다.

어떤 경우에는 첫째와 같이 특허 출원을 할 수도 있습니다. 꼭 등록받아야 하는 경우만 있는 것은 아닙니다. 그리고 심사도 사람이 하는 일이라 어찌 될지는 아무도 모릅니다.

예전에 위의 넷째와 같이 특허 출원한 적도 있습니다. 긴급히 등록이 필요해서 특허 출원과 동시에 우선심사신청을 해야 했고, 시간 관계상 어떠한 거절 이유가 통지되어서도 안 되고 바로 등록이 되어야 했습니다.

특허법은 다항제와 1출원 1군의 발명 제도를 취하고 있으므로, 위의 첫째 내지 넷째에 해당되는 청구항들을 한 출원의 특허청구범위에 모두 넣어 심사를 받아 볼 수도 있습니다.

060
특허 가능성 VS 특허청구범위

특허청구범위를 점점 넓히면 인접해 있는 종래기술에 들어올 확률이 점점 커집니다. 반대로 특허청구범위를 좁히면 좁힐수록 인접해 있는 종래기술로부터 멀어지게 됩니다. 결과적으로 특허청구범위가 종래기술에 들어오면 신규성이나 진보성이 없어서 특허를 받을 수 없고, 특허청구범위가 종래기술로부터 멀어지면 멀어질수록 쉽게 도달하기가 어려워 진보성이 인정되고 특허받을 수 있습니다.

한마디로 특허청구범위와 특허 가능성은 반비례하게 됩니다.

"특허 가능성 $1/\propto$ 특허청구범위"

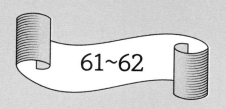

61~62

노하우

061
특허 VS 노하우?

- - - - - - - - - - - - - - - - - - -

"이런 기술을 특허 출원 해야 하나요? 아니면 노하우로 가지고 있어야 하나요?"

변리사인 저도 발명이나 기술을 특허 출원을 해야 할지, 아니면 노하우로 가져가야 할지 고민될 때가 많이 있습니다.

보통은 의뢰인에게 특허와 노하우의 차이를 설명해주고, 제삼자가 그 기술을 사용했을 때 그 사용 여부를 쉽게 입증할 수 있는지와 그 기술을 비밀로 언제까지 유지할 수 있는지를 물은 다음, 그 대답을 들어보고, 어떻게 진행하는 것이 좋겠다는 의견을 드렸습니다.

그런데 두 가지 기준만으로는 어느 한쪽으로 결론 내릴 수 없는 케이스가 너무 많아서 답답한 마음에, 그리고 의뢰인에게 최대한 구체적인 답변을 주고자 제 나름대로 조사하고 고심해서 다음과 같은 기준을 세워 보았습니다.

1) 기본 뼈대와 세세한 기술을 모두 가지고 있는 경우 기본 뼈대가 되는 기술은 특허로, 최적화 및 지엽적 기술은 노하우로 가져간다.

2) 지속적인 비밀유지가 가능한 기술은 노하우로, 지속적인 비밀유지가 어려운 기술은 특허로 가져간다.

3) 예상수명이 짧은 기술은 특허로, 예상수명이 긴 반영구적인 기술은 노하우로 가져간다.

4) 모방가능성이 큰 기술은 특허로, 모방가능성이 적은 기술은 노하우로 가져간다.

5) 등록가능성이 높은 기술은 특허로, 등록가능성이 낮은 기술은 노하우로 가져간다.

6) 기술이전 가능성이 높은 기술은 특허로, 기술이전 가능성이 낮은 기술은 노하우로 가져간다.

7) 침해 입증이 용이한 기술, 즉 타인이 사용한 것을 입증하기 쉬운 기술은 특허로, 그렇지 않은 기술은 노하우로 가져간다.

결론적으로 노하우로 가져가는 것을 예외적인 것으로 보고, 상기 항목에 있어서 대부분 노하우로 가져가야 하는 경우에 한하여 개발된 기술을 노하우로 가져가는 것이 좋을 것 같습니다.

062
특허 출원 시 노하우를 숨기는 방법?

앞서 개발된 기술을 노하우로 가져갈지 특허로 가져갈지 정하는 기준에 대해서 말씀을 드린 바 있습니다. 여기에서는 특허 출원을 하긴 하는데 몇 가지 사항은 공개하고 싶지 않을 때 어떻게 해야 할지에 대해서 말씀을 드려 보겠습니다.

일반적으로 특허청구범위에 기재되거나 추후 기재 가능한 구성요소에 대해서는 명세서에 상세하게 적고, 다만 실시예는 노하우가 포함되지 않도록 기재하라는 조언을 합니다. 특허청구범위 내에서 발명의 유용한 효과가 있음을 보이면 되니까 그 정도로 기재하면 된다는 것입니다. 이때 두 가지 실시예 기재 요령이 있습니다.

첫째는 노하우를 품은 최상의 효과가 발현되는 실험예가 아니라, 노하우를 품지 않은 중간 정도의 효과가 나타나는 실험예를 기재하는 것입니다.

둘째는 실험예 중 노하우가 들어가는 부분을 생략하거나 노하우가 드러나지 않게 간단히 기재하는 것입니다.

기재하지 않아도 통상의 기술자가 쉽게 이해하고 실시할 수 있으면 반드시 기재할 필요가 없기 때문인데, 충분히 그렇게 보일 수 있다면 쓸 수 있는 방법 같습니다.

셋째는 실험예 중 노하우를 대체 가능한 공지기술로 적는 것입니다.

다만 특허받기 위해 부득불 노하우를 사용할 수밖에 없는 경우를 대비한다면 발명의 상세한 설명에 여러 예시들 중 하나로 끼워 넣을 필요가 있습니다. 그러면 출원인이 실제 채택한 기술을 눈가림하면서 추후 보정에도 사용할 수고, 경쟁사의 이에 대한 특허권 확보도 막을 수 있습니다.

그러나 이 정도만으로는 실제 노하우를 다룰 때 충분치가 않습니다. 예전에 특허 소송을 많이 하는 변리사에게 "특허 명세서에 어느 정도까지 기재하는 것이 좋습니까?"라고 물었더니, "자세히 다 기재하는 것이 좋습니다."라고 답했습니다. 이는 경우에 따라서는 맞고 또 다른 경우에는 맞지 않는다고 할 수 있을 것 같습니다. 일단 소송과 같은 분쟁 단계에 들어가면 쉼표 하나도 문제가 될 수 있으므로 일부 핵심 내용, 특히 최적의 실시 형태(best mode)를 공개하지 않는 것은 발명의 완성이나 재현 용이성 등을 담보할 수 없는 문제가 있기 때문에 매우 위험한 일일 수 있습니다. 기술 독점권인 특허권을 출원인에게 부여하는 이유는 그 기술을 공중에 공개했기 때문인데 핵심 기술을 공개하지 않고 특허권을 받았다면 근본적으로 문제가 있는 것입니다.

노하우의 명세서 기재 정도를 다시 세 가지 케이스로 나누어 설명해 보겠습니다.

첫째, 누구나 써도 상관없지만, 누군가 특허권을 확보하여 권리 주장하는 것은 막고자 하는 경우, 방어(fence) 특허 등이 여기에 속합니다.

둘째, 연구 개발 결과로 먼저 특허권을 확보하고자 하는 경우가 있는데, 경쟁 특허, 회피 설계(design-around) 특허, 포트폴리오 강화(portfolio enhancing) 특허 등이 여기에 속합니다.

셋째, 특허권을 확보하여 해당 기술을 독점적으로 사용할 뿐만 아니라 침해 발생 시 심판, 소송 등 공격적으로 대응하고자 하는 경우인데, 핵심 특허(crown-jewel), 원천 특허 등이 여기에 속합니다.

첫 번째의 경우 반드시 특허권을 확보할 필요는 없으므로 최소한 형식적인 요건은 만족시키면서 공개해도 전혀 문제가 없는 내용만을 공개하는 방향, 즉 노하우가 아닌 내용만을 특허 명세서에 쓰면 될 것 같습니다.

두 번째의 경우 특허권을 확보하는 것이 중요하므로 발명을 이루는 모든 구성요소와 유효 데이터 범위 내 실시예를 특허 명세서에 기재해야 합니다.

세 번째의 경우 특허권 확보 이후에 경쟁자나 특허 침해자에게 무효심판 등을 청구 당하는 경우에도 특허권이 죽지 않고 살아남아야 하므로, 발명을 뒷받침할 수 있는 모든 내용과 실시예를 기재할 필요가 있습니다.

한 번은 노하우 관련해서 모든 내용을 명세서에 기재하여 특허 출원한 다음 공개 시점에 다다를 때 시장 상황 등을 고려하여 관련 기술이 시장 등에 나타나지 않은 경우 특허 출원을 취하하고 다시 새로운 특허 출원을 하고, 만일 시장 등에 관련 기술이 나타난 경우 심사청구하여 특허권을 확보하는 전략을 세운 경우도 있었습니다.

또한, 노하우를 직접적으로 개시하지 않으면서도 특허권을 확보하기 위해 간접적으로 정의할 수 있는 파라미터나 구성 등을 만들어 대체하기도 하는데, 많은 경우 노하우라는 강력한 무기를 사용할 수 없으니까 특허권을 확보하는데 어려움이 따릅니다.

어떤 경우에는 변리사한테도 노하우와 관련된 기술을 전혀 언급하지 않아 그에 대한 충분한 검토나 보완책 없이 특허 출원될 때도 있습니다. 거절 이유 대응을 위해서 노하우에 해당하는 내용이 필요할 때, 많이 아쉽습니다. 변리사는 비밀유지의무가 있기 때문에 노하우 공개에 대해서 걱정할 필요가 없습니다.

63~69

해외

063
PCT 국제출원 후 국내 단계 진입에 대하여

PCT 국제출원을 한 다음, 이후에 절차가 어떻게 진행되는 것인지 궁금해하는 분들이 많습니다. 실제로 변리사인 제가 가장 많이 받는 질문 중 하나입니다.

PCT 국제출원을 바로 할 수도 있지만, 통상 국내 특허 출원을 먼저 하고 나서, 이로부터 1년 이내에 이에 대한 우선권을 주장하면서 PCT 국제출원을 하게 됩니다. 그러면 일단 PCT 국제출원은 완료가 됩니다.

이후 국가별로 조금 차이가 있지만 대략 국내 특허 출원인 원출원일로부터 30~31개월 이전에 특허받기 원하는 국가를 정해서 그 국가의 특허청에 특허 출원을 하면 되는데, 명세서 번역문을 제출하고 수수료를 납부하면 국내 단계 진입 즉, 그 국가에 특허 출원이 완료됩니다.

미국의 경우 국내 단계 진입, 즉 특허 출원 만으로 특허 심사가 시작되나, 대부분의 나라에서는 국내 단계 진입 후 별도의 심사 청구를 해야 특허 심사가 시작됩니다.

국내 단계 진입 기한은 대부분 국가가 원출원일로부터 30개월 또는 31개월인데, 이 기간 동안 출원인은 사업상 어느 나라에 진입하여 특허를 받아야 할지 고민해 보고 원하는 나라에 특허 출원을 할 수 있습니다. 이렇듯 PCT 국제출원은 외국에 특허 출원을 할지 말지, 한다면 어느 나라에 할지 검토할 시간을 충분히 확보할 수 있다는 장점이 있습니다.

　한국에서 하는 PCT 국제출원은 국문 명세서나 영문 명세서로 출원이 모두 가능하나, 번역 및 검토할 시간이 촉박한 경우나, PCT 출원 이후 각국 진입 여부가 확실하지 않은 경우에는 비용이 적게 드는 국문 명세서에 의한 PCT 국제출원이 바람직하고, 시간이 충분하고 미국 진입이 확실한 경우라면 미국에서의 확대된 선원의 지위를 PCT 국제출원일로 소급시키기 위해 영문 명세서에 의한 PCT 출원을 고려해 보는 것도 좋을 것 같습니다.

　PCT 국제출원을 하면 소정 기간 내에 특허청으로부터 국제조사보고서를 받아볼 수 있는데, 발명에 대한 선행기술조사 결과와 특허청구범위에 대해 특허를 받을 수 있는지 없는지 등의 의견이 기재되어 있습니다. 이 의견이 절대적인 것이 아니지만, 선행기술조사 결과를 검토하여 다른 나라에서 특허를 받을 수 있을지 없을지를 예측해 볼 수는 있습니다. 다만, 심사는 사람이 하는 일이라 그 결과를 누구도 장담할 수는 없습니다.

PCT 국제특허 출원과 일반 해외특허 출원의 개요는 다음과 같습니다. 특허청 홈페이지에 개시된 그림을 참고하였습니다.

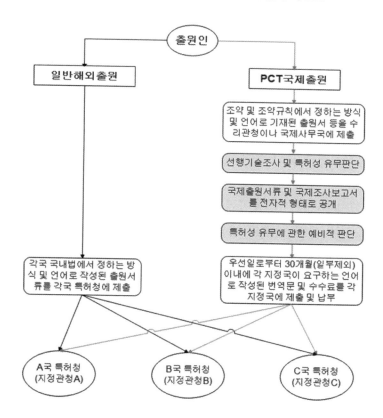

PCT국제출원과 일반해외출원의 절차 비교도

064
해외 출원 시 특허 출원명세서 번역은 직역? 아니면 의역?

축어역, 즉 직역은 외국어 원문의 한 구절 한 구절을 본래의 뜻에 충실하게 번역하는 것이고, 의역은 원문의 한 구절 한 구절에 지나치게 얽매이지 않고 전체의 뜻을 살려 번역하는 것입니다.

일반적으로 글의 의미를 너무 정확히 전달하고자 직역을 너무 엄격하게 하면 문법에 맞지 않는 비문이 포함될 수 있고, 또한 글을 해석하는데 어려움이 있을 수 있습니다. 반대로, 의역을 너무 과도하게 하면 원문의 내용을 왜곡하는 오역이 포함될 위험이 있습니다.

그리고 직역할 때는 새로운 수식이나 변경 없이 정확하게 등가로 번역해야 하고, 가능한 한 문장의 휴지와 행 전환도 일치시켜야 합니다. 그러나 주변 상황이나 기술 분야에 따라 의미가 달라질 수 있는 용어나 어구 등은 기계 번역과 같이 되지 않도록 주의해야 합니다. 국문 명세서를 외국어로 번역할 때 종종 한국에서만 통용되는 관용어나 일본식 용어의 오역이 발생합니다. 미국을 비롯한 몇몇 국가들은 단어나 표현 자체에서 오는 의미를 엄격하게 해석하는 편이라 소송에서 기계 번역과 같이 직역된 단어와 표현 때문에 청구범위 해석 다툼에서 예상하지 못한 낭패를 겪는 경우가 많다고 합니다. 즉 청구범위가 원문과 달리 좁은 범위로 해석되어 권리범위가 크게 축소되거나, 또한 청구범위가 불명확하다고 해석되어 특허가 무효로 되는 경우입니다.

특허협력조약(Patent Cooperation Treaty)은 Article 46에서 "If, because of an incorrect translation of the International PCT Patent Application, the scope of any patent granted on that application exceeds the scope of the International PCT Patent Application in its original language, the competent authorities of the PCT Contracting State concerned may accordingly and retroactively limit the scope of the patent, and declare it null and void to the extent that its scope has exceeded the scope of the International PCT Patent Application in its original language." 라고 규정하여 번역문에서 원문 명세서의 범위를 벗어나는 범위 는 소급적으로 무효가 됨을 말하고 있습니다.

또한, 미국특허청은 MPEP 1893.01(d)에서 "Amendments, even those considered to be minor or to not include new matter, may not be incorporated into the translation. If an amendment to the international application as filed is desired for the national stage, it may be submitted in accordance with 37 CFR 1.121." 라고 규정 하여 원문 명세서에 사소하거나 신규한 사항을 포함하지 않는 수 정이라도 번역문에 포함될 수 없음을 말하고 있습니다.

이와 같은 특허협력조약 및 미국 특허실무를 참고하면, 원문 명세서의 번역은 직역이나 의역이 문제가 아니라 내용의 엄격한 동일이 문제가 되고, 따라서 직역이 내용의 동일을 더 잘 만족시키면 직역을 해야 하고, 의역이 내용의 동일을 더 잘 만족시키면 의역을 해야 할 것 같습니다.

제 경험 상 직역했을 때 다의적으로 해석되거나 의미가 달라지는 경우가 아니라면 의역은 원문의 내용을 왜곡하기 쉬워 바람직하지 않고, 만일 의역을 한 경우라면 내용의 동일 여부를 출원인 또는 발명자 등에게 확인을 받는 것이 중요합니다.

결론적으로, 해외 출원 시 특허 출원명세서의 외국어 번역은 원칙적으로 직역을 하되, 다의적으로 해석되거나 의미가 달라지는 경우에 한해서 예외적으로 의역을 하면 됩니다.

참고로, 번역문이 잘못된 경우 기준일이 도과하기 전이어서 번역문이 확정되지 않았다면 제대로 번역된 번역문을 다시 제출할 수 있습니다(특허법 제201조 제3항). 만일 기준일이 도과하여 번역문이 확정된 경우라면 국내 단계에서 보정 가능한 기간 내에 보정서를 제출하여 오역을 정정할 수 있습니다.

또한, 확대된 선출원의 지위, 분할출원, 변경출원, 국내우선권주장출원의 범위는 외국어 명세서 범위를 기준(특허법 제29조 제5항 및 제200조의 2 제2항)으로 하지만, 국어 번역문을 제출하지 않은 외국어 국제출특허 출원에 대해서는 현행과 동일하게 확대된 선출원의 지위를 부여하지 않습니다(특허법 제29조 제7항). 그리고, 최선일로부터 1년 2개월 이내에 국어 번역문을 제출하지 않는 경우 해당 출원은 취하 간주됩니다.

065
명세서 번역문 검토 어느 정도로 해야 하나요?

저희 팀원에게 명세서 번역문 검토를 맡겨보면 일일이 역번역을 하느라 한참을 매달려 있는 사람(유형 1)이 있고, 단락 수, 수치, 표, 도면 등만 뚝딱 대조해 보고 끝내 버리는 사람(유형 2)이 있었습니다. 시간과 비용까지 고려했을 때, 누가 잘한 것일까요?

한국, 미국, 유럽, 중국, 일본 등은 심사 시 원문주의를 택하고 있습니다. 원문주의에 따라 명세서 번역문에 문제가 있더라도 명세서의 오역 정정(한국 특허법 42의 3조 3항)이 가능하므로, 실질적으로 국제출원일에 제출된 원문 명세서를 최초 명세서 또는 도면으로 보고 보정할 수 있습니다. 따라서 번역문의 내용이 원문보다 넓은 경우 신규사항 추가(한국 특허법 47조 2항)로 거절 이유 및 무효 사유가 되지만, 원문의 내용이 번역문보다 넓은 경우에는 감축으로 적법한 보정으로 인정됩니다.

그렇다면, 유형 2가 일을 잘한 것일까요?

일본 심결취소소송 특허 평성 27(행정사건/고등재판소/소송사건) 10216 사건에서 원고 프랑스 국영 원자력 기업 아레바(Areva)가 청구항 제1항의 "인산(phosphoric acid)"이 "아인산(phosphonic acid)"의 명백한 오역에 해당하므로 이러한 정정은 적법하다는 주장에 대해서 재판부는 명세서 전체에 인산으로 명확하고 일관되게 기재되어 있고, 당업자가 청구항 1의 "인산 (phosphoric acid)"을 "아인산(phosphonic acid)"으로 이해하는 것이 당연하다고 볼 수 없으며, 특허공보에 기재된 특허청구범위의 표시를 신뢰하는 일반 제삼자의 이익을 해치게 되므로, 실질적으로 특허청구범위를 변경하는 것이기에 이러한 정정은 허용되지 않는다고 판결하였습니다.

이와 같이, 특허받은 후에는 원문주의가 통하지 않을 가능성이 매우 높기 때문에 유형 2로는 안심할 수가 없습니다. 유형 1이 최상이나 경제적으로 무리가 있고, 유형 2는 경제적으로 유리하나 불안을 완전히 떨칠 수가 없으므로, 진퇴양난입니다. 이에 최선이라고 할 수 있는 유형 3을 제안합니다.

첫째, 특허청구범위와 발명의 효과가 정확히 번역되어 있는지 확인하는 것입니다. 여기에서 오역이 발견되지 않으면, 대체로 나머지 부분에서도 큰 오역이 발견되지 않을 확률이 높습니다. 만약 오역이 발견되면 대응되는 발명의 상세한 설명 부분도 수정해야 합니다.

둘째, 단락, 수식, 표, 도면을 대비하여 빠진 것이 없는지 확인하는 것입니다. 이 단계는 기술을 몰라도 체크가 가능한 부분이므로 관리팀에서 하는 것도 괜찮습니다. 간혹 번역문에서 단락 전체가 번역자의 실수로 빠져 있는 경우도 있습니다.

셋째, 표와 도면의 내용에 오류가 없는지 확인해야 합니다. 복사해서 갖다 붙이거나 옮겨 적는 정도의 단순 작업인데 생각보다 오류가 많습니다. 아무래도 가볍게 생각하다 보니 단순 실수가 많은 것 같습니다.

마지막으로, 번역문의 발명 명칭부터 발명의 상세한 설명까지 쭉 읽어내려가면서 명세서 전체의 취지에 맞지 않는 내용은 없는지 확인합니다. 다만, 수치 정도는 원문과 대조해 볼 필요가 있습니다. 간혹 50을 5로 잘못 옮겨 적는 경우와 같은 오류가 있을 수 있습니다.

066
국내에서 공개된 특허 출원의 해외출원

국내에서 공개된 건인데 기간을 놓쳐 PCT 출원이나 해외출원을 하지 못한 경우에도 별도의 해외출원이 가능할까요?

해당 국가에 국내(한국)에서 출원 공개된 발명과 동일한 특허가 반드시 필요하다면, 그 공개된 발명에 최대한 개량 또는 변경된 내용을 추가하고, 중요한 용어 등을 모두 고쳐 해당 국가에 별도의 특허 출원을 하는 방법이 있습니다. 원칙적으로 특허가 불가능하지만 사람이 하는 일이라 특허를 받을 수도 있습니다.

다만, PCT 출원을 통해 해당 국가로 들어가는 것은 곤란합니다. PCT 출원의 경우 한국 심사관이 국제조사를 담당하므로 출원 공개된 건이 발견될 확률이 매우 높기 때문입니다.

따라서 특허는 반드시 필요하고 별도의 해외출원 외에는 방도가 없는 경우라면, "국내(한국)에서 공개된 건인데, 기간을 놓쳐 PCT 출원이나 해외출원을 하지 못했는데 별도의 해외출원이 가능할까요?"라고 물어보면 "Yes"라고 답하는데 크게 고민할 필요는 없습니다. 과정과 결과를 잘 설명해 주면 됩니다.

그러나 사업적 측면에서 절박한 이유가 있지 않고, 해외출원 건수를 늘리고자 한다든지 또는 막연히 나중에 사용될 가능성 때문인 것으로 추측되는 경우에는 해외 출원 가능 여부에 대하여 확실한 답변을 주기가 어렵습니다. 사실은 해외 출원 가능 여부를 묻는 것이 아니라 그 출원의 등록 가능성을 묻는 것이기 때문입니다. 해외출원이야 같은 발명으로 백 개든 천 개든 할 수 있습니다.

　실제 이런 경우에 개인적으로 어느 정도까지 개량이 가능한지 여부, 다른 표현이나 용어로 명세서를 다시 작성하는 것이 용이한지 여부, 원출원의 등록 가능성, 비용적인 측면, 사업적인 측면, 발명자가 연구원인 경우 실적 등을 모두 고려하여 판단하는데, 개량이 어렵고, 다른 표현이나 용어로 명세서를 재작성하는 데도 한계가 있으며, 원 국내 특허 출원의 등록 가능성도 확신하기 어려운 상태이고, 다만 비용은 문제가 되지 않으며, 진행 시 발명자의 실적에는 도움이 되나, 사업적인 측면에서 포트폴리오를 구성하면 막연히 좋을 것 같다는 정도의 상황이라면, "특허 등록이 매우 어려우므로 의뢰인 측에서 어떤 의지를 가지고 진행 여부를 결정하는 것이 좋겠습니다."라고 말해줍니다. 다만 이런 의견은 대부분 의뢰인에게 부정적인 의견으로 받아들여지는 것 같습니다.

　"이게 무슨 실무냐?"라고 하겠지만, 이러한 상황들이 의외로 종종 있습니다. 예외적인 사정이 있지 않은 경우라면 특허법 등과 같은 원칙에 따라 판단하고 처리하는 것이 가장 적절한 방법이라고 생각합니다.

067
미국 가출원 제도의 활용

　미국에 바로 정규출원(Non-provisional application)하는 것은 국내 특허 출원이나 PCT 국제출원을 거쳐 미국 출원하는 것과 비교하여 언어적으로나 비용적으로, 그리고 효과적으로도 큰 실익이 없습니다.

　미국 시장 진입을 우선으로 염두에 두고 있다면, 국내 특허 출원이나 PCT 국제출원을 한 다음, 이를 기초로 미국 특허 출원을 진행하는 방안 외에 바로 미국에 가출원하는 방안도 한 번쯤은 생각해 볼 필요가 있습니다.

　발명에 대한 효과는 확인하였으나, 최적화나 개량화 등의 과제가 남아 있는 경우에 확인된 것까지만 먼저 가출원을 하여 미국 출원일을 확보하고, 추가적인 결과가 나올 때마다 누적적으로 가출원을 진행한 다음, 최초 가출원일로부터 1년이 경과하기 전에 그동안의 누적된 내용을 모두 포함하여 하나의 정규출원을 할 수 있습니다.

　이와 같은 가출원은 특별한 양식을 요구하지 않기 때문에 수정되지 않은 실험 자료나 발표 자료 등으로도 가능하고, 정규출원 비용의 20% 수준으로 비용이 저렴한 장점이 있습니다. 대리인 비용까지 생각한다면 더 낮은 수준이 될 것 같습니다.

또한, 미국 가출원은 발명 내용이 한국어인 경우에도 출원이 가능하며, 확대된 선원의 지위도 갖고, 이를 기초로 조약우선권 주장 출원이나 PCT 출원도 가능합니다. 그리고, 존속기간이 가출원일이 아닌 정규출원일을 기준으로 기산되므로 존속기간이 실질적으로 연장되는 효과도 있습니다.

다만, 가출원은 심사가 되지 않으므로 특허를 받기 위해서는 반드시 최초 가출원일로부터 1년 이내에 가출원의 이익(benefit)을 주장하면서 정규출원을 해야 합니다.

068

미국, 일본, 중국, 유럽에서 빨리 특허받는 방법

국가별로 특허심사 하이웨이(Patent Prosecution Highway; PPH) 신청을 함으로써 심사결과를 빠르게 받아볼 수 있습니다. PPH 신청이 수리된 후 통상적으로 약 3개월 이내 심사결과가 발행됩니다.

PPH는 여러 국가에 동일한 내용으로 특허 출원한 출원인이 하나의 국가에서 특허를 받은 경우나, PCT 국제조사보고서에서 특허 가능하다고 판단된 청구항이 있는 경우 다른 나라에서도 그 특허를 참고하여 조속히 심사해 줄 것을 요청하는 제도입니다.

빠른 심사를 요청한 특허 출원은 모든 청구항이 상대국 특허청에서 특허 가능하다고 판단된 청구항과 동일하거나 감축된 범위에 해당해야 합니다. 심사는 빨리 진행되나, 국가마다 독자적으로 행해지므로 그 결과는 제각각일 수 있습니다.

PPH 신청 시 제출서류는 국내출원이 특허된 경우를 예로 들면 다음과 같습니다. 다른 국가들도 비슷비슷합니다.

1) 국내출원의 특허청 심사보고서 및 번역문

2) 국내출원에서 특허 가능하다고 판단된 청구항 및 번역문

3) 국내출원의 심사에서 인용한 인용문헌

4) 국내 및 해외출원 간 청구항 대응관계 설명표

5) 국내출원에서 특허 가능하다고 판단된 청구항과 상응하게 해외 출원 또는 보정

PPH는 한국, 미국, 중국, 유럽, 일본 특허청이 시행에 합의한 선진 5개 특허청 특허심사 하이웨이 프로그램, 한국, 노르딕 특허기구, 노르웨이, 덴마크, 러시아, 미국, 스웨덴, 스페인, 아이슬란드, 영국, 이스라엘, 일본, 캐나다, 포르투갈, 핀란드, 헝가리, 호주 특허청이 시행에 합의한 글로벌 특허심사 하이웨이 프로그램, 양국 간 특허심사 하이웨이 프로그램 및 국제특허심사 하이웨이(PCT-PPH) 프로그램 등이 있으며, 우선 심사 신청 요건 및 절차는 서로 크게 다르지 않습니다.

069
미국 특허 출원의 확대된 선원의 지위

PCT 출원 및 조약우선권주장 출원의 경우 확대된 선원의 지위는 미국 실제 출원일을 기준으로 하고, 다만 예외적으로 PCT 출원이 영문으로 공개된 경우에는 확대된 선원의 지위가 PCT 출원일로 소급될 수 있습니다.

PCT 출원 후 미국특허청에 통상의 국내 단계 진입 절차를 밟지 않고 PCT 출원을 모출원으로 하여 계속출원(Continuation Application)을 하는 경우에는 확대된 선원의 지위가 PCT 출원일로 소급될 수 있는데, 이를 소위 bypass 계속출원이라 합니다.

간혹, 국문 명세서로 PCT 국제출원이 진행된 경우 미국에서 확대된 선원의 지위를 PCT 출원일로 소급시키기 위해 bypass 계속출원을 진행하는 경우도 있으나, 실제 확대된 선원의 지위가 PCT 출원일로 소급되지 않았다고 문제가 되는 케이스가 거의 없고, 단지 타인의 출원발명 등록을 저지하는데 행사하지 못할 뿐, 자신의 특허 등록에 문제가 되는 것은 아니므로, 실효성은 그리 크지 않는 것 같습니다.

70~72

발명

070
용도발명에 대한 오해

청구항에 특정 용도를 기재하면 즉, 청구항을 특정 용도로 한
정하면, 당연히 용도발명으로 인정된다고 오해하는 경우가 있습
니다. 그 용도가 발명의 구성으로서 당연히 다른 구성과 다르게
취급되지 않고, 오히려 더 중요하게 취급된다고 생각할 수 있습
니다. 사업하시는 분들에게는 특히나 당연한 생각입니다.

그러나 명세서 및 도면과 출원 시의 기술상식에 비추어 용도로
한정하려는 물건 등이 그 용도에만 특별히 적합한 것이 아닌 경
우에는 용도로 발명을 한정해도 이는 발명의 구성이 아닌 것으
로 해석되어 신규성 등의 판단에 영향을 미치지 않게 됩니다.

즉, 발명의 특정 용도가 인용문헌에 개시되어 있지 않아도 발
명의 신규성이 인용문헌에 의하여 충분히 부정될 수 있습니다
(대법원 2007. 1. 25. 선고 2005후2045 판결 참조).

용도발명은 특정 물질에 대하여 어떤 특성을 발견하고, 이를
새로운 용도로 이용한 발명으로, 원칙적으로는 발견이지만, 특허
법상 보호해 줄 가치가 있는 새로운 용도라고 하는 창작적 요소
가 존재하므로 발명으로 인정됩니다.

한국 특허권은 용도 청구항 자체를 특허로 허락하지 않고, 다
만 용도를 방법이나 물건 청구항으로 기재하였을 때 용도발명으

로 인정합니다.

또한, 용도발명은 특허법상 별개의 카테고리가 아니므로 물건 청구항 또는 방법 청구항 중 어느 쪽으로 특정해도 무방한데, 예를 들어, DDT라는 공지의 물질에 살충효과가 있음을 발견한 경우 'DDT를 성분으로 하는 살충제' 또는 'DDT를 살포하여 살충하는 방법' 중 어느 쪽으로든 특정할 수 있습니다.

만일 용도를 강조하고 싶다면, 즉 용도로 특허를 받고자 한다면 '살충제용으로 사용되는 것을 특징으로 하는 DDT'와 같은 방식으로 청구항을 작성하지 말고 'DDT를 포함하는 것을 특징으로 하는 살충제' 등과 같이 청구항을 작성해야 합니다.

앞의 청구항은 DDT 물질을 청구하는 것이고 뒤의 청구항은 살충제를 청구하는 것이므로 여러 가지 측면에서 차이가 있습니다.

용도가 상이하면 특허를 받을 수 있는 것으로 오해하는 사람들을 간혹 만날 수 있는데, 그러나 용도만으로 특허를 받으려면 통상의 기술자가 전혀 예측할 수 없는 용도여야 합니다.

071
수치 한정 발명으로 특허받기

수치 한정 발명으로 특허를 받는 방법은 판례를 살펴볼 때 세 가지가 있습니다.

첫째, 그 수치 범위 내에서 임계적 의의, 즉 각별한 효과, 다시 말해 통상의 기술자가 예상하지 못한 효과를 입증하면 특허받을 수 있습니다.

이때는 반드시 경계치 부근의 실시예와 비교예가 필요합니다. 단순히 선택하거나 최적화한 정도의 효과로는 특허받을 수 없습니다. 앞서 '33. 수치 한정 발명과 실시예'에서 상세히 설명해 드린 바 있습니다.

둘째, 수치 한정 발명에 진보성을 인정할 수 있는 다른 구성요소를 부가하면 특허를 받을 수 있습니다.

셋째, 수치 한정을 제외한 양 발명의 구성이 동일하더라도, 수치 한정이 공지된 발명과는 상이한 과제를 달성하기 위한 기술수단으로써의 의의를 가지고 그 효과도 이질적인 경우라면, 즉 과제의 해결원리가 다르고 이질적인 효과가 있으면 수치 한정의 임계적 의의가 없더라도 특허를 받을 수 있습니다.

이와 관련된 판례인 대법원 2013. 5. 24. 선고 2011후2015는 수치 한정 발명의 신규성 판단기준에 관한 최초 판례이기도 한데, "구성요소의 범위를 수치로써 한정하여 표현한 발명이 그 출원 전에 공지된 발명과 사이에 수치 한정의 유무 또는 범위에서만 차이가 있는 경우에는, 그 한정된 수치 범위가 공지된 발명에 구체적으로 개시되어 있거나, 그렇지 않더라도 그러한 수치 한정이 그 발명이 속하는 기술 분야에서 통상의 지식을 가진 자가 적절히 선택할 수 있는 주지관용의 수단에 불과하고 이에 따른 새로운 효과도 발생하지 않는다면 그 신규성이 부정된다. 그리고 한정된 수치 범위가 공지된 발명에 구체적으로 개시되어 있다는 것에는, 그 수치 범위 내의 수치가 공지된 발명을 기재한 선행문헌의 실시예 등에 나타나 있는 경우 등과 같이 문언적인 기재가 존재하는 경우 외에도 통상의 기술자가 선행문헌의 기재 내용과 출원 시의 기술상식에 기초하여 선행문헌으로부터 직접으로 그 수치 범위를 인식할 수 있는 경우도 포함된다.

한편 수치 한정이 공지된 발명과는 상이한 과제를 달성하기 위한 기술수단으로써의 의의를 가지고 그 효과도 이질적인 경우나 공지된 발명과 비교하여 한정된 수치 범위 내외에서 현저한 효과의 차이가 생기는 경우 등에는, 그 수치 범위가 공지된 발명에 구체적으로 개시되어 있다고 할 수 없음은 물론, 그 수치 한정이 통상의 기술자가 적절히 선택할 수 있는 주지관용의 수단에 불과하다고 볼 수도 없다."라고 판결하였습니다.

또한, 대법원 2013. 2. 28. 선고 2011후3139 및 대법원 2010.

8. 19. 선고 2008후4998에서는 "수치 한정이 비교대상발명과는 상이한 과제를 달성하기 위한 기술수단으로써의 의의를 가지고, 이에 관한 기재나 암시가 비교대상발명에 없으며, 그 효과도 이질적인 경우라면 수치 한정에 임계적 의의가 있는지 여부에 대하여 살펴볼 필요가 없고, 임계적 의의가 없다고 해도 특허발명의 진보성이 부정되지 않는다."라고 판결하였습니다.

072
제법한정물건(Product-By-Process) 발명

제법한정물건 발명을 청구하는 청구항을 보통 PBP 청구항이라고 하고, 물건을 제조방법 말고는 다른 것으로 명확히 특정할수 없을 때 예외적으로 인정됩니다. 예외가 인정되지 않으면, 물건 청구항을 제조방법으로 한정 또는 특정하는 경우 그 제조방법은 구성으로 인정되지 않아 특허 심사 시 고려되지 않습니다.

최근에 발행된 일본 거절 이유통지서를 살펴보면, PBP 청구항에 대하여, "불가능한 비실제적 사정이 존재하는 것에 대하여 명세서 등에 기재가 없고, 또한 출원인의 주장, 입증이 되어 있지 않기 때문에 그 존재를 인정해야 하는 이유를 찾지 못했습니다." 라고 명시하고 있습니다.

따라서, PBP 청구항으로 특허받고자 한다면 물건을 제조방법 이외에 다른 것으로는 명확히 특정할 수 없다는 사정을 명세서상에 기재하고 이를 실시예나 데이터 등을 통해 뒷받침해 둘 필요가 있습니다.

최근에 대법원도 제조방법이 특허를 받을 수 있다고 해서 그 제조방법으로 제조된 물건이 당연히 특허받을 수는 없고, 제조방법이 물건의 구성에 미치는 영향을 고려하여 물건의 발명으로 특허를 받을 수 있는지 여부를 판단해야 한다고 판시한 바 있습니다. 상세한 내용은 다음과 같습니다.

　"한편 생명공학 분야나 고분자, 혼합물, 금속 등의 화학 분야 등에서의 물건의 발명 중에는 어떠한 제조방법에 의하여 얻어진 물건을 구조나 성질 등으로 직접으로 특정하는 것이 불가능하거나 곤란하여 제조방법에 의해서만 물건을 특정할 수밖에 없는 사정이 있을 수 있지만, 이러한 사정에 의하여 제조방법이 기재된 물건발명이라고 하더라도 그 본질이 '물건의 발명'이라는 점과 특허청구범위에 기재된 제조방법이 물건의 구조나 성질 등을 특정하는 수단에 불과하다는 점은 마찬가지이므로, 이러한 발명과 그와 같은 사정은 없지만, 제조방법이 기재된 물건발명을 구분하여 그 기재된 제조방법의 의미를 달리 해석할 것은 아니다. 따라서, 원심은 제조방법에 관한 발명의 진보성이 부정되지 않는다는 이유만으로 곧바로 그 제조방법이 기재된 물건의 발명인 이 사건 제9, 10항 발명의 진보성도 부정되지 않는다고 판단하였으니, 제조방법이 기재된 물건발명의 진보성 판단에 관한 법리를 오해하여 판결에 영향을 미친 위법이 있다(대법원 2015. 1. 22. 선고, 2011후927 판결)."

73~74

대리인

073
발명자와 특허사무소의 역할 분담

특허 출원 명세서에는 발명에 대한 기술적인 내용과 권리에 관한 내용이 융합되어 있습니다. 다만, 기술적인 내용은 발명의 상세한 설명, 특히 실시예와 도면에 집중되어 있고, 권리에 관한 내용은 특허청구범위에 집중되어 있습니다.

발명의 기술적인 내용에 대한 보완이나 수정은 발명자의 손이 절대적으로 필요하고, 권리에 관한 내용, 즉 특허청구범위는 변리사의 손이 반드시 필요합니다. 그리고 발명자와 변리사의 역할이 잘 융합되어야 특허 출원 명세서도 발명에 대한 기술적인 내용과 권리에 관한 내용이 잘 융합될 수 있습니다.

간혹 발명자가 특허법상 또는 실무상 인정되지 않거나 볼 보듯 뻔한 불이익한 내용을 지나치게 고집할 때가 있습니다. 이와는 반대로 변리사가 권리범위에 관한 판단을 제대로 하지 않거나 발명자가 해야 하는 기술 내용의 보완이나 수정을 충분히 확인하지 않는 경우가 있습니다. 양쪽 모두 좋은 특허 출원 명세서가 만들어지기는 어렵습니다.

때때로 발명자가 직무 발명 신고서나 발명에 대한 설명 자료에 특허청구범위를 직접 작성해 오는 경우가 있습니다. 이는 발명자가 발명에 있어서 어떤 구성을 기술적 특징으로 여기는지를 알려줄 뿐입니다. 간혹 발명의 기술적 특징과는 상관없이 형식적으로 기재되어 오는 경우도 있습니다. 특허청구범위는 기술적인 면, 법률적인 면 그리고 특허 가능성이 모두 고려되어야 하기 때문에 반드시 변리사의 손을 거쳐야 합니다.

특허청구범위를 작성하기 위해서는 발명과 인접한 종래기술에 대한 기술 파악만이 아니라 동일성 여부나 자명성 여부 등까지 판단해야 합니다. 또한, 청구항에 기재될 발명이 발명의 상세한 설명에 의하여 뒷받침이 될 수 있는지, 통상의 기술자가 용이 실시 가능한지, 임계적 의의나 기술적 의의 등이 입증될 수 있는지, 특허 분야에서 인정될 수 있는 적절한 용어인지 등도 반드시 점검해야 합니다.

이 밖에도 선택 발명, 수치 한정 발명, 또는 파라미터 발명 등을 적절히 고려해야 할 때가 있고, 청구범위를 실질적으로 한정시키지 않지만, 많이 한정된 것처럼 보이게 만드는 형식적인 한정 사항의 추가 등과 같은 테크닉적인 사항이나, 공격용 특허인지 방어용 특허인지, 또는 주요 특허인지 예비적 특허인지 등과 같은 활용 사항에 대한 고려도 필요합니다.

서로 각자의 역할에 대해서 잘 이해하고 그 역할에 충실할 때 좋은 특허 출원 명세서가 작성될 수 있습니다.

074
특허사무소의 데이터 요청

특허사무소에서 측정 방법이나 실험결과 등과 같은 데이터를 요청했을 때 간혹 '필요 없을 것 같다'라고 거절되는 경우가 있습니다. 그런 데이터는 발명의 핵심과는 거리가 멀어 기재할 필요가 없다고 생각하기 때문입니다.

입수가 불가능하다거나 여의치 않다거나 하면 변리사가 대체할 수 있는 방법을 생각해 볼 수도 있을 텐데 필요 없다고 하면 이도 저도 하기가 어렵습니다.

변리사가 그런 데이터를 요청하는 이유는 일을 더 어렵게 만들거나 번거롭게 만들기 위해서가 아니라, 예상되는 특허요건 흠결이나 기타 특허법적 문제를 회피할 수 있는 장치를 미리 만들어 놓고자 하는 것입니다. 이미 출원이 된 다음에는 아무리 필요해도, 아무리 넣고 싶어도 넣을 수가 없습니다.

사실 변리사가 한두 번 요청하거나 설득하는 것은 가능하나, 그 이상은 조금 어렵습니다. 의뢰인이 얘기하지 못할 특수한 경우일 수도 있는 노릇이고, 대리인으로서 의뢰인의 의견을 무시할 수도 없기 때문에, 변리사가 이런저런 부담을 안고 데이터를 받을 때까지 끈질기게 매달리는 것은 어렵습니다.

발명자가 특허 출원을 상담하기 위해 변리사를 찾아 왔는데,

특허받기가 어려울 것 같다고 말해주었더니, 자신의 발명을 이해하지 못한다고 여겨 다른 변리사한테 가서 특허 출원했다는 이야기가 있습니다. 이렇듯 발명자는 어차피 다른 특허사무소에 가서라도 출원할 것이니까 특허가 불가능하거나 어렵다고 말하지 말고 최대한 가능하도록 만들어 출원해 주면 된다는 것입니다. 그러나 저는 그렇게까지 하고 싶지 않습니다.

만약에 회사에 특허팀이 있다면, 그리고 회사 차원에서 변리사의 진행 방식이나 요청사항 등을 전적으로 지지해 주기 어렵다면, 최소한 이에 대한 교육은 필요할 것 같습니다.

변리사 또한 발명자나 담당자를 설득하고 이해시키는 능력을 향상시킬 필요가 있습니다. 특허받기가 명백히 불가능한 발명이라는 판단이 서면, 충분히 이해시키고 개량발명이나 다른 발명을 할 수 있도록 독려하는 것이 좋을 것 같습니다.

75~83

유의사항

075
같은 용어 다른 해석

사내 특허 전담부서, 연구원이나 발명자 그리고 변리사가 일을 같이하다 보면 간혹 같은 용어를 사용하면서 그 의미를 서로 조금씩 다르게 받아들이는 경우가 있습니다.

예를 들어, 핵심 청구항은 어떤 청구항을 의미할까요? 변리사라면 특허받는 것이 중요하니까 아마도 발명의 subject matter, 즉 선행기술과 구별되는 기술적 특징을 포함하거나, 특허성이 인정될 만한 청구항을 핵심 청구항으로 꼽지 않을까요? 그러면, 대부분 청구항 1 내지 3항 중에 핵심 청구항이 있을 확률이 높습니다.

그러나 기술적인 관점에서 보면 핵심 청구항은 발명을 작동시킬 수 있는 구성이 모두 포함된 청구항일 수 있고, 사업적 또는 권리적 관점에서 보면 핵심 청구항은 더 이상 범위가 좁아지면 안 되는 청구항이거나 출원인이 받아들일 수 있는 최소 범위의 청구항, 또는 감축 보정의 마지노선이 될 수 있는 청구항으로도 볼 수 있습니다. 이런 경우에는 핵심 청구항은 청구항 제1항에서 조금 멀리 떨어져 있는 청구항이 되거나, 또는 이들의 결합이 되기 쉽습니다.

서로 같은 청구항에 대하여 얘기한 것 같은데, 나중에 가보면

서로 다른 청구항을 붙들고 씨름하는 일이 발생할 수 있습니다. 누구 하나 크게 손해 보는 일입니다. 아니, 모두에게 큰 손해입니다.

이외에도, 발명자는 자기가 속한 그룹에서 임의로 특정 의미를 부여해 편하게 부르던 용어를 사용하여 발명을 설명하고, 특허사무소는 그것을 해당 기술 분야에서 일반적으로 명세서에 사용되는 용어로 알고 의심 없이 사용하는 경우가 간혹 있는데, 엉뚱한 발명이 출원되는 일과 같은 심각한 문제가 발생할 수도 있습니다.

실례로, 발명자는 조성물을 중합체로 이해하여 사용하고, 이를 들은 변리사는 글자 그대로 이해한 경우가 있었습니다. 대부분의 경우 여러 차례의 발명상담이나 명세서 초안의 수정 과정에서 발견되어 큰 문제 없이 해결되기는 합니다. 그러나, 작업을 보다 효율적으로 하고, 만일의 사태까지도 대비하기 위해서는 일의 시작 단계부터 서로 사용하는 '용어의 정의'에 세심한 주의를 기울일 필요가 있습니다.

특히 추상적인 용어, 많은 의미를 내포하는 용어, 그리고 여러 가지로 정의될 수 있는 용어는 커뮤니케이션에 있어서 더 조심할 필요가 있습니다.

076
시리즈 건들의 출원일

시리즈 발명에 대한 특허 출원을 동시에 준비하고 있을 때 각각의 출원일을 언제로 할 것인지 잘 따져봐야 합니다. 잘못하면 선출원주의가 문제될 수 있습니다.

모든 시리즈 건을 동일자에 출원하는 것이 출원인을 안심시키기에도 좋고 실수할 염려도 없어서 좋습니다. 그러나 동일자 출원이 여의치 않으면 청구항 기준으로 상위 개념의 발명을 먼저 출원하고 하위 개념의 발명을 나중에 출원해야 합니다.

상위 개념과 하위 개념의 예를 들면, 동물은 상위 개념이고 하마, 사자 등은 동물의 하위 개념입니다. 좀 더 구체화된 것이 하위 개념입니다. 그리고 동일자에 출원한 상위 개념 출원과 하위 개념 출원은 동일한 발명으로 취급되지 않습니다.

선출원주의는 동일한 발명이 둘 이상 출원된 경우 가장 먼저 출원한 발명이 특허를 받을 수 있도록 한 것입니다(특허법 제36조 제1항). 확대된 선출원주의와는 달리 발명자나 출원인이 동일해도 적용됩니다.

이미 초기 발명 또는 기본 발명이 특허 출원되어 있을 때에는 이의 시리즈 발명 또는 개량 발명은 앞에 특허 출원된 발명이 공개되기 전에 출원되어야 합니다.

만약 앞에 특허 출원된 발명이 공개된 이후에 특허 출원하면, 먼저 특허 출원되고 공개된 발명을 해당 심사관은 특허요건 심사 시 찾아서 인용문헌으로 하고, 이 인용문헌에 개시되지 않은 구성만을 파악해서 그러한 차이는 통상의 기술자에게 자명한 사항이라고 하든지, 아니면 그렇게 판단하기가 여의치 않거나 부담스러운 경우 개시되지 않은 구성이 개시된 인용문헌 하나를 더 찾아서 이 두 인용문헌을 결합시켜 쉽게 진보성을 부정할 수 있습니다.

후 특허 출원발명과 출원인 또는 발명자까지도 동일한 선 특허 출원발명은 찾기도 쉬워 심사관이 못 찾기를 바랄 수도 없습니다.

따라서 시리즈 발명의 경우 전체 시리즈 건의 출원 시기를 6개월, 1년 또는 공개 전 등 구체적인 시간 계획을 잡아 놓고 출원을 준비하는 것이 바람직합니다. 이때 시리즈 건을 몇 건 출원할 것인지도 함께 계획해 두는 것이 좋습니다. 그리고 이렇게 시리즈 발명이나 개량 발명에 집중하다 보면 생각하지 못했던 발명이 도출되기도 합니다.

077
신규한 것이면 특허받을 수 있다?

특허 출원 상담을 하다 보면 간혹 발명이 종래에 없던 신규한 것이기만 하면 특허가 되는 것, 즉 특허를 받을 수 있는 것으로 오해하는 분들이 있습니다.

발명이 신규 하다는 것은 신규성이 있다는 말인데, 이러한 신규성은 발명을 실제 발명이 되게 하는 것이면서 또한 가장 기본이 되는 특허요건이기는 하지만, 여러 특허요건 중 하나에 불과하지 그것만 가지고 특허를 받을 수 있는 것은 아닙니다.

대략적으로 발명이 특허가 되기 위해서는 신규성에 더하여 통상의 기술자가 쉽게 발명할 수 없는 정도인 진보성이 있어야 하고, 특허제도가 선출원주의(특허법 제36조)를 따르므로 누구보다 먼저 출원해야 합니다. 또한 이러한 발명은 '특허 청구범위'에 기재되어야 보호받을 수 있는데, 이렇게 '특허 청구범위'에 기재된 발명은 '발명의 상세한 설명'에 의하여 뒷받침되어야 하고(특허법 제42조 제3항), 이 '발명의 상세한 설명'은 통상의 기술자가 발명을 쉽게 실시할 수 있을 정도로 명확하고 상세하게 기재되어야만(특허법 제42조 제4항) 마침내 특허를 받을 수 있게 되는 것입니다.

특허요건은 출원발명이 특허가 되기 위해서, 즉 등록을 받기 위해서 요구되는 요건을 말합니다. 결국, 출원발명이 모든 특허 요건을 만족해야만 특허를 받을 수 있습니다.

특허요건에는 일반적으로 정당한 발명자, 권리능력 등과 같은 특허 출원인에 관한 주체적 요건과 신규성, 진보성, 산업상 이용 가능성 등과 같은 객체적 요건, 그리고 출원 방식이나 출원명세서의 기재에 관한 절차적 요건이 있습니다.

078
아이디어만으로 특허받을 수 있다?

완벽하지는 않지만, 아이디어만으로도 청구항을 작성할 수 있고, 또한 종래기술을 참고하여 발명의 상세한 설명도 어느 정도 청구항을 뒷받침하는 것처럼 보이도록 작성할 수 있습니다. 그렇다고 해도 화학 분야나 생명공학 분야 등에서의 발명은 아이디어만으로 특허를 받기가 쉽지 않습니다. 특히, 화학발명인 경우에 그렇습니다.

발명의 상세한 설명은 통상의 기술자가 그 발명을 쉽게 실시할 수 있도록 명확하고 상세하게 기재되어야 하기 때문인데, 특히 실험의 과학인 화학발명의 경우 실시예까지 요구되고 있습니다.

대법원도 2001후65 판결에서 "이른바 실험의 과학이라고 하는 화학발명의 경우에는 당해 발명의 내용과 기술 수준에 따라 차이가 있을 수는 있지만, 예측 가능성 내지 실현 가능성이 현저히 부족하여 실험 데이터가 제시된 실험예가 기재되지 않으면 통상의 기술자가 그 발명의 효과를 명확하게 이해하고 용이하게 재현할 수 있다고 보기 어렵다."라고 판시하였습니다.

그러나 일부 발명자들은 종종 청구항에 기재된 발명을 통상의 기술자가 쉽게 실시할 수 있도록 실시예 등을 기재해야 한다는 사실을 대수롭지 않게 생각하는 경우가 있습니다.

예외적으로 특허사무소에서 실시예나 제조예까지 기재해 주는 경우가 있는데, 오직 특허 등록이 목적이라면 모를까 불명확하거나 발명과 관련 없는 엉뚱한 실시예 등이 될 위험성이 있습니다.

당장 아이디어밖에 없다면, 그리고 출원일 확보가 필요하다면 가장 좋은 방법은 아이디어로 먼저 출원하여 출원일을 확보한 다음 실시예 등을 보강하여 국내우선권주장출원을 하는 것입니다.

개발 단계에서 최대한 아이디어를 끌어내고, 또한 아이디어가 사장되지 않도록 해야 하며, 출원 준비 단계에서는 발명에 살을 붙이고 강력(剛力)을 불어넣을 수 있도록 철저하게 내용이나 실험 데이터를 확보하려고 노력해야 합니다.

변리사가 개발 단계에서 아이디어만 가지고 특허 출원하는 것에 대해 매우 긍정적으로 이야기하고, 특허 출원 준비 단계에서는 반대로 부정적으로 이야기해서, 발명자 입장에서는 어느 장단에 춤을 취야 되냐고 되물을 수도 있을 것 같습니다.

특허 출원을 하기 위해서는 기본적으로 아이디어가 필요하고 보다 완벽한 특허 출원을 위해서는 추가 데이터가 필요하다는 정도로 이해해 주시면 좋을 것 같습니다.

079
왜 발명을 여러 건으로 나누어 출원할까?

우리 특허법은 출원인의 이익을 위해 특허청구범위를 다수의 청구항으로 기재할 수 있는 다항제를 채택하고 있고, 또한 선행기술과 다른 기술적 특징을 공유하는 1군의 발명을 1 출원으로 할 수 있으므로, 원칙상 여러 건, 즉 관련 발명들을 한데 묶어 하나의 출원으로 특허 출원하는 것이 비용 측면이나 관리 측면에서 유리할 수 있습니다.

그러나 전략적으로 하나의 출원으로 묶어서 특허 출원을 할 수 있는 1군의 발명을 여러 개의 특허 출원으로 나누어 진행하자고 제안하는 경우가 있는데, 이때 특허사무소의 수입을 늘리기 위해서만은 아닙니다.

1군의 발명을 여러 건으로 특허 출원하는 경우 다음과 같은 실익이 있습니다.

첫째, 여러 건으로 특허 출원을 하면 각각에 대하여 별도의 심사를 받게 되므로 한 건보다는 아무래도 확률적으로 등록 가능성이 높아질 수 있습니다.

특허 심사도 사람이 하는 일이므로 출원에 따라 조사되는 선행기술이나 진보성의 정도 등에 차이가 있을 수 있고, 심사관이 다르거나 변경될 수도 있습니다.

둘째, 특허 출원 건이 많아지면 경쟁업체가 이들 모두를 모니
터링하고 정보제공하는 것이 용이하지 않습니다.

참고로, 특허 출원 시 심사청구와 함께 우선심사신청을 하면
출원 공개 전에 특허심사가 진행되므로 경쟁업체의 정보제공을
피할 수 있습니다. 특히 해당 기술 분야에서 민감한 기술인 경우
매우 유익합니다.

셋째, 여러 건으로 특허를 받으면 그 특허 기술을 사용하거나
사용하고 싶어 하는 경쟁업체는 각각의 특허에 대하여 각각의
심판 및 소송 등을 진행해야 하므로 매우 부담스러울 수밖에 없
고, 결과적으로 해당 기술의 사용이나 시장 진입을 포기하게 만
들 수 있습니다.

넷째, 기술이전이나 특허권 양도, 실시권 계약 등에 있어서 특
허의 개수는 가격을 결정하는 중요한 요소가 될 수 있습니다.

여러 건의 특허는 계약 체결이나 비용 산정 등에 있어서 매우
유리하게 작용합니다.

마지막으로, 특허 심사과정에서 어차피 분할출원을 고려해야
하는 경우가 많고, 또한 외국의 경우 한국에 비해 1군의 발명의
범위를 좁게 보는 경향이 있으므로 심사관에 의해 분할이 요구
될 수 있는데, 따라서 처음부터 건을 나누어 출원한다고 해서 상

대적으로 비용이 크게 증가하거나 관리가 매우 어려워지는 것도 아닙니다.

이외에 발명 중 서로 모순될 수 있는 내용이 있거나 트레이드 오프(trade-off) 관계에 있는 경우, 또는 어느 한 발명은 중요한 뭔가를 구체적으로 밝혀야 하지만 다른 한 발명은 그것을 밝히지 말아야 하는 경우 등에 있어서는 하나의 출원으로 진행하는 것보다는 여러 건으로 출원하여 각각에 대하여 가장 유리한 쪽으로 작성된 명세서로 진행하는 것이 좋습니다.

정리하면, 1군의 발명을 여러 건으로 특허 출원하는 것은 특허 비용이나 관리 측면에서 불이익한 측면이 있으나, 심사나 권리 단계에 있을 여러 가지 위험 요소를 크게 줄일 수 있습니다.

080
우선 심사 신청의 활용

출원발명이 공개되는 경우 경쟁업체에 의하여 모니터링되어 정보 제공할 소지가 있으므로, 반드시 특허를 받아야 하는 중요한 발명인 경우라면 우선 심사 신청을 활용하여 출원 공개 전에 특허받는 것도 생각해 볼 필요가 있습니다. 특허 출원에 대한 정보제공은 심사가 종결되기 전까지 할 수 있습니다.

또한, 우선 심사 신청 후 심사결과 특허를 받기가 어렵다고 판단되는 경우 공개 전이므로, 진행 중인 특허 출원을 취하하고 특허받을 수 있는 내용을 보강하여 새로 출원함으로써 등록 가능성을 크게 높일 수도 있습니다.

국내출원 후 1년 이내에 이에 대한 우선권을 주장하면서 PCT 출원이나 해외출원을 할 수 있는데, 국내출원에 대한 우선 심사 신청을 하여 등록 여부를 확인한 다음 PCT 출원이나 해외출원 여부를 고려한다면 노력과 비용을 크게 절약할 수 있습니다. 해외출원은 국가 당 국내출원 비용의 5~10배 이상 들어갈 수 있습니다. 그리고 국내출원이 등록 결정되면, 이를 근거로 미국, 유럽, 중국, 일본 등에 진행 중인 해외출원에 대하여 특허심사 하이웨이(PPH)를 신청하여 우선 심사나 조기심사를 받아 신속하고 효율적으로 특허를 받을 수가 있습니다.

통상 우선 심사 신청은 기술변화나 발전속도가 빠른 기술 분야에서 발명을 효과적으로 보호받기 위한 경우나 경쟁업체의 침해가 극히 우려되는 상황, 또는 특허등록증을 제품 홍보 등에 활용하고자 하는 경우 특허 출원 후 조기에 특허권을 확보하기 위한 방안으로 많이 활용되고 있습니다.

우선 심사 신청에서 가장 많이 이용되는 것은 공인된 전문기관에 선행기술 조사를 의뢰하는 경우로서 그 조사 결과를 특허청장에게 통지하도록 요청하면 누구든지 우선 심사를 신청할 수 있습니다. 공인된 전문기관에는 한국특허정보원, 주식회사 윕스, ㈜한국아이피보호기술연구소, 아이피솔루션㈜ 등이 있습니다.

081
이런 경우 공동 출원해야 하나요?

회사 간에 또는 회사와 개인 발명자 간에 사업, 연구 등에 있어서 협력하는 관계인 경우 어느 한쪽에서 그 사업이나 연구 등에 관련된 발명을 했을 때 이를 단독 출원으로 해야 하는지 아니면 공동으로 출원해야 하는지 문의를 받는 경우가 많습니다. 보통은 단독 출원을 하고 싶은데, 단독 출원을 했을 때 나중에 문제가 되는 것은 아닌지 궁금해합니다.

또한, 출원 시 실제 발명자를 발명자로 기재하지 않거나, 발명자가 아닌데 발명자로 기재하는 경우에 문제는 없는지도 궁금해합니다.

여러 사람이 공동발명자가 되기 위해서는 과제를 해결하기 위한 착상과 그 구체화의 과정에서 일체적, 연속적인 협력관계 아래서 각각이 중요한 공헌을 해야 합니다(서울고등법원 2013. 7. 18. 선고 2012나64071 판결).

따라서 누군가의 지시를 받아서 착상에 대한 구체적 기여 없이 정례적인 기술을 수행하는 자 또는 단순한 관리자는 발명자라고 할 수 없습니다.

예를 들어 설명하면, 구체적인 아이디어를 제시하지 않고 단순한 통상의 과제를 부여한 자 또는 발명의 과정에서 단순히 일반적인 조언이나 지휘를 한 자, 연구자의 지시에 따라 단순 데이터 정리나 실험한 자, 단순 후원자, 자금을 제공하거나 설비 이용 편의를 제공하는 등의 방법에 의해 발명의 완성을 지원한 자 또는 위탁한 자 등은 공동발명자로 보기 어렵습니다.

즉 협력관계가 있다고 공동발명자가 되는 것은 아니고 발명에 중요한 공헌까지 해야 공동발명자라고 할 수 있습니다.

특허를 받을 수 있는 권리는 발명함과 동시에 아무 조건 없이 원시적으로 발명자에게 귀속됩니다. 이 권리에 근거하여 발명자는 특허를 출원할 수 있고 직무발명인 경우에는 해당 권리를 사용자에게 승계하고 직무발명 보상금을 청구할 수 있습니다. 2명 이상이 공동으로 발명한 경우에는 특허를 받을 수 있는 권리를 공동발명자들이 공유하게 되므로(특허법 제33조 제2항) 특허를 받을 수 있는 권리를 양도하지 않는 이상 공동으로 출원을 해야 합니다.

만약 특허 심사 중에 공동출원 의무를 위반한 것으로 밝혀지면 특허를 받을 수 없고, 특허가 된 후에라도 무효가 될 수 있으므로, 주의해야 합니다.

발명을 공동발명자들이 공동으로 출원하여 특허를 받으면 특허권을 공유하게 되는데, 이 경우 공동 특허권자는 해당 발명을 자유롭게 사용할 수는 있으나, 특허권의 지분을 양도하거나 통상실시권을 설정할 때는 다른 공동 특허권자 전원의 허락을 받아야 합니다. 일본과 영국도 동일하나 미국은 이러한 제한이 없습니다. 다만, 공동 특허권자는 단독으로 공유특허의 분할청구가 가능하여 공유특허의 경매처분 후 대금분할을 할 수 있습니다 (대법원 2014. 8. 20. 선고 2013다41578 판결 참조).

또한, 특허법 제99조에 따라 특허가 공동소유가 되는 경우 별도의 약정이 있으면 그 약정의 내용이 법규보다 우선합니다. 따라서 사업 또는 연구개발을 시작하기 전에 그 결과로 발생할 특허권의 귀속 형태 및 활용에 대한 협약서를 미리 작성해 두면 차후에 발생할 수 있는 분쟁을 미연에 방지할 수 있습니다.

공유특허의 분할청구 시 해당 특허를 기반으로 사업을 준비 중이거나 사업을 하고 있는 다른 공유 특허권자는 큰 손실을 볼 수 있습니다. 발명을 직접 실시할 수 없는 공유 특허권자한테는 유리합니다. 이에 대한 손실을 최소화할 수 있는 방안으로, 앞서 설명한 사업이나 연구개발 전 출원 비용, 특허권의 지분, 처분 및 활용 등에 대한 협약서 작성 외에, 산업기술혁신사업 공통운영 요령 제37조의 2에서 인정하는 우선매수권과 민사집행법 제140조의 공유자에게 주어지는 우선매수권을 행사할 수 있으며, 또한 민법 제268조 제1항에 의거하여 5년 기간 내 분할금지약정 등을 이용할 수 있습니다.

참고로, 이전에는 무권리자(정당 권리자를 배제시키고 등록받은 특허권자도 이에 해당합니다)가 특허 출원을 하여 특허를 받은 경우 정당한 권리자는 무권리자의 특허를 무효로 한다는 심결을 받은 후 별도의 특허 출원을 하여 특허권을 취득할 수 있었으나, 2017년에 특허법이 개정되어 2017년 3월 1일 이후 설정 등록된 무권리자의 특허권부터는 정당한 권리자가 무권리자의 특허권 이전을 법원에 청구하고 법원의 판결을 받아 무권리자의 명의로 설정 등록된 특허권을 이전등록하는 방법으로도 특허권을 취득할 수 있게 되었습니다.

082
특허 가능성 VS 특허 출원

발명이 종래기술 대비 특허 가능성이 있을 때 특허 출원을 하고, 만약 특허 가능성이 낮다면 반드시 출원을 포기해야만 할까요?

그리고, 발명의 범위와 종래기술이 일부 중첩되는 경우에 반드시 발명의 범위를 종래기술과 중첩되지 않는 범위로 축소해야만 할까요?

답하기 고민스러운 것은, 늘 원리원칙대로 심사되어 등록되는 것은 아니며, 또한 무효 사유가 있든 없든 일단 특허로 등록이 되면 심판, 소송, 협의 등이 생각만큼 쉬운 일이 아니라는 것입니다. 의도하든 의도하지 않든 무효가 되어야 할 발명이 특허로 등록되어 다른 이의 시장 진입을 어렵게 만들거나 포기하게 만드는 경우가 많이 있습니다.

무효 사유 있는 특허라도 쉽게 그 효력을 무시할 수는 없습니다.

그래서 모든 특허권 행사를 목적으로 하는 강력한 특허만을 원한다면 모르겠지만, 그렇지 않은 경우에 종래기술과 유사하다고 해서 특허 출원을 쉽게 포기하거나, 특허청구범위를 너무 좁게 작성하는 것은 못내 부족한 것처럼 느껴지고 아쉬울 때가 있습니다.

어떤 기술에 대하여 선행 특허조사를 해보면, 간혹 재미있는 것을 발견하게 됩니다. 똑같거나 일부 중첩되는 청구범위의 특허들이 시간 차이를 두고 여러 개 등록된 것입니다. 처음 발견했을 때는 "이런 경우도 있구나!" 하고 무척 신기해했던 기억이 납니다. 해당 기술에 대한 사업화 이전에 특허 침해 여부를 알아보기 위한 것이었는데, 결국에는 그 특허들로 인해 의뢰인은 사업화를 포기하게 되었습니다. 이런 것을 보면 출원 전이나 출원 시점에서 그 발명이 어떻게 될지 예상하는 것이 얼마나 어려운 일인지를 새삼 느끼게 됩니다.

그리고 출원인 입장에서 발명, 출원, 공개, 등록 및 유지 등은 순차적으로 연결되어 있고, 권리의 확보라는 공통된 목표를 가지고 있습니다. 그러나 이들은 독자적인 이익을 가질 수 있으므로, 발명에 대한 권리의 확보에만 고정되지 말고 각각에 대한 유용성을 잘 살펴볼 필요가 있습니다.

발명했다고 해서 반드시 특허 출원을 해야 하는 것은 아닙니다. 노하우로 가져갈 수도 있습니다. 단지 출원일 확보나 우선권을 발생시키기 위해 특허 출원할 수도 있고, 또한 유예기간이 도과되지 않도록 특허 출원을 할 수도 있습니다. 그리고 특허 출원은 선원의 지위를 가져 이후 동일한 발명이 등록되는 것을 저지할 수도 있습니다.

또한, 특허 출원의 공개만으로 다른 사람이 공개된 발명과 동일하거나 자명한 발명으로 특허를 받지 못하게 하고, 이와 같은 범위 내에서 발명을 자유롭게 실시할 수 있게 합니다.

083
특허청 발표 특허 출원 시 유의해야 할 10가지

특허청은 보도자료 2006. 06. 28(수) 조간을 통해 특허 출원 경험과 특허제도에 대한 이해가 부족한 개인 발명가나 중소기업이 자주 실수하는 사례를 분석하여 특허 출원 시 유의해야 할 사항을 10가지로 정리하여 발표하였습니다.

자금이나 법적 인프라가 부족한 우리 중소기업이나 개인출원인이 복잡한 지재권 제도를 제대로 이해하고 이를 바탕으로 전략적으로 지재권을 확보하여 분쟁의 소지를 미연에 방지하고 특허를 효과적으로 활용하는 데 큰 도움이 될 것으로 여겨져 소개해 드립니다. 간략히 정리하였고 몇 가지 내용을 추가하였습니다. 다 아는 내용일 수 있지만, 우선순위가 중요하고 무엇보다 한 번쯤 점검해 보는 것이 중요합니다.

❶ 제품 출시/논문 발표보다 특허 출원이 우선
❷ 의료행위 발명은 특허 대상이 아니다
❸ 특허 출원 전에 선행기술 검색은 필수
❹ 공동발명, 출원 전에 권리관계를 명확히
❺ 출원명세서를 충실하게 기재하라
❻ 우선 심사제도를 적극적으로 활용하라

❼ 외국에서 특허를 향유하려면 외국에도 출원하라

❽ 해외출원에도 기한이 있다

❾ 정부 지원정책을 적극 활용하라

❿ 특허 출원 시 상표출원도 함께 고려

이하에 상세히 살펴보도록 하겠습니다.

❶ 제품 출시/논문 발표보다 특허 출원이 우선

새로 개발한 기술을 특허 출원 전에 제품 출시 또는 논문 발표 등을 통하여 공개하게 되면 추후에는 특허를 받을 수 없으므로, 공개 이전에 특허 출원을 먼저 하는 것이 무엇보다 중요합니다.

예외적으로 '공지예외적용' 대상인 경우가 있는데, 모든 요건을 갖추고 있어도 발표된 논문을 특허 출원하기 전에 제삼자가 다른 수단으로 공개하면 특허를 받을 수 없으므로, 논문을 발표하기 전에 특허 출원하는 것이 우선임을 명심해야 합니다.

'공지예외적용' 대상이란 특허 출원 전에 논문 발표 등과 같은 특허 출원인이 행한 모든 공지행위를 특허 거절 이유에서 제외하는 것으로 논문 발표 등 공개 시점으로부터 12개월 이전에 특허 출원해야 하고, 출원 시나 출원 이후 보정 기간 또는 특허결정 등본을 송달받은 날로부터 3개월 이내에 '공지예외적용' 대상임을 기재하고 입증해야 합니다.

참고로, 특허 출원하려고 하는 기술이 공지된 기술과 동일하지 않고 개량된 기술인 경우에도 공지예외적용을 받을 수 있습니다. 그리고 한국과 미국을 제외한 대부분 나라는 공지되고 6개월 이내에 특허 출원해야 하므로 해외 출원을 계획하고 있는 경우 주의를 요합니다.

❷ 의료행위 발명은 특허 대상이 아니다

인간에 대한 수술방법, 치료방법, 진단방법 등의 의료행위 발명은 인간의 존엄이라는 절대적 가치로 인해 산업상 이용 가능성이 없는 것이어서 특허의 대상이 아니나, 의료기기 발명은 특허의 대상이 되므로 의료기기에 대한 발명으로 특허를 획득함으로써 발명자의 권리를 보호받을 수 있습니다.

❸ 특허 출원 전에 선행기술 검색은 필수

S사는 몇 주간에 걸친 연구 및 시험을 통하여 은 나노 입자를 이용한 부항컵을 개발하여 2004. 9. 7. 특허 출원하였습니다. 그러나 이와 동일한 발명이 이미 종래기술로 수없이 존재하여 특허받을 수 없었고, 결국 몇 주간에 걸친 연구는 수포로 돌아가게 되었습니다.

상기와 같은 사례에서 보듯 이미 존재하는 기술에 대하여 중복하여 연구개발할 수 있으므로 연구개발 단계 초기부터 선행기술 검색은 필수입니다. 특허 문헌에 대한 선행기술 검색을 하면 기술개발 동향을 알 수 있고 새로운 기술에 대한 아이디어도 얻을 수 있습니다. 참고로 KIPRIS(www.kipris.or.kr)를 이용하면 특허 기술정보를 무료로 검색할 수 있습니다.

❹ 공동발명, 출원 전에 권리관계를 명확히

H사 직원 황 모 씨와 T사 직원 조 모 씨가 반찬냉장고를 공동 개발하여 예약 승계 계약으로 특허받을 수 있는 권리가 각 소속 회사에게 승계되었고, 제품에 대한 판매는 H사가, 생산 및 특허권 관리는 T사가 맡기로 하고, 특허 출원인 명의를 묵인 내지 승인으로 T사 단독으로 출원하였습니다.

이후 T사가 H사에게 제품을 전량 납품하겠다는 약속을 위반하여 약속 위반에 대한 대가로 특허권을 H사에게 이전등록하여 주었으나, 특허받을 수 있는 권리가 승계됨 없이 단지 명의만 신탁된 것으로 인정되어, 즉 공동으로 출원하지 않은 이유로 특허가 무효 되었습니다(특허법원 2004. 11. 12. 선고 2003허6807 판결).

공동발명인 경우 특허 출원 전에 특허받을 수 있는 권리의 양도 계약을 반드시 작성해 두거나 공동명의로 출원해야 추후 분쟁을 방지하고 등록된 특허가 무효되는 것을 예방할 수 있습니다.

❺ 출원명세서를 충실하게 기재하라

임 모 씨는 '된장식빵의 제조방법'을 2000. 7. 24. 특허 출원하였으나, 명세서에 기재된 된장식빵의 구성요소의 '조성비'가 명확하지 않아서 당업자가 용이하게 반복 재현할 수 없는 것으로 판단되어 특허가 거절되었습니다(특허법원 2005. 3. 18. 선고 2004허5962 판결).

특허제도는 새로운 기술을 개발하여 그것을 공개한 자에게 국가가 독점권을 부여함으로써 발명을 보호하는 것이므로, 특허를 받기 위해서는 공개된 기술 내용이 제삼자가 발명을 용이하게 반복 재현할 수 있도록 정확하게 기재하여야 합니다. 특허 출원 후 당업자가 용이하게 실시할 수 있도록 명세서를 보정하는 것은 허용되지 않습니다.

우수한 기술이라도 특허 명세서를 잘못 기재하여 특허를 못 받게 되는 경우가 많이 발생하므로 명세서를 충실히 작성해야 합니다.

❻ 우선심사제도를 적극 활용하라

특허 출원의 심사순위는 심사청구 순위에 의하는 것이 원칙이나, 공익 및 발명의 적절한 보호가 필요한 경우 예외적으로 우선적으로 심사받을 수 있습니다. 장모 씨는 입체문양 선지에 관한 발명을 2005. 3. 4. 특허 출원 하였고, 2005. 3. 22. 특허 출원된 발명을 자기가 실시 중에 있는 것으로 우선심사 신청을 하여 특허청은 우선 심사 결정을 하였고, 그 후 3개월이 채 되지 않은 2005. 6. 8. 특허등록 되었습니다(특허등록번호 495904호).

특허 출원인이 특허 출원된 발명을 생산·판매 등 실시 중인 경우 등 여러 가지 이유로 특허권의 조기 확보가 필요한 경우에는 우선 심사 제도를 적극적으로 활용할 필요가 있습니다.

❼ 외국에서 특허를 향유하려면 외국에도 출원하라

국내 중소기업 S사는 일본 시장을 염두에 두고 설비투자를 하면서도 일본 내에서의 지재권 확보에 소홀하였고, S사의 동의를 얻어 일본에서 의장권을 획득한 J사와 일본 수출과 관련한 지재권 문제를 명확하게 처리하지 않음으로써 주된 시장으로 고려하였던 일본으로의 수출길이 막혀 도산 위기를 맞았습니다.

특허권의 효력은 속지주의에 따라 국가마다 독립적으로 존재하므로, 한국에서 획득한 특허는 한국에서만 효력이 있습니다. 수출을 염두에 두고 설비투자를 하는 경우에는 수출하고자 하는 각 나라에서 독립적으로 특허권을 획득해야 함에 유의해야 합니다.

❽ 해외출원에도 기한이 있다

미국의 에드워드 멘델사는 '서방성 제형(알부테롤)'에 관한 특허를 1995. 11. 3. 미국에 출원한 후, 이를 기초로 우선권 주장을 하면서 2000. 1. 7. 한국에 출원하였으나, 미국 출원일로부터 1년이 경과되어 우선권주장기간을 넘겼을 뿐만 아니라, 미국에서 동 출원이 공개된 시점마저도 넘기고 뒤늦게 출원되어서 특허가 거절되었습니다.

국내에 출원을 하고 1년 이내에 해외 출원을 하여야만 국내 출원일을 인정받을 수 있고, 국내출원일로부터 18개월이 지나가면 국내출원이 공개되어 해외에 출원하더라도 특허를 받을 수 없는 등 해외출원에도 시기적 제한이 있으므로, 적기에 해외 출원할 수 있도록 유의할 필요가 있습니다.

다수의 외국에 특허 출원하는 경우 하나의 출원으로 가입된 모든 국가에 동시에 출원하는 효과가 있는 PCT(특허협력조약) 국제출원을 이용하는 것이 좋습니다.

❾ 정부 지원정책을 적극적으로 활용하라

특허제도에 대해서 잘 모른다고, 돈이 없다고 특허를 포기하지 말고 좋은 아이디어가 있으면 정부 지원정책을 적극적으로 활용할 필요가 있습니다.

출원료 등 수수료 면제 또는 감면 제도
- 특허청에서는 중소기업, 학생 등의 출원료, 심사청구료, 최초 3년분의 등록료 등을 감면하거나 면제하고 있음

해외출원비용 지원 제도
- 특허청에서는 개인 또는 소기업이 외국에 출원하는 특허 출원 비용을 지원해 줌으로써 우수 발명의 해외출원 및 권리확보를 장려하고 있음

무료 특허교육 및 상담
- 지역별로 설치된 27개 '지역지식재산센터(특허청 홈페이지 소속유관기관 참조: www.kipo.go.kr)'에서 운영 중인 무료 특허 교육 및 상담을 손쉽게 받을 수 있음
- 대한변리사회(www.kpaa.or.kr)에서는 무료 특허법률 상담 및 무료 변리사업(출원대리)을 시행하고 있으며, 권리확보에서 특허분쟁 대응에 이르는 전 과정에 대한 무료 상담을 공익변리사 특허상담센터(서울 한국지식재산센터 17층)에서 받을 수 있음

⑩ 특허 출원 시 상표출원도 함께 고려

성숙기에 들어선 소비 용품 시장에서는 제품의 기능뿐만 아니라 타사 제품과 차별화된 느낌을 주는 브랜드가 제품의 경쟁력

230　박 변리사의 특허 노트

이므로 특허 출원과 동시에 상표출원도 함께 고려해야 합니다.

1994년 해태는 오디오 전문기업체인 인켈을 2백억 원이라는 가격으로 인수하였는데 매입 시점에서 인켈의 주식 가격은 147억 원이었으나, '인켈'이라는 브랜드 자산이 높이 평가되어 30%의 프리미엄을 추가 지불하였습니다. 또한, 말보로 담배로 유명한 필립모리스사가 식품회사인 크래프트를 매입할 때 정부 가격의 6배가 넘는 129억 달러를 지불하였습니다. 필립모리스사는 크래프트의 고정자산을 13억 달러로 산정하였지만 'Kraft'라는 브랜드의 무형자산에 대해 116억 달러를 추가 지불하였던 것입니다.

상표 제도는 자기 업무에 관련된 상품을 타사 상품과 식별되도록 하기 위하여 사용하는 기호, 문자, 도형, 입체적 형상 또는 이들의 결합과 이들 각각에 대한 색채를 결합한 것으로 특허와 마찬가지로 등록상표에 대하여 독점적 권리가 발생합니다.

상표출원 시 유의사항

경쟁사 상표와 뚜렷이 구별되도록 독창적 상표 개발
- 국내·외 유명 상표 내지 경쟁사와 유사한 상표는 사업 초기부터 걸림돌이 될 수 있으며, 등록되더라도 등록 무효될 수 있음

지정상품은 실제 생산, 판매 등 실시하거나 앞으로 실시할 예정인 품목에 한정
- 전혀 실시하지도 않은, 그리고 실시할 예정도 없는 품목까지 출원하는 비용은 물론 타인의 권리와 충돌될 우려가 높고 등록되더라도 3년간 사용하지 않으면 등록 취소될 수 있음

제3화

심사 단계 이야기

여기에서는 심사관의 의견제출통지나 거절결정에 대응할 때 필요한 내용 또는 변리사, 사내 특허 전담부서 및 발명자 등이 어떻게 협업하면 좋을지에 대한 내용 등을 다루어 보도록 하겠습니다.

84~91

차이점

084
발명의 구성과 효과에 대한 오해

발명자들은 종종 이렇게 말합니다. "우리 발명과 인용발명이 구성은 비슷하지만, 효과가 다른데, 왜 자꾸 심사관은 우리 발명을 인용발명과 동일하다고 하는 걸까요?"

그러나 심사관들은 이렇게 대답합니다. "효과는 구성에 의해 당연히 따라오는 것이므로, 구성이 비슷하면 효과도 비슷할 수밖에 없습니다. 구성이 비슷한데 효과가 다르다는 것은 실제 효과가 다른 것이 아니라, 통상의 기술자가 바라보는 시각 또는 관점이 다른 것에 불과합니다."

구성 간 유기적인 결합 관계, 즉 과제의 해결원리 등과 같은 사정이 없다면 인풋이 같으면 아웃풋도 같다는 심사관의 주장이 더 논리적입니다.

발명자들은 발명이 업계나 시장 등에서 환영받아야 하니까 효과를 중요시 여기게 됩니다. 제품이 효과가 좋아야 환영받겠지요? 그러나 심사관들은 실체적인 구성을 주요 관점으로 하고 더 좋은 효과가 있는지를 참작하게 됩니다.

따라서 특허받기 위해서는 구성을 중심에 두고 효과를 감안해야 합니다. 효과가 다르다고 또는 우수하다고 말하기 위해서는 구성에 어떠한 차이가 있어서 그렇다는 것을 얘기해야 하고, 또한 그러한 구성을 청구항에 포함시켜야 합니다. 그래야 주장하는 효과도 참작될 수 있습니다.

인식하든 인식하지 못하든 아주 미세한 차이라도 있을 것이고, 그러한 미세한 차이가 주장하는 효과 차이를 불러온 것일 수 있습니다. 다만, 주의해야 할 것은 그러한 미세한 차이가 명세서에 기재되어 있어야 합니다.

만약, 구성은 동일한데 정말 통상의 기술자가 알 수 없었던 효과라면 그 효과를 이용한 용도발명으로 청구하면 됩니다. 아니면 과제의 해결원리가 다른 것을 의심해 볼 수도 있습니다. A-B-C-D와 A-C-B-D는 분해된 구성은 같지만, 결합 관계가 다르므로 두 발명은 동일하지 않고, 그 결합 관계가 통상의 기술자에게 용이하게 도출되지 않거나, 그 결합 관계로부터 상승된 효과가 발현된다면 진보성도 인정될 수 있습니다.

085
발명의 목적과 효과 주장

출원발명의 진보성은 일반적으로 출원발명이 종래기술 대비 목적의 특이성, 구성의 곤란성 또는 효과의 현저성이 있는지 여부로 판단되나, 실무적으로는 구성의 곤란성을 우선으로 판단하고, 구성의 곤란성이 없는 경우 목적의 특이성이나 효과의 현저성을 살피게 됩니다.

목적의 특이성은 종래기술이 가진 문제점에 대하여 통상적으로는 인식할 수 없는 전혀 새로운 기술적 과제를 제시하거나, 새로운 기술 분야를 개척하는 경우 등일 때 인정될 수 있습니다.

출원발명에 대한 심사관의 거절 이유에 대응하여 간혹 의견서에 구성에 대한 별 얘기 없이 목적이나 효과만을 가지고 이러한 차이가 있으니 진보성이 인정되어야 한다는 주장만으로도 특허 결정이 되는 경우가 있습니다. 목적이 특이하지도 효과가 현저하지도 않은 것 같은데 말입니다. 그렇다고 과제의 해결원리가 크게 달라 보이지도 않습니다. 다만 운 좋게도 심사관이 의견서를 읽다가 출원인이나 대리인이 인식하지 못한 중요한 차이점을 발견했을 수도 있습니다.

출원인과 대리인이 구성 차이는 별로 얘기하지 않고 효과 등에 차이가 있다고 의견 개진하면, 이를 받아 본 심사관들은 모두 "구성으로 얘기해야지요."라든가 또는 "그런 효과를 발현시킬 수 있는 구성으로 청구항을 보정해야지요."라고 할 것 같은데, 항상 그렇지만은 않습니다.

이런 일반적이지 않은 결과도 학습이 되어 구성의 곤란성에 대해서 딱히 쓸 말이 없을 때, "그럼 어쩔 수 없으니까 한 번 해봅시다."라고 할 때가 있습니다.

간혹 덜컥 특허 결정이 되어, "박 변리사님, 이렇게 대응했는데도 등록됐어요!"라는 말을 들으면, 리뷰자 입장에서 조금, 아주 조금 무안하면서도 흥미롭기도 합니다. 리뷰하는 입장이라고 잘난 척을 할 수가 없습니다.

그래서 저는 목적이나 효과 위주의 주장이 씻을 수 없는 치명적인 결과를 가져오는 것이 아니라면 크게 문제 삼지 않거나 유연하게 바라보는 편입니다. 우리가 모르는 부분이 항상 있게 마련입니다.

별론으로, 발명의 상세한 설명에 기재된 바람직한 범위가 실시예를 포함하지 않는 경우 어떻게 해석할 수 있을까요? 반드시 한 가지로만 해석되지는 않습니다.

첫 번째 추측은 바람직한 범위를 잘못 기재한 것입니다. 처음부터 실시예를 잘못 보았거나 나중에 실시예가 변경되었는데 변리사가 이를 미쳐 바람직한 범위에 반영하지 못했을 수 있습니다.

그런데 이와 같은 두 번째 추측도 가능합니다.

실험할 시간이 부족했거나 원료 물질이나 실험장비의 입수가 어려워 바람직한 범위로 확실히 예상되는 범위에서 실험할 수 없어서 그 근방의 범위에서 실험한 예를 실시예로 기재하고, 바람직한 범위는 실시예는 없지만, 확실히 예상되는 범위로 기재한 것입니다.

간혹 두 번째 추측이 맞을 때가 있습니다. 이러한 예외적인 상황은 경험하지 않으면 좀처럼 알기 어렵습니다. 항상 뭔가를 판단할 때에는 마음이나 생각의 한구석에 '예외 자리'를 마련해 두는 것이 좋습니다.

086
발명의 실시예 등이 인용발명과 다르다는 주장

신규성, 진보성 등과 같은 특허요건은 청구항에 기재된 발명과 종래기술을 비교하여 판단하는 것입니다.

그런데 발명에 진보성 등이 없다는 거절 이유에 대응할 때 발명의 실시예나 발명의 상세한 설명에만 기재된 내용을 가지고 발명이 종래기술인 인용발명과 다르다고 주장하는 잘못을 범할 때가 있습니다.

만약 그렇게 주장하고 싶다면, 그 다르다고 주장하는 구성으로 청구항을 보정하고 나서 그렇게 보정된 청구항을 기초로 발명이 인용발명과 다르다는 것을 주장해야 합니다.

다만, 잘못인지 알면서도 그러한 주장을 하기도 하고, 과제의 해결원리나 효과의 차이 등으로 받아들여졌다고 하는 등의 여러 가지 해석이 있을 수 있겠지만, 가끔은 그러한 주장이 받아들여져 특허 결정이 되기도 합니다. 심사도 사람이 하는 일이라 모든 것이 완벽할 수는 없는 것 같다는 생각이 듭니다.

087
수치상 미미한 차이 VS 현저한 효과

발명이 구성의 곤란성을 가지고 있지 않더라도 현저한 효과가 인정되면 특허를 받을 수 있습니다. 여기에서 현저한 효과는 통상의 기술자가 종래기술로부터 예측하기 어려운 정도를 의미하는데, 보통 실험 데이터 상에서 종래기술과 확연한 차이로 나타나게 됩니다.

그러나 실험 데이터상에서 수치적으로는 작은 차이에 불과할지라도 경우에 따라서는 발명이 속한 기술 분야에서 현저한 차이로 인정되는 경우가 있을 수 있습니다. 예로, 반도체 산업에서 규소의 순도 차이를 생각해 보면 좋을 것 같습니다. 규소의 순도 99.9%와 99.99%의 차이는 수치상으로는 아주 작은 차이 같지만, 반도체 분야에서는 현저한 차이에 해당할 수 있습니다.

따라서, 물성 차이 등이 수치적으로 크지 않을지라도 현저한 효과가 없는 것으로 단정하지 말고, 발명자에게 반드시 확인해야 합니다. 저도 큰코다칠 뻔한 적이 있었습니다.

또한, 다른 방안이 없다면, 오히려 반대로 물성 차이 등이 수치적으로 크지 않더라도 일단 현저한 효과가 있는 것으로 여겨야 합니다. 그런다고 해서 출원인에게 불리할 것이 없습니다.

088
자기 자신 기준 VS 심사관 기준

가끔 발명자로부터 "이 내용은 발명과 크게 상관없으니까 특허 출원 명세서에서 빼겠습니다." 또는 "이 내용은 발명에서 그렇게 중요한 내용은 아니니까 특허 출원 명세서에 넣지 않겠습니다."라는 말을 들을 때가 있습니다.

그러나 최종적으로 특허 여부를 결정하는 것은 변리사나 발명자가 아니라 심사관임을 명심해야 합니다. 칼자루는 심사관이 쥐고 있습니다. 심사에 전혀 영향을 미치지 않는 것이라면 빼도 상관없겠지만 심사에 좋은 영향을 미칠 가능성이 조금이라도 있는 내용들은 아니, 그런 가능성이 없다손 치더라도 불이익하지 않다면, 그리고 노하우로 가져갈 생각이 아니라면 빼지 않는 것이 좋습니다.

또한, 거절 이유에 대한 의견에 있어서도 다른 사람의 입장, 특히 심사관 입장에서 생각해 볼 필요가 있습니다. 다른 사람이나 심사관한테 내 의견이 어떻게 읽힐지, 어떻게 이해될지는 아랑곳하지 않고 자기의 말이나 논리만 앞세운다면 좋은 결과를 기대할 수 없습니다.

그런데, 심사관의 입장까지 고려해서 판단하기 위해서는 특허 법적 마인드도 갖추고 있어야 하고, 특허요건 및 심사실무 등에

능통해야 하며, 심사관의 업무 또한 이해해야 하기 때문에 결코 쉬운 일은 아닙니다. 그래서 발명자와 심사관 사이에 다리 역할을 하는 변리사의 의견을 존중할 필요가 있습니다.

심사관의 기준에서 말하는 것들이 이해가 잘 안될 수도 있습니다. 오히려 내 발명을 제대로 이해하지 못하고 있거나 내 의견을 잘 이해하지 못하는 것은 아닌지 의심이 들 수도 있습니다.

아무리 심사관의 기준을 얘기해도 끝까지 자신의 기준을 내려놓지 않으면, 더는 무식한 사람으로 보이지 않기 위해 대리하는 변리사도 적당히 넘어갈 수밖에 없습니다.

089
점 특허에 대한 소고

점 특허?

특허업무를 하면서 쓰는 용어라 특허법을 공부하는 사람들한 테는 조금 생소하게 들릴 수도 있을 것 같습니다.

점 특허는 그 특허의 권리 범위가 해당 기술영역에서 점을 찍은 것과 같이 극히 좁은 권리 범위를 갖는 특허를 의미하고, 극단적인 예로, 수치 한정 발명에 있어서 수치 범위가 아닌 실시예에서 사용된 특정 수치로 한정된 특허 등이 있을 것 같습니다. 눈먼 장님이 아닌 다음에야 이런 특허에는 거의 침해에 해당될 일이 없습니다.

점과 같은 범위로 특허를 받으면, 즉 점 특허는 실제 나중에 경쟁사에 의한 특허 침해가 문제 되었을 때 있으나 마나 한 무용지물이 될 수 있습니다. 때때로 회사에서 윗사람으로부터 그 기술에 대한 특허가 있는데 왜 경쟁사에 특허로 침해 제재 등을 하지 못하냐고 추궁당하는 사태가 발생하기도 합니다. 분명히 사전에 확인 결제받았는데도 말이죠. 어떤 경우에는 회사에서 점 특허라서 아무런 제재도 할 수 없다고 보고하는 것보다는 오히려 특허를 못 받는 편이 낫다고까지 말합니다.

이렇게만 보면 점 특허를 받는 것은 돈과 정력만 낭비하는 꼴로 보입니다.

그러나 모든 점 특허가 불필요한 것이라고 오해해서는 안 됩니다. 권리를 적극적으로 주장하는 측면에 있어서 점 특허는 특허 기술을 실시하고자 하는 자에 의한 회피설계가 용이하기 때문에 너무나 제한적인 것이 사실이나, 특허발명을 실시하는 측면 즉, 방어적인 측면이나 기타 특허의 활용 측면에서는 여전히 매우 유용하게 사용될 수 있습니다. 그리고, 그 점이 중요한 지점(critical point)이 되어 그 점을 포함하지 않으면 만족스러운 효과가 나타나지 않아 실질적으로는 회피가 어려운 특허가 될 수도 있습니다. 또한, 경우에 따라서는 점이라 할지라도 오차 범위나 균등 범위까지 확대되어 인정받을 수도 있습니다. 덧붙여, 특허 출원 상담을 해보면 오로지 특허받는 것만이 목적인 경우가 생각보다 적지 않습니다.

특허를 받기 위해 부득이 점 특허가 된 경우라면, 아쉽기는 하겠지만 윗사람으로부터 전혀 추궁당할 일이 아니고, 보고하기가 민망스러운 일도 아닙니다. 다만, 특허받기 전에 충분히 이해시키는 수고는 해야 합니다. 노파심에 말을 더 붙이면, 기술의 공개도 특허 전략상 필요할 때가 있습니다. 그 기술의 공개로 경쟁자도 유사한 기술로 특허받기가 어려워집니다.

090
현저한 효과와 이질적인 효과의 구별

　발명이 구성상 인용발명으로부터 용이하게 발명할 수 있는 정도의 것이라 하더라도 발명이 인용발명에 비해 효과의 현저성, 즉 현저한 효과나 이질적인 효과를 갖는다면 특허받을 수 있습니다.

　발명이 두 개 이상의 발명을 결합하여 만든 조합 발명인 경우, 발명의 구성이 인용발명들의 결합으로부터 용이하게 도출되지만, 효과가 다르다 즉, 이질적이라는 주장을 하게 되는데, 그 이질적인 효과가 인용발명들에 구체적으로 개시되지 않았어도 발명이 속한 기술 분야에서 기대할 수 있는 효과라면 인용발명들과 비교하여 이질적인 효과로 인정받기는 어렵습니다.

　다만 그 조합에 의하여 시너지 효과, 즉 상승효과가 나타난다면 양적인 현저한 효과가 인정되어 특허받을 수 있습니다

　참고로, 조합 발명은 종래기술에서 둘 이상의 기술이나 발명을 결합한 발명으로, 수치 한정 발명과는 달리 효과의 현저성이 반드시 실시예로 뒷받침되어야 하는 것은 아닙니다.

091
효과 차이 VS 시각 차이

본원발명과 비교 대상발명의 효과 차이가 동일한 발명을 단지 다른 측면에서 바라본 시각 차이에 불과할 수도 있습니다.

인도 우화에 나오는, 어떤 이는 코끼리 다리를 만져보고 코끼리는 통나무 같다고 하고, 어떤 이는 코끼리 상아를 만져보고 코끼리가 무와 같다고 말한 이야기를 생각해 보면 이해하기가 쉬울 것 같습니다.

통나무같이 생긴 동물이나 무같이 생긴 동물이 각각 다른 동물이 아니라 코끼리인 것처럼, 다르게 보이는 발명의 효과도 그럴 수 있습니다.

예를 들어, 난연성과 충격강도가 좋은 플라스틱이 있는데, 어느 한쪽 측면에서 보면 난연성이 우수해 보이고, 다른 측면에서 보면 충격강도가 우수해 보이는 것과 같습니다. 즉 화재 대비해서는 난연성을 볼 수밖에 없고, 충격에 의한 파손 대비해서는 충격강도를 볼 수밖에 없는 이치와 같습니다.

본원발명은 난연성만 언급하고 있고 비교 대상발명은 충격강도만을 언급하고 있다고 해서 양 발명이 서로 다르다거나 효과가 이질적이라고 단정하기는 어렵습니다.

92~103

판단

092
경계값에 대한 비교 데이터

이건 출원명세서 상 비교예에서 구성 A를 각각 1 중량부, 10 중량부 사용하고, 실시예에서 각각 5 중량부, 7 중량부 사용한 내용이 개시되어 있습니다.

심사관의 진보성 거절 이유에 대응하여 구성 A를 2 내지 9 중량부 범위로 수치 한정하면서 상기 비교예 및 실시예를 근거로 각별한 효과를 주장하였습니다.

그러나 심사관은 다시 거절 이유를 내면서 구성 A의 수치 범위 2 내지 9 중량부에 있어서 경계값인 2 중량부와 9 중량부는 오히려 각각 비교예의 1 중량부와 10 중량부에 가까우므로 통상의 기술자는 본 발명이 목적하는 효과가 나타나지 않으리라는 합리적인 예측을 할 수 있다고 거절 이유를 내었습니다. 즉 수치 범위 상 2 중량부는 실시예의 5 중량부보다 비교예의 1 중량부에 가까우므로 실시예의 효과보다는 비교예의 효과를 가질 것이라는 합리적인 예측이 가능하다는 말입니다. 심사관의 논리가 돋보이는 순간이었습니다.

보통 실시예는 많으면 많을수록 좋습니다. 다만, 상기와 같은 경우 구성 A를 2 중량부, 9 중량부 사용한 추가 실험 데이터를 제시하는 것이 바람직합니다.

093
다른 특허의 등록예가 심사에 기준이 될까?

다른 특허의 등록된 예는 심사의 기준이 될 수 없고, 경험상 읍소하는 것 외에는 심사관에게 참고 자료도 안 되는 것 같습니다. 심사관은 무효 사유가 있는 특허에 대하여 이해관계인과 같이 무효심판을 제기해서 해당 특허를 무효시킬 수 있습니다. 따라서 다른 특허의 등록된 예를 강하게 주장하는 것은 심사관에게 공익을 위해 그 특허에 대해 무효심판을 청구해서 무효시키라고 하는 소리로 들릴 수도 있을 것 같습니다.

그런데, 발명자들은 그러한 특허 등록 예를 가지고 특허사무소에서 요청하는 자료나 내용을 과한 것으로 보고, 필요 없다고 잘라버리는 경우가 가끔 있습니다. 본인이 알고 있는 특허는 이렇게만 대응했는데도 특허 등록되었는데 그렇게까지 필요하냐는 것입니다. 그러나, 그러한 예나 발명자들의 경험에 근거하여 특허심사를 하는 것이 아니기 때문에 변리사의 요청을 끝내 거절하면 너무 안타깝습니다.

여기에서 한 가지 더 생각해 볼 것은 심사 경향은 시대에 따라 조금씩 변한다는 것입니다. 예전 얘기를 할 수가 없습니다. 근래에는 심사관에 따라 다소 차이는 있겠지만 진보성을 더 엄격하게 판단하는 것처럼 보이고, 특허 청구항에 기재된 발명이 발명의 상세한 설명에 의하여 뒷받침되는지, 통상의 기술자가 용이하게 실시할 수 있을 정도로 기재되어 있는지, 또한 보정이 적법한지 등에 대한 심사가 매우 까다로워졌습니다.

094
종래기술을 결합하는 근거와 사후적 고찰

일본의 경우, 예전에는 둘 이상의 종래기술이 기술 분야가 동일한 경우뿐만 아니라 관련 있는 경우까지도 용이하게 결합 가능하다고 하였으나, 현재는 둘 이상의 종래기술을 결합하기 위해서는 그 결합에 대한 것이 해당 종래기술에 시사되어 있어야 한다고 합니다. 즉, 기술 분야에 관련성이 있다는 것만으로 결합이 용이하다고 판단할 수는 없다는 것입니다.

상기와 같은 시사의 요구는 심사관 등의 사후적 고찰(expost facto)을 배제할 수 있는 장치가 될 수 있습니다.

미국의 경우 KSR 사건 이후 선행기술 문헌을 결합시킬 때 객관적 기준으로 활용했던 미연방 항소법원(CAFC)의 TMS 테스트(Teaching Suggestion Motivation Test)에 제한되지 않고, 결합이 기존의 방법에 불과한지 또는 예측 가능한 결과를 가져오는 것에 불과한지 등을 살펴야 한다고 합니다.

KSR 사건은 Teleflex가 KSR을 상대로 제기한 특허권 침해소송에 대응하여 KSR이 Teleflex의 특허가 선행기술에 의해 진보성을 상실한 것이기 때문에 무효에 해당함을 주장하면서 약식 판결(Summary judgment)을 신청하여 발생한 사건으로, 최종 미국 연방대법원은 TMS 테스트에 대하여 진보성 개념에 대한 해석을 너무 경직되고 협소한 기준을 가지고 적용한 잘못이 있다고 하면서 Teleflex 특허 US 6,237,565를 무효로 판결하였습니다.

095
발명의 동일성 판단 시 필요한 상 하위 개념

특허 출원 명세서를 작성할 때 발명의 특허 등록 가능성을 높이기 위해서는 최소한 종래기술과 동일하지 않게 작성해야 합니다. 발명에 신규성이 없으면 특허를 받을 수가 없기 때문입니다.

또한, 심사관은 발명이 특허받을 수 없는 이유를 의견제출통지서에 기재하여 출원인에게 발송하는데, 이 의견제출통지서에 신규성, 선출원주의 또는 확대된 선출원주의 흠결 등과 같이 발명과 인용발명의 동일성이 문제 되는 거절 이유가 기재되는 경우가 있습니다. 이를 극복하기 위해서는 발명의 청구항이 인용발명 등과 동일하지 않도록 보정해야 합니다.

그렇다면, 발명과 종래기술 또는 인용발명의 동일 여부는 어떻게 판단할까요?

발명의 동일성은 양 발명의 기술적 사상(technical idea)이 동일한 것을 의미하므로, 표면적 또는 전면적으로 일치하는 것뿐만 아니라 실질적 또는 내재적으로 일치하는 것도 발명의 동일성 범위에 포함될 수 있습니다.

이와 관련하여 대법원 98후1013 판결에서는 "고안의 동일성을 판단하는 데에는 양 고안의 청구항에 기재된 사항의 구성요소가 동일한지에 의하여 판단하되 고안의 효과도 참작하여야 할 것인바, 구성요소에 차이가 있더라도 그 차이가 과제 해결을 위한 구체적 수단에서 주지 관용기술의 부가, 삭제, 변경 등으로 새로운 효과의 발생이 없는 정도의 미세한 차이에 불과하다면 양 고안은 서로 동일하다고 할 것이다."라고 판시한 바 있습니다.

이러한 발명의 동일성을 판단할 때 실무상 자주 쓰이는 개념으로 상하위 개념이라는 것이 있습니다.

상하위 개념을 쉽게 설명하면, 동물, 사자, 호랑이, 원숭이 등에 있어서, 동물은 사자, 호랑이, 원숭이 등을 포함하므로 상위 개념이 되고, 반대로 사자, 호랑이, 원숭이 등은 하위 개념에 해당합니다. 사전적으로 상위 개념은 다른 개념보다 큰 외연을 가지는 개념으로, 외연이 크기 때문에 외연이 작은 다른 개념을 그 개념에 포함할 수 있습니다.

또 다른 예로, 알킬기, 메틸기, 에틸기, 부틸기 중에서, 알킬기는 메틸기, 에틸기, 부틸기를 포함하므로 상위 개념이고, 반대로 메틸기, 에틸기, 부틸기는 하위 개념에 해당합니다.

이제 상하위 개념을 발명의 동일성 판단에 적용해 보면, 만약 선행기술이 상위 개념이고 발명이 하위 개념인 경우 발명은 선행기술과 동일한 발명이 아니지만, 선행기술이 하위 개념이고 발명이 상위 개념이면 발명은 선행기술과 동일한 발명에 해당합니다.

내 발명이 알킬기에 관한 발명인데 선행기술에 메틸기에 관한 발명이 있으면 내 발명은 신규성이 없는 것이고, 내 발명이 메틸기에 관한 발명인데 선행기술에 알킬기에 관한 발명이 있으면 내 발명은 신규성이 있는 것입니다.

이러한 상하위 개념을 실무에 적용하기 위해서는 약간의 연습이 필요합니다.

동일성 판단이 필요한 특허요건 및 기타 특허제도로는 신규성(法 29①), 선출원주의(法 36), 확대된 선출원주의(法 29③), 무권리자의 출원(法 34, 35), 분할출원(法 52), 변경출원(法 53), 조약우선권주장출원(法 54), 국내우선권주장출원(法 55) 등이 있습니다.

096
많은 시간과 노력이 특허를 받는 데 중요할까?

결론적으로, 발명에 투자된 시간과 노력은 특허를 받는 데 크게 중요하지 않습니다.

발명에 아무리 많은 시간과 노력을 투자했어도 반복 실험에 의한 최적화나 통상의 창작 능력에 의한 선택 등으로는 특허를 받을 수 없습니다.

따라서 의견서 등에 최적화나 통상의 창작 능력과 이들과 관계가 깊은 '적절한', '적합한' 등과 같은 용어를 사용하기보다는 '용이하지 않다', '쉽게 생각해낼 수 없다', '단순히 반복 실험만으로는 달성할 수 없다'라는 표현을 사용하는 것이 좋습니다.

그럼, 최적화가 과도한 반복 실험에 의해서 달성되는 경우는 어떨까요?

특허청 심사기준에 용이하게 실시할 수 있는 정도는 통상의 기술자가 과도한 시행착오나 반복 실험 등을 거치지 않고 그 발명을 정확하게 이해할 수 있고 재현할 수 있을 정도를 말한다고 기재되어 있으며, 종종 의견제출통지서상 거절 이유에서 '과도한 반복 실험에 의하지 않고도 용이하게 발명할 수 있는 정도'라는 문구를 발견할 수 있습니다.

그러나 아직까지 과도한 반복 실험에 대하여 진보성을 인정한 판례는 보지 못했고, 개인적으로 진보성이 없다는 거절 이유에 대응하여 몇 번 과도한 반복 실험이 아니고는 발명에 이를 수 없다는 주장을 해본 적이 있는데 아쉽게도 모두 받아들여지지 않았던 것으로 기억합니다.

심사기준에서 말하는 과도한 반복 실험은 단순히 실험 횟수나 시간의 문제가 아니라 기술 수준이나 능력의 문제로 해석되는 것 같습니다. 그러나 우리가 새로운 진보성의 길을 만들 수도 있으니까, '과도한'을 쉽게 포기하거나 단념하지는 맙시다!

097
양 발명의 발명자가 동일할 때 금반언 원칙?

금반언의 원칙(estoppels)은 이미 표명한 자기의 언행에 대하여 이와 모순되는 행위를 할 수 없다는 원칙을 말합니다. 모순된 선행행위를 한 자는 그에 대한 책임을 부담하여야 한다는 뜻입니다.

출원발명이 인용발명과 비교하여 진보성이 없다는 거절 이유를 받았는데, 하필 양 발명의 출원인이 같은 경우에, 의견서에 인용발명의 효과가 이건 출원발명에 비해 열악하다고 주장하는 것이 금반언의 원칙이 적용되어 인용발명이 특허받거나 특허권을 유지하는데 나쁜 영향을 주지는 않을까 걱정하는 발명자가 많습니다. 그러나 인용발명은 선출원에 해당하고, 별개의 사건이므로 금반언 등이 전혀 문제 되지 않습니다.

그럼, 특허권자가 자신이 제기한 특허 침해 소송에서 청구항에 대한 권리범위를 넓게 해석하여 상대방이 자신의 특허를 침해했다고 주장하고, 반대로 특허권자가 상대방으로부터 제기 당한 특허무효심판에서는 청구항에 대한 권리범위를 좁게 해석하여 무효가 아니라고 주장하는 경우에는 금반언의 원칙이 적용될까요?

이 경우에도 금반언 원칙은 적용되지 않습니다. 특허무효심판과 특허 침해 소송은 별개의 사건이고, 한 사건에서의 주장은 객관적 자료가 아닌 주장일 뿐이므로 다른 사건까지 금반언의 원칙이 적용되지 않고 구속력이 전혀 없습니다. 또한, 민사소송에서 2심에서 1심과 반대되는 주장을 하는 경우에도 금반언의 원칙은 적용되지 않습니다.

098
인용문헌에 명백히 모순되는 내용이 있을 때

출원발명은 350~450℃, 바람직하게는 375~400℃에서 소성한 촉매 지지체를 포함하는 발명이었습니다. 심사에서 문제 된 인용문헌인 대한민국 공개특허 2008-0052581에 "이 수산화알루미늄은 $T \geq 350℃$에서 수산화알루미늄의 소성에 의해 얻어지고"라는 내용이 단 한 번 나올 뿐이고, 나머지 부분에서는 이보다 훨씬 고온에서 수득한 촉매 지지체를 사용해야 하는 것으로 기재되어 있었습니다.

저희 발명자는 인용문헌에 부합하지 않는 한 줄 내용 때문에, 즉 착오로 기재된 내용 때문에 출원발명이 특허를 못 받는 게 말이 되느냐며 분개하였습니다. 그러나 명백히 기재되어 있는 것을 기재되지 않은 것으로 보아야 한다고 주장하면서 타당한 근거를 대는 것이 쉽지 않았습니다. 담당 심사관과 전화 통화도 여러 번, 면담 두 번, 재심사 후 분할 출원 등 우여곡절 끝에 다른 구성요소를 추가하고 현저한 효과를 주장하여 특허를 받기는 했습니다만, 기억에 오래 남는 사건 중 하나가 되었습니다.

이러한 사건과 관련하여 특허심판원에서 일본 선출원에 기하여 우선권을 주장하면서 한국에 출원된 '질화물 반도체소자' 특허발명에 대한 무효심판에서, 특허발명의 n 측 캐리어 제한층으로 InGaN/GaN의 초격자를 사용하는 것에 대하여 비교 대상발명에 특허발명의 초격자에 해당하는 InGaN/GaN의 동일 조성이 개시되어 있는지가 다투어진 적이 있습니다. 비교 대상발명은 선출원된 특허공개공보로서 그 특허청구범위인 종속항 제3항만을 보면, 버퍼 층의 조성으로 InGaN/GaN의 조성도 청구범위에 포함하는 것으로 기재는 되어 있으나 문제는 이러한 청구항 제3항의 기재가 비교 대상발명의 다른 기재와 배치되면서 청구항 제3항에 기재된 InGaN/GaN의 조성이 비교 대상발명에 제시된 발명인지의 여부가 다투어졌습니다.

결론적으로 특허심판원은 특허발명과 비교 대상발명(일본 공개특허공보 평7-302929)의 구성이 서로 대응하고, 특허발명과 비교 대상발명 간에 존재하는 구성의 차이는 비교 대상발명으로부터 용이하게 도출할 수 있는 것으로 판단하여 진보성을 부정하였습니다(특허심판원 2008당853 심결 참조).

그러나 유럽특허청(T 1071/04, 2005. 3. 30.) 심결에서 선행문헌이 청구항에서 Cu의 비율을 특허발명의 범위(0.2~0.5%)를 포함하는 넓은 범위(0.15~2.25%)로 개시한 사건에서, 유럽특허청은 당업자의 시각에서는 이 선행문헌에 기재된 수치 범위가 지나치게 넓다고 우선 인식할 수 있다는 점, 선행문헌의 다른 명세서 부분 기재를 보더라도 적어도 0.75%는 되어야 바람직하다고 기재하고 있는 점, 선행문헌의 어디에도 0.15%라고 하는 극히 적은 범위도 가능하다는 점에 대한 언급이 전혀 없고 나아가 모든 실시예도 청구항 기재의 하한보다는 13배나 큰 1.9%에서의 구성만을 기재하고 있다는 점, 청구항 기재와 같은 극히 작은 하한 범위에서의 가능한 효과에 대해서는 이를 짐작하게 할 만한 아무런 기재도 하고 있지 않다는 점, 명세서에 '바람직한'이라는 표현을 사용하여 0.75%라는 하한 범위를 기재하고는 있더라도 당업자로서는 해당 선행발명이 청구항 기재처럼 0.15%라고 하는 매우 낮은 하한 범위까지를 발명 내용으로 하고 있다고 믿기 어렵다는 점을 근거로 청구항 기재 그대로를 선행발명으로 인정할 수는 없다고 결정하였습니다.

덧붙여, 당해 선행문헌의 대응 외국 특허공보 기재로부터 위 청구항 기재의 하한 범위가 0.15%가 아닌 0.75%의 오기라는 점이 추가로 확인되었습니다.

유럽특허청(T 1071/04, 2005. 3. 30.) 심결에서 "2~5%의 Ti, 0.5~10%의 Mn과 나머지 Cu를 포함하여 경도가 높은 안경테용 CuTi 합금 철사를 대상으로 하여 출원된 사건"에서, 유럽특허청은 비교 대상발명(D5: DE-C-593 783, D6: DE-C1-4 314 625)을 문언적으로 해석하여 안경테용 Ti, Mn, Cu로 구성된 합금 철사는 쉽게 도출할 수 있다는 점을 근거로 출원발명의 진보성을 부정하였습니다.

위 사건에서 비교 대상발명 D6은 합금의 구성부분으로 청구항에는 Mg를 기재하고 있음에 반해 발명의 상세한 설명에는 Mn을 언급하고 있는데, 이는 명세서상의 내용 및 추구하는 발명의 장점을 고려했을 때 Mg를 잘못 기재한 것으로, 청구항 1, 종속항 및 실시예에도 선택적 구성 부분으로 Mn이 아니라 Mg를 언급하고 있었습니다. 이러한 기재가 통상적으로 식별이 가능한 기재상 흠결에 해당하여 통상의 전문가가 인식할 수 있고 바로잡을 수 있는지의 여부, 즉 선행기술에 포함될 수 있는지의 여부가 다투어졌습니다. 특히 비교 대상발명 D6은 합금으로서 Mn의 사용에 대해 기술적인 정보를 제시하지 못하고 있었고, 통상의 전문가가 접근할 수 있는 합금물질로서 출원발명과 같은 CuTi 합금 철사에 대한 선행문헌은 존재하지 않았습니다.

유럽특허청의 결정에 대해 출원인은 항고심판을 청구하였고, 유럽특허청 항고심판부는 비교 대상발명 D6이 합금의 구성부분으로 발명의 상세한 설명에 Mg 대신에 Mn을 기재한 것은 출원인이 의도했던 기술적 정보의 공개에 해당하지 아니하고, 아울러 이는 비교 대상발명 D6의 실제적 기술 공개에 부합하지 않는다고 결정하였습니다. 만약에 비교 대상발명 D6을 전체적으로 고찰하지 않고 문언적으로만 해석하여 합금의 선택적 구성 부분으로 발명의 상세한 설명에 Mn을 개시한 것으로 인정한다면, 이는 각국이 엄격하게 금지하고 있는 사후적 고찰을 통해 명세서상의 기재와 부합하지 않는 내용을 선행기술로 인정하는 과오를 범하는 것으로 보았습니다. 결과적으로 합금의 구성 부분으로 청구항과 달리 발명의 상세한 설명에 Mn을 공개한 것은 선행기술에 해당하지 않고, 아울러 신규성 및 진보성이 인정되는 것으로 판단하였습니다.

여기서 사후적 고찰(Hindsight)이란 해결 후에는 간단해 보이는 것도 해결 전에는 당업자에게 매우 기술적으로 어려운 과제가 될 수 있는 것이 있는데, 이를 콜럼버스의 달걀에 비유하기도 합니다.

사후적 고찰을 통해 관련 분야에서 상당한 의미를 갖는 발명도 쉽게 그 진보성이 부정될 위험성이 있기 때문에 어느 나라를 막론하고 이러한 사후적 고찰은 엄격히 금지되고 있습니다.

일본의 경우에 진보성 판단의 자료로서 선행기술의 기재사항을 해석함에 있어서, 선행기술의 동일성 범위를 초과한 범위의 기술 내용까지 포함시킬 수 없다는 판례가 있습니다(동경고등재판소 소화 52. 1. 25. 판결). 이 판결에서 동경고등재판소는 특허청이 진보성 판단의 자료로 삼은 인용례의 도면에 대해서 이를 진보성 판단의 자료가 될 수 없다고 판단하면서, 그 근거로 인용례의 도면으로부터 기술 상식상 허용되는 '오기의 정정'의 한계를 넘는 기술사상을 인정하는 것은 잘못된 것이라고 하였습니다. 즉, 선행발명의 요지를 변경할 정도로 동일성을 훼손하는 사항을 선행발명으로 인정해서 특허발명의 진보성을 부인할 수는 없다고 판시한 것입니다.

선행기술에 특허발명에 대응되는 구성이 형식적으로 기재되어 있어도 그것이 선행기술의 다른 부분이나 발명의 실체와 명백히 모순되는 경우에는 이를 단지 문언적인 해석에 의해 선행기술로 인정하면 이는 사후적 고찰의 과오를 범한 것으로 볼 여지가 있습니다. 나아가 이러한 모순된 기재는 그 개시내용이 명확하지 않아 통상의 기술자가 이용할 수 없으므로 특허법의 목적인 산업발전에 전혀 기여하지도 못합니다.

099

인용문헌의 개수와 극히 용이성

출원발명의 진보성을 부정하기 위해 3~4개의 인용문헌이 결합된 경우 오히려 출원발명의 진보성을 인정하는 반증에 해당된다는 주장, 즉 그렇게 많은 인용문헌을 결합하지 않고서는 본 발명이 도출되지 않으니까 진보성이 있다는 주장을 해보기도 하지만 심사관에게 전혀 주목받지 못합니다. 실무상 진보성을 부정하기 위해 결합되는 인용문헌의 수는 큰 제한이 없습니다.

그런데 특허는 그렇다고 해도 극히 용이하지 않으면 되는 실용신안은 어떨까요?

특허법원 2000. 11. 16 선고 2000허2460 판결에서 "이 사건 등록고안이 인용고안들 개개의 것에 비하여 기술적 구성이 다르고 효과도 상이하다고 판단되는 이상 이들 3개 이상의 인용고안들을 결합하여 이 사건 등록고안을 고안하는 것이 당업자에게 극히 용이하다고 할 수 없는 노릇이고, 이 사건 심결이 이 사건 등록고안과 인용고안들의 기술적 목적과 작용 효과를 충분히 이해하지 못한 채 인용고안들에서 레이크판, 브러쉬판, 스프링의 각 개별적 요소만 추출하여 이들을 조합하는 것이 극히 용이하다고 판단한 것은 진보성 판단의 법리를 오해하여 결론을 그르친 위법이 있다."라고 하였습니다.

이는 실용신안은 인용고안들의 기술적 목적과 작용 효과가 동일하지 않으면 3개 이상의 인용고안들을 결합해서 진보성을 부정할 수 없다고 해석될 수도 있습니다.

특허법원 2004. 11. 12. 선고 2003허6807 판결에서는 "비교적 구성요소들 사이의 유기적 결합 관계가 있는 구성과 유기적 결합 관계가 비교적 적은 구성을 나누어, 유기적 결합 관계가 비교적 적은 구성은 당업자가 공지기술을 결합하여 등록고안을 고안해 내는 것이 극히 용이하다고 볼 수 있다."라고 하였습니다. 이는 분리나 결합이 안 되는 부분에 공지기술을 갖다 붙이는 것은 극히 용이하지 않다고 해석될 수도 있습니다.

한국의 경우 대법원 2008. 5. 29. 선고 2006후3052 판결 등에서 "특허 등록된 발명이 공지공용의 기존기술과 주지관용의 기술을 수집 종합하여 이루어진 데 그 특징이 있는 경우에는, 이를 종합하는 데 각별한 곤란성이 있다거나 이로 인한 작용 효과가 공지된 선행기술로부터 예측되는 효과 이상의 새로운 상승효과가 있다고 볼 수 있는 경우가 아니면 그 발명의 진보성은 인정될 수 없고, 어느 주지관용의 기술이 소송상 공지 또는 현저한 사실이라고 볼 수 있을 만큼 일반적으로 알려져 있지 아니한 경우에 그 주지관용의 기술은 심결취소소송에 있어서는 증명을 필요로 하나, 법원은 자유로운 심증에 의하여 증거 등 기록에 나타난 자료를 통하여 주지관용의 기술을 인정할 수 있다."라고 판시하고 있습니다.

또한, 대법원 2007. 9. 6. 선고 2005후3284 판결 등에서 "여러 선행기술문헌을 인용하여 특허발명의 진보성을 판단함에 있어서는 그 인용되는 기술을 조합 또는 결합하면 당해 특허발명에 이를 수 있다는 암시, 동기 등이 선행기술문헌에 제시되어 있거나 그렇지 않더라도 당해 특허발명의 출원 당시의 기술 수준, 기술상식, 해당 기술 분야의 기본적 과제, 발전경향, 해당 업계의 요구 등에 비추어 보아 그 기술 분야에 통상의 지식을 가진 자가 용이하게 그와 같은 결합에 이를 수 있다고 인정할 수 있는 경우에는 당해 특허발명의 진보성은 부정된다고 할 것이다."라고 판시하고 있습니다.

둘 이상의 인용문헌의 결합에 대하여 일본, 미국 및 한국 등의 사례를 살펴보면, 한국의 결합 요건이 가장 추상적이고 모호한 것 같습니다. 그래서 한국 심사관들이 여러 인용문헌을 결합하고서도, 개시되지 않은 구성요소에 대하여 너무 쉽게 구체적인 근거도 없이 통상의 기술자에게 용이한 정도에 불과하다든지, 아니면 주지관용의 기술에 해당한다든지 하는 거절 이유를 내는지도 모르겠습니다.

그럴 때는 출원인 측도 심사관에게 과감하게 구체적인 근거나 객관적으로 이해 가능한 논리를 제시해 달라고 해야 할 필요가 있지 않을까요? 특히, 결합하는 인용문헌이 많아질수록 사후적 고찰의 위험이 점점 커질 수 있으므로 그럴 때는 더더욱 심사관에게 구체적인 근거나 객관적으로 이해 가능한 이유를 요구할 필요가 있을 것 같습니다. 3~4개의 인용문헌을 결합하고 나서도 개시되지 않은 한정사항(limitations), 즉 구성요소에 대해서 이렇다 할 근거도 없이 통상의 기술자에게 자명하다느니 용이하다

느니 하는 식의 거절 이유는 극히 제한되어야 합니다.

사후적 고찰이란 발명의 명세서에 개시되어 있는 기술을 알고 있음을 전제로 하여 통상의 기술자가 그 발명을 용이하게 발명할 수 있는지를 판단하는 것을 말합니다. 쉽게 말해서, 발명을 다 알고 난 다음에는 발명이 쉬워 보이는데 그렇게 진보성을 판단하면 안 된다는 것입니다. 머릿속에서 발명을 지운 다음 종래기술로부터 통상의 기술자가 통상의 창작 능력으로 발명을 용이하게 도출해 낼 수 있는 정도인지를 따져봐야 합니다.

최근에 주목할 만한 판결이 나와 이를 소개해 드립니다. 특허법원 2017허547 판결입니다. "고상재료를 분할하여 투입함으로써 일괄투입에 비해 단시간에 균일한 조성물을 얻을 수 있는 것이 해당 분야의 기술상식이거나 주지관용기술이라 하더라도, 선행발명 1에 '프리믹스 시멘트 혼합물의 분할 투입 구성'에 대응하는 구성이 존재하지 않고, 이 사건 제1항 출원발명의 기술적 과제와 해결원리에 대한 암시, 시사가 없는 이상 통상의 기술자가 선행발명 1만으로 차이점을 극복할 수 있다고 보기 어렵다."

이 판결은 해당 분야의 기술상식이거나 주지관용기술이라도 맘대로 선행발명에 갖다 붙여 출원발명의 진보성을 부정할 수 없고, 대응하는 구성이 있고 기술적 과제와 해결원리에 대한 암시나 시사가 있어야 그렇게 할 수 있다고 한 것입니다.

100
진보성 판단 자료와 기술 분야의 동일

기술 분야가 서로 다른 종래기술을 결합해서는 발명의 진보성을 부정하지 못합니다. 그러나 문제는 기술 분야의 인정 범위에 있습니다.

ABS 수지에 관한 발명인데, 종래의 ABS 수지 기술에 종래의 PC 수지에 관련된 기술을 결합하면 쉽게 도출된다고 했을 때, ABS 수지와 PC 수지의 기술 분야가 다르다고 보면 두 기술의 결합이 쉽지 않으므로 발명의 진보성이 부정되지 않을 것이나, ABS 수지와 PC 수지가 모두 열가소성 수지에 관한 것으로 기술 분야가 동일하다고 보면 결합이 쉬워 발명의 진보성이 부정될 수 있습니다.

대법원은 2003. 4. 25. 선고 2002후987 판결에서 진보성 판단의 자료는 기술 분야가 동일해야 하며, 기술 분야란 고안이 이용되는 산업 분야로서 그 범위를 정함에 있어서는 고안의 목적, 기술적 구성, 작용 효과의 면을 종합하여 객관적으로 판단하여야 한다고 판시하고 있습니다. 즉, 고안이 이용되는 산업 분야라고 하더라도 고안의 목적이나 작용 효과 등이 다르면 기술 분야가 상이하므로 진보성 판단의 자료로 적합하지 않을 수도 있다는 말입니다.

심사관의 기술 분야가 동일하다는 말에 쉽게 수긍해서는 안 되는 이유가 여기에 있습니다. 발명이 진보성이 없다는 거절 이유에 대하여 고안의 목적이나 작용 효과 등에 대한 검토를 소홀히 해서는 안 될 것입니다.

101
출원발명 VS 종래기술의 특허성 판단

出원발명에 대한 특허성을 판단할 때 출원발명의 청구항을 공개된 특허 문헌의 청구항과 비교한다든지, 출원발명의 실시예를 공개된 특허 문헌의 실시예와 비교한다든지, 아니면 출원발명의 상세한 설명을 공개된 특허 문헌의 발명의 상세한 설명과 비교하는 오류를 범하기 쉽습니다.

특허성 판단이 발명의 청구항, 특히 청구항 1과 종래기술 전체를 비교해야 한다는 것을 지식으로 알고 있으면서도, 숙달되지 않으면 이를 제대로 적용하지 못해 잘못된 특허성 판단을 하는 경우가 있을 수 있습니다.

발명의 특허성은 발명의 청구항을 종래기술 전체에 대비하여 판단해야 합니다.

특허성(patentability)은 특허가 유효하게 유지되기 위해 충족해야 하는 실질적인 조건들의 유무에 관한 것으로, 보다 구체적으로 발명이 특허법에 규정된 산업상 이용 가능성, 신규성 및 진보성 등을 충족하는지를 말합니다. 이러한 것들이 충족될 때 발명이 특허성이 있다고 얘기할 수 있습니다.

여기에서 산업상 이용 가능성은 특허법 제29조 제1항 본문에 규정된 바와 같이 발명이 산업에서 실제로 실시될 수 있는 것을 의미하고, 신규성은 특허법 제29조 제1항 각호에 해당되지 않을 것, 즉 발명의 내용이 특허 출원 시를 기준으로 사회 일반에 알려지지 않은 것을 의미하며, 진보성은 특허법 제29조 제2항에 해당되지 않을 것, 즉 발명이 속하는 기술 분야에서 통상의 지식을 가진 자(통상의 기술자)가 특허 출원 시를 기준으로 공지기술로부터 용이하게 발명할 수 없는 것을 의미합니다.

한편, 발명의 특허성 판단 시 비교 대상이 되는 종래기술은 통상 인용발명, 인용문헌 또는 비교 대상발명이라고 말합니다.

102
출원발명이 인용문헌의 비교예와 유사한 경우

내 발명이 어떤 특허 명세서의 비교예에 동일 또는 유사하게 개시되었다 할지라도 그러한 비교예는 실질적으로 해당 발명이 아니므로, 내 발명의 특허성에 영향을 미치지 않는다고 생각할 수 있습니다. 더 나가서 내 발명이 그 특허 명세서의 특허 청구범위에 개시되어 있지 않으면 특허를 받는데 문제가 없다고 생각할 수도 있습니다.

특허 명세서에 개시된 비교예는 그 발명자가 의도한 발명에 해당하지 않으므로, 특허 명세서에 개시되지 않은 것으로 볼 수 있다고 생각할 수도 있지만, 종래기술로서 특허 명세서의 발명자의 의도는 크게 중요하지 않고, 특허 명세서를 바라보는 통상의 기술자의 의도나 생각이 중요할 뿐이어서, 특허 명세서의 비교예에 기재된 발명도 개시된 것입니다.

종래기술은 특허 명세서 등을 전체로 일컫는 것이지, 특허 명세서가 목적으로 하는 발명이나 결과 등에 국한되는 것이 아닙니다.

실제 특허심사 시 출원발명이 인용문헌에 개시된 비교예와 동일하거나 인용문헌에 개시된 비교예로부터 쉽게 도출된다는 이유로 거절되는 경우가 있습니다. 인용문헌은 실시예든, 비교예든, 배경기술이든 거기에 개시된 모든 기술 내용을 포함하는 것입니다. 즉, 어느 한 부분 뺄 것 없이 특허 명세서 전체가 기준이 됩니다.

참고로, 선행기술로부터 내 발명에 이르게 하는 것을 방해하거나 선행기술에 또 다른 선행기술을 단순 결합하는 것을 방해하는 부정적인 기재는 내 발명의 진보성을 인정받는데 큰 도움이 되나, 비교예 자체를 상기와 같은 부정적인 기재로 보기는 어렵습니다.

103
출원 발명의 구성 VS 인용문헌에 잘못 삽입된 구성

(무효심판에서 얻은 추가 경험을 토대로⋯)

인용문헌에 기재된 A 발명은 특정 구조의 촉매에 대한 발명으로, 이러한 구조는 450~700℃에서 가열해야 만들어질 수 있습니다. 다만 발명의 상세한 설명에 딱 한 줄 300℃ 이상에서 가열할 수 있다는 기재가 있습니다. 저희 출원발명은 A 발명과 같은 원료를 350~400℃에서 가열하는 제조방법에 대한 발명입니다. 심사관은 양 발명의 가열 온도가 중첩되고 출원발명의 350~400℃ 범위에서 임계적 의의가 보이지 않으니까 특허를 내줄 수 없다는 입장입니다.

300℃ 이상에서 가열할 수 있다는 기재는 A 발명과 무관하여 A 발명에 포함될 수 없다는 등의 주장을 해봤지만 받아들여지지 않았습니다. 여러 번의 심사관 면담을 통해서도 300 ℃ 이상에서 가열할 수 있다는 내용을 A 발명에서 배제시키지는 못하였고, 다만 해당 범위 내 각별한 효과 즉 임계적 의의를 인정받아 특허를 받았습니다.

얼마간 시간이 흐른 뒤 무효심판을 진행하는 중에 상대방인 특허권자 측으로부터 비교 대상발명의 명세서에 해당 내용이 모순되게 기술되어 있어 통상의 기술자가 용이하게 파악할 수 없으므로, 이러한 내용은 비교 대상발명의 범위에서 배제되어야 한다고 주장하는 답변서를 받았습니다.

그 근거로 대법원 2006. 3. 24. 선고 2004후2307 판결, 대법원 2000. 12. 8. 선고 98후270 판결, 대법원 1997. 8. 26. 선고 96후1514 판결 등과 한 편의 논문(명지법학 제9호(2010), 박영규, 공개에 흠결이 있는 경우의 선행기술 인정범위, 제1-20면)을 제시하였습니다.

상대방 답변서가 그렇게 반갑기는 처음이었던 것 같습니다. 논문의 내용 일부를 이하에 간단히 소개해 드립니다.

선행기술의 일부에 특허발명에 대응하는 구성이 형식적으로는 기재되어 있는 것처럼 보이나 그 기재가 선행기술의 다른 기재와 명백히 모순되거나 또는 실질에 있어서 선행기술이 명세서 전체를 통해서 밝히고 있는 발명의 실체와 맞지 않는 경우에도 단지 문언적으로 해석하여 선행기술로 인정한다면, 이는 각국이 엄격하게 금지하고 있는 사후적 고찰(hindsight)을 통해 명세서 상의 기재와 부합하지 않는 내용을 선행기술로 인정하는 과오를 범하게 되는 것입니다.

유럽특허청 항고심판소는 선행기술인 문서에 개시된 기술적 내용은 당업자가 이해하는 대로 문서 전체의 내용으로부터 판단하여야만 하고(should be considered in its entirety), 그 문서 중에 포함된 내용과 다르거나 또는 그것에 반하는 기술정보를 도출하기 위해 문서의 일부를 별개로 끄집어내어 그 내용을 임의로 해석하는 것이 허용되지 않는다고 한 바 있습니다.

나아가 선행문헌의 일부 기재가 선행문헌 전체 내용으로부터 다른 부분 기재와 자기 모순(self-contradictory)되거나 정합적으로 해석하기 어려운 경우에는, 이러한 부적절한 기재를 그대로 선행발명의 내용으로 인정하여서는 안 되고 오기를 바로잡아 그 내용을 인정하여야 한다고 하였습니다.

이러한 명세서 내의 자기모순의 경우는, 비단 문제가 되는 해당 부분의 기재가 애매모호하여 그 해석이 불분명한 경우뿐만 아니라, 비록 문장 자체의 애매모호함은 없더라도 다른 부분 기재에 비추어 문헌 전체의 내용으로서 파악했을 때 모순되는 것으로 당업자가 쉽게 이해할 수 있는 경우에도 마찬가지로 해석됩니다.

유럽특허청 T 412/91, 1996. 2. 27. 심결을 살펴보면, 선행문헌이 청구항에서 Cu의 비율을 특허발명의 범위(0.2~0.5%)를 포함하는 넓은 범위(0.15~2.25%)로 개시한 사건에서, 유럽특허청은 당업자의 시각에서는 이 선행문헌에 기재된 수치 범위가 지나치게 넓다고 우선 인식할 수 있다는 점, 선행문헌의 다른 명세서 부분 기재를 보더라도 적어도 0.7%는 되어야 바람직하다고 기재하고 있는 점, 선행문헌의 어디에도 0.15%라고 하는 극히 적은 범위도 가능하다는 점에 대한 언급이 전혀 없고 나아가 모든 실시예도 청구항 기재의 하한보다는 13배나 큰 1.9%에서의 구성만을 기재하고 있다는 점, 청구항 기재와 같은 극히 작은 하한 범위에서의 가능한 효과에 대해서는 이를 짐작하게 할 만한 아무런 기재도 하고 있지 않다는 점, 명세서에 '바람직한'이라는 표현을 사용하여 0.75%라는 하한 범위를 기재하고는 있더라도 당업자로서는 해당 선행발명이 청구항 기재처럼 0.15%라고 하는 매우 낮은 하한 범위까지를 발명 내용으로 하고 있다고 믿기 어렵다는 점을 근거로 청구항 기재 그대로를 선행발명으로 인정할 수는 없다고 결정하였습니다.

참고로, 본 사안에서는 이러한 내부 증거 외에도, 당해 선행문헌에 대응하는 외국 특허공보의 기재로부터 위 청구항 기재의 하한 범위가 0.15%가 아닌 0.75%의 오기라는 점이 추가로 확인되었습니다.

일본의 경우에도 선행발명의 요지를 변경할 정도로 동일성을 훼손하는 사항을 선행발명으로 인정해서 특허발명의 진보성을 부인할 수 없다는 판례(동경고등재판소 소화 52. 1. 25. 판결, 취소집 소화 52년 제161면)가 있습니다.

그러나 한국의 경우 특허심판원은 일본 선출원에 기하여 우선권을 주장하면서 한국에 출원된 '질화물반도체소자'에 대한 무효심판에서 특허청구범위 기재가 명세서의 기재와 다른 선행문헌(일본공개특허공보 평7-302929)을 근거로 하여 특허발명의 진보성을 부정하였습니다(특허심판원 2008. 9. 30. 2008당853 심결).

위 사건에서 특허심판원은 특허발명과 선행문헌의 구성이 서로 대응하고, 특허발명과 선행문헌 간에 존재하는 구성의 차이는 선행문헌으로부터 용이하게 도출할 수 있는 것으로 판단하였습니다. 아울러 특허발명과 선행문헌은 동일한 효과를 나타내는 것으로 해석하였습니다.

또한, 선행기술의 인정 범위와 관련하여 대법원 2006. 3. 24. 선고 2004후2307 판결, 대법원 2000. 12. 8. 선고 98후270 판결 및 대법원 1997. 8. 26. 선고 96후1514 판결에서 출원발명의 진보성 판단에 제공되는 선행기술은 기술 구성 전체가 명확하게 표현된 것뿐만 아니라, 자료의 부족으로 표현이 불충분하거나 일부 내용에 흠결이 있다고 하더라도 그 기술 분야에서 통상의 지식을 가진 자가 기술상식이나 경험칙에 의하여 쉽게 기술 내용을 파악할 수 있는 범위 내에서는 대비 대상이 될 수 있다고 판시하였습니다.

문헌 그대로의 해석이 명세서의 다른 기재에 비추어 명백히 불합리하거나 발명의 실체와 다른 경우 혹은 발명의 공개가 불합리하거나 발명의 실체와 다른 경우 혹은 발명의 공개가 불합리하거나 출원 당시에 당업자를 기준으로 실시가 불가능한 내용을 포함하는 경우에는 선행기술에 포함되는 것으로 해석해서는 안 될 것입니다. 이러한 경우에 통상의 전문가는 이를 이용하지 않고, 아울러 이러한 정보는 기술의 발전에 전혀 기여하지도 않는다는 점에서 선행기술로서의 지위가 인정될 수 없고 나아가 신규성 및 진보성 판단의 대비 자료가 될 수 없습니다.

통상의 전문가는 우선적으로 기술적 실체 혹은 실질에 관심을 가지며, 따라서 발명의 재현이 출원 당시에 실제로 불가능한 경우에 이는 선행기술로 인정될 수 없고, 공개 내용이 선행기술에 포함되는지의 판단은 출원의 목적을 위하여 발명이 충분히 공개되었는지의 여부, 즉 발명이 속하는 기술 분야에서 통상의 전문가가 쉽게 실시할 수 있도록 명확하고 상세하게 기재되었는지의 여부에 의해 결정되어야 할 것입니다.

이상 논문의 일부 내용을 소개해 드렸습니다. 이하에는 상기

심판 사건 이후에 관련 판결이 하나 나와서 소개해 드립니다.

대법원 2016. 1. 14. 선고 2013후2873, 2013후2880(병합) 판결에서, 선행문헌(A)을 근거로 발명의 진보성이 부정되는지를 판단하기 위해서는 진보성 부정의 근거가 될 수 있는 일부 기재만이 아니라 선행문헌 전체에 의하여 발명이 속하는 기술 분야에서 통상의 지식을 가진 사람(이하, '통상의 기술자'라고 한다.)이 합리적으로 인식할 수 있는 사항을 기초로 대비 판단하여야 하고, 일부 기재 부분과 배치되거나 이를 불확실하게 하는 다른 선행문헌(B)이 제시된 경우에는 그 내용까지도 종합적으로 고려하여 통상의 기술자가 발명을 용이하게 도출할 수 있는지를 판단하여야 한다고 판시하였습니다.

좀 더 구체적으로 살펴보면, 선행문헌(A)의 일부에 실험결과로부터 도출된 가설에 기초하여 추측할 수 있는 효과가 기재되어 있더라도, 통상의 기술자가 선행문헌(A) 전체 내용에 비추어 볼 때 그 효과는 약리기전에 대한 명확한 근거가 없이 단지 추측에 기초하여 기재한 것으로 받아들일 수 있고, 다른 선행문헌(B)에 상기한 가설이 타당하지 않음을 시사하고 있다면 이러한 사실들을 종합하여 선행문헌(A)의 일부 기재에도 불구하고 진보성이 부정되지 않는다고 판시하여 선행문헌에서 발명과 모순되는 내용은 합리적으로 인식할 수 있는 사항이 아닌 이상 진보성 부정의 근거가 될 수 없다는 기준을 세운 것으로 보입니다.

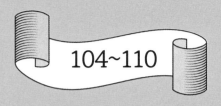

104~110

유의사항

104
경과규정 확인하기!

예를 들어 특허출원발명이 거절결정된 경우 이에 대한 거절결정불복심판 청구를 포기하고 대신 분할출원으로 대응하고자 할 때, 만약 그 특허출원에 2009년 이전의 구법이 적용되는 경우 분할출원을 단독으로 할 수 없고, 거절결정불복심판을 청구해야만 분할출원이 가능합니다. 반대로 2009년 개정법이 적용되는 경우에는 거절결정불복심판을 청구하지 않더라도 거절결정불복심판 청구 가능한 기간에 분할출원을 단독으로 할 수 있습니다.

2009년 개정법은 거절결정불복심판청구 가능한 기간에도 분할출원 가능한 것으로 규정하였고, 부칙 제5조에 분할출원의 개정 규정은 "이 법 시행 후 최초로 출원한 특허출원을 기초로 한 분할출원부터 적용한다."라는 경과규정을 두고 있습니다.

만일 경과 규정을 살펴보지 않고 개정법이 적용되는 것으로 착각하여, (사실 착각하기 쉽습니다) 거절결정불복심판을 청구하지 않고 분할출원을 하면, 거절결정불복심판을 청구할 수 있는 기간이 끝난 다음, 단독으로 제출했던 분할출원이 반려 처분될 수 있는데, 이런 경우에는 어떻게 해도 그 특허출원이나 분할출원을 살릴 방법이 없습니다.

경과규정은 종전의 규정(구법)과 신규정(신법)의 적용 관계를 명확히 하는 규정입니다.

거절결정불복심판 청구 후 분할출원을 완료한 다음에는 거절결정불복심판이 목적이 아니므로 심판청구료를 낼 필요가 없습니다. 심판청구료를 내지 않으면 특허청은 이에 대하여 보정을 명령한 후 청구인의 응답이 없으면 거절결정불복심판 청구를 무효 처분합니다. 이미 낸 심판청구료는 돌려받을 수가 없으므로, 심판청구료를 내지 않도록 유의할 필요가 있습니다.

이와 같이 최근에 법이 바뀐 경우 그 법이 적용되는 업무를 처리할 때 경과규정을 꼭 확인해 볼 필요가 있습니다.

105
등록 가능한 청구항과 분할출원

특허청구범위

청구항 1: (구성 A + 구성 B)
청구항 2: (구성 A = 구성 a)
청구항 3: (구성 B = 구성 b)

어느 특허출원의 상기 특허청구범위에 대하여 청구항 1은 거절되나 나머지 청구항 2, 3은 특허 가능하다는 의견제출통지서를 특허청으로부터 받았다고 가정하겠습니다.

이런 경우 "청구항 1: A+a, 청구항 2: 삭제, 청구항 3: B=b"로 보정하거나, "청구항 1: A+b, 청구항 2: A=a, 청구항 3: 삭제"로 보정하면 특허받을 수 있습니다.

그러나 "청구항 1: A+a, 청구항 2: 삭제, 청구항 3: B=b"로 보정하면 "A+b" 발명에 대한 권리를 잃게 되고, "청구항 1: A+b, 청구항 2: A=a, 청구항 3: 삭제"로 보정하면 "A+a" 발명에 대한 권리를 잃게 됩니다.

만약, 잃어버리는 발명 없이 모든 발명에 대해 특허받기 위해서 "청구항 1: A+a, 청구항 2: 삭제, 청구항 3: B=b, 청구항 4(신설): A+b"로 보정하면, 청구항 1~3과 청구항 4는 특허성이 있는 기술적 특징(subject matter)이 각각 a와 b로 달라 단일성이 없으므로 다시 거절될 수밖에 없고, 단일성 흠결을 극복하기 위해서 결국 분할출원을 해야 합니다.

따라서 특허 가능한 종속항이 둘 이상 있는 경우에는 독립항에 올리지 않은 나머지 특허 가능한 청구항에 대해서는 반드시 분할출원을 고려해야 합니다.

최종적으로 분할출원을 할지 말지는 분할출원으로 특허 가능한 발명이 추가 비용을 들여서까지 특허를 받을 필요가 있는 발명인지 아닌지로 결정하면 됩니다.

참고로, 특허 가능한 청구항이 하나 있는 경우에도, 이에 대한 발명만으로 보정하여 빨리 특허를 받고, 나머지 발명에 대해서는 분할출원하여 다시 다투어볼 수도 있습니다.

106
발명자가 입수하기 어려운 자료가 있다면?

특허사무소로부터 요청은 받았으나, 현실적으로 입수하기 어려운 자료에 대해 너무 고심하는 발명자들이 종종 있습니다.

특허사무소에서 요청하는 사항 중 입수나 준비가 어려운 내용에 대해서는 빨리 특허사무소에 알려서 어떻게든 특허사무소에서 처리할 수 있도록 해야 합니다. 이러한 일에 보통은 특허사무소에 노하우가 있습니다.

특허사무소에서는 반드시 특허받게 하기 위해, 최초의 발명에 다른 기술들을 부가하거나, 과하다 싶을 정도로 발명을 나누고 쪼개고 세분화시키는 경우가 많습니다. 특히 특허사무소에서 유사한 종래기술을 잘 알고 있는 경우에 더욱 그렇습니다. 그러다 보니 생각보다 많은 것들을 발명자에게 요청하는 경우가 생깁니다.

이런 경우 발명자가 적합한 자료인지와 보충해 줄 수 있는지 여부에 대한 의견을 빨리 알려줘야 특허사무소에서는 버릴 것은 버리고 보충할 것은 보충해서 보다 빠른 출원일을 확보하기 위해 준비할 수 있습니다.

예전에 출원발명의 출원일과 심사관이 거절 이유에서 제시한 인용발명의 공개일의 차이가 3일인 사건을 처리한 적이 있었습니다. 어쩔 도리가 없습니다. 발명자의 검토가 늦어져 1~2개월 출원이 미뤄진 사건이라서 아쉬움이 더욱 컸던 기억이 납니다.

107
심사 또는 심판 과정에서 필요한 실험 데이터

심결문 등에서 '효과를 대비할 수 없다.'라고 하든지, 또는 '그러한 효과를 확인할 수 없다.'라고 하는 문구를 자주 볼 수 있습니다. 이로부터 출원발명과 인용발명의 효과를 대비할 수 있는 실험 데이터나 출원발명의 효과를 확인할 수 있는 실험 데이터의 제시가 왜 필요한지를 알 수 있습니다.

그러나 특허 심사 또는 심판 단계에서는 발명에 관한 실험을 종료한 경우가 많아 추가적인 실험 데이터를 입수하기가 쉽지는 않습니다.

추가 실험 데이터가 경우에 따라서는 출원발명의 특허 여부를 결정하는 열쇠가 될 수도 있으므로, 특허가 돼도 그만 안 돼도 그만이라면 모를까, 효과의 대비나 입증에 필요한 추가 실험 데이터를 입수하는 일에 있어서 모두가 부지런 떨 필요가 있습니다.

108
의견안 작성 시 간과하기 쉬운 분할출원

변리사가 발명자에게 거절 이유나 거절결정이유의 대응에 필요한 사항을 집요하게(?) 요청하거나 강요하기가 쉽지는 않습니다. 발명자의 마음과 사정 또는 형편을 고려하지 않을 수 없기 때문입니다. 실제 어떤 때는 면박을 당하는 경우도 있습니다.

추가 실험 데이터가 필요한지와, 반드시 필요하지는 않더라도 유리하게 작용될 수 있는 자료는 없는지 등을 검토해야 하는데 처음 발명 상담할 때 비협조적이었던 발명자에 대해서는 으레 발명자가 주기 어렵고 괜히 발명자만 피곤하게 할 뿐이라고 속단하고 간과하는 경우가 있습니다.

또한, 거절 이유 또는 거절결정이유에 대응할 때, 특히 더 이상의 보정 기회가 없거나 청구항을 감축하는 경우에 추가 대응 기회를 갖거나 원하는 청구범위까지 특허받기 위해 분할출원을 고려하는 것이 당연한 것인데도, 비용적 및 관리적인 측면 등 여러 가지 이유에서 출원인이 분할출원을 잘 안 하니까, 특허사무소도 분할출원 방안을 간과 또는 생략하는 경우가 종종 있습니다.

다만, 재심사청구 제도가 도입된 이후 재심사 청구 후 재거절결정 되는 경우, 보정이 불가능한 거절결정 불복심판을 청구하기 보다는 분할출원을 선택하는 비율이 높게 증가하였습니다.

추가 실험 데이터 등이나 분할출원이 간과되는 경우, 만의 하나라도 특허 등록이나 권리범위 확보에 차질이 생길 수도 있으므로, 거절 이유 또는 거절결정이유 대응 시에는 습관적으로 추가되어야 할 데이터 등이나 분할출원에 대한 고려를 반드시 해야 합니다. 그리고 발명자를 불편하게 하거나 수고스럽게 했다고 해서 꼭 나쁜 인상을 주는 것은 아닙니다. 통화로는 언짢은 투로 얘기해도, 오히려 일을 잘한다는 인상을 심어 줄 수도 있습니다.

109
청구범위의 감축은 언제나 가능할까?

간혹 출원명세서 상에 구체적인 기재가 없어도 청구범위를 감축하는 것은 가능한 것으로 오해하는 발명자들이 있습니다.

출원 시 제출한 명세서상에 기재되지 않은 새로운 구성을 추가할 수 없을뿐더러, 수치 범위를 새로 한정 또는 축소하는 경우라 하더라도 새로 한정 또는 축소된 범위가 이미 출원시에 명시적으로 기재되어 있지 않았으면, '신규 사항 추가'를 이유로 받아들여지지 않을 가능성이 매우 높습니다.

다만, 그 수치 범위에 특허성이 있다고 주장하여 특허를 받으려고 하는 것이 아니라, 단지 기재불비를 해소하기 위한 것이라면 받아들여질 수도 있습니다. 판례의 태도도 같습니다. 그러나 이러한 보정이라고 해도 심사관이 호의적일 수는 없을 것 같습니다. 출원인은 단지 기재불비를 해소하기 위한 것이라고 하지만 만에 하나 그로 인해 수치 한정 발명과 같은 새로운 발명이 되어 버린다면 새로운 발명의 출원일이 부당하게 발명하기 전인 때로 소급받게 되므로, 제삼자가 불측의 손해를 입을 수 있기 때문입니다.

특히 유럽과 중국은 거절 이유나 대리인 의견을 받아보면 정말 단순한 기재불비를 해소하기 위한 것이라고 해도 최초 명세서상에 그 수치 범위가 기재되어 있지 않은 이상 거의 받아들여지지 않는 것 같습니다.

그러므로 출원 시에 번거롭고 귀찮더라도 명세서 내에 한정사항(limitations)을 다양하게, 그리고 세분화해서 기재해 줄 필요가 있습니다. 수치 범위에 대한 다중한정이나 상위 개념에서 하위 개념까지의 촘촘한 계단식 기재가 바람직합니다. 어떻게 심사가 될지 모르기 때문에 배짱이나 호기를 부려서는 안 됩니다.

110
심사 단계에서 출원인의 의견 개진의 한계

심사관의 거절이유에 대응해서 뭐든 발명에 관계된 것은 받아들여진다고 생각하는 발명자가 있습니다. 그러나 명세서에 기재된 구성에 한해서 가능한 얘기입니다.

"출원 전에 발명에 관하여 빠짐없이 얘기를 해주었더라면 좋았을 것을, 이것저것 좀 더 캐물어 볼 걸 그랬나?" 아쉬울 때가 종종 있습니다.

거절 이유 관련해서 발명자가 출원발명과 인용발명의 차이점을 열심히 설명하는데 출원명세서에 기재된 구성과는 전혀 관련 없는 내용일 뿐인 경우 안타까운 마음이 듭니다. "진작에 말씀해 주시지……."

특허 출원 이후에는 출원 시 제출된 명세서에 기재되어 있지 않으면 이전부터 발명에 포함된 것이라도 혹 실수로 빠뜨린 것이라 해도 추가할 수 없고, 그래서 명세서에 존재하지도 않는 구성이 인용발명과 다르다고 한들 아무 의미가 없는 것입니다. 심사관에게는 보이지 않는 허깨비일 뿐입니다. 그래서 출원 전 명세서 작성할 때 별도의 출원으로 진행한다는 등의 특별한 사정이 없는 한 발명의 모든 내용이 빠짐없이 들어가는 것이 매우 중요합니다.

하나 더 인용발명에 대한 평가나 판단에 있어서 인용발명의 발명자는 기준이 될 수 없습니다. 통상의 기술자가 기준이 됩니다.

"인용발명의 발명자는 인식하고 있지 않습니다. 그저 다른 데서 따다 붙인 것뿐입니다. 인용발명의 주요 내용과도 맞지 않고, 실시예에도 사용하지 않았고, 단 한 군데 적혀 있을 뿐입니다."

그렇다 해도 통상의 기술자가 볼 수 있고, 활용할 수 있다는 사실이 중요합니다. 인용발명 발명자의 알고 모르고는 중요하지 않습니다.

정리하면, 특허심사 단계에서 할 수 있는 의견 개진은 출원명세서에 기재된 구성과 통상의 기술자를 기준으로 해야 한다는 제한이 있습니다.

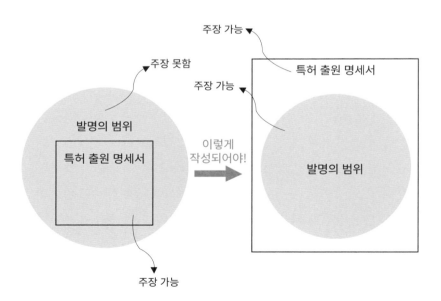

111~114

해외

111
미국 Final Office Action에 대한 대응 방법

미국 특허 출원 심사 중 통지되는 Non-final Office Action은 한국 특허 출원 심사 중 통지되는 의견서제출통지서, 다시 말해 거절 이유통지서와 유사하고, Final Office Action은 한국의 거절결정통지서와 유사하게 보면 이해하기 쉽습니다. 이때 3개월 내 답변서를 제출해야 하고, 제출 기간은 최대 3개월까지 연장할 수 있습니다.

다만, Final Office Action에 대한 대응 방법이 한국의 거절결정통지서에 대한 대응 방법과 많이 차이가 나서 기업에서 이에 대한 변리사의 의견을 받았을 때 다소 혼란스러울 수가 있습니다. 미국 특허청의 Final Office Action에 대한 대응 방법은 아래와 같이 일곱 가지가 있습니다.

첫째, Non-final Office Action 때와 마찬가지로 다른 신청 없이 보정서와 의견서를 제출할 수 있습니다.

그러나 보정할 수 있는 범위가 매우 제한적이어서 특허 가능한 청구항이 있다거나 명백한 심사관의 오류에 의한 경우 또는 심사관과 협의된 경우 이외에는 잘 받아들여지지 않고 AA(Advisory

Action)를 통해 밑에 설명하는 RCE를 신청하라는 의견을 받습니다. 이는 간단히 심사할 사항이 아니라는 뜻입니다.

둘째, RCE(Request for Continued Examination)를 제출하면 심사를 다시 신청하는 것이라서 출원명세서에 기재된 범위 내에서 청구항을 보다 자유롭게 보정할 수 있습니다.

따라서 청구항 내용이 실질적으로 변경되는 경우 통상적으로 RCE로 진행하게 됩니다. 보정 등에 큰 제한이 없어 가장 편리한 방법이지만, 첫 RCE 제출 시 관납료로만 1,200달러(소기업의 경우 600달러)가 소요되므로 비용적인 부담이 발생할 수 있습니다. 참고로 두 번째 RCE 제출 시 관납료는 1,700달러로 점점 증가합니다.

RCE로 제출된 보정서와 의견서가 받아들여지는 경우 특허가 능하면 등록 결정서(Notice of Allowance)가 통지되고, 이전에 없던 새로운 거절 이유가 발견되면 Non-final OA가 발행됩니다. 그러나 제출된 보정서와 의견서가 받아들여지지 않은 경우 다시 Final Office Action이 발행될 수 있습니다.

셋째, AFCP(After Final Consideration Pilot 2.0)를 신청하면서 의견서 및 보정서를 제출할 수 있습니다.

앞서 설명한 첫째와 둘째 방법의 중간쯤 되는 방법으로 이해하시면 좋을 것 같습니다. 일단, 관납료는 없습니다. 실질적인 내용의 보정도 가능합니다. 다만 독립 청구항의 범위를 축소해야 하고 심사관의 인터뷰에 응해야 합니다.

심사관은 특허의 경우 3시간, 디자인의 경우 1시간을 더 투입해 축소 보정된 출원발명이 거절 이유를 극복하는지를 판단하게 되므로, 복잡한 내용에 대하여 AFCP를 신청하는 경우, 심사관으로부터 AFCP에 해당되는 경우가 아니라는 통지를 받게 되고, 결국 RCE로 진행해야 하는 경우가 발생하게 됩니다.

따라서 AFCP로 가도 될 사건인지 RCE로 가야 할 사건인지를 잘 판단해야 합니다. AFCP는 관납료가 없지만, 국내 및 현지 대리인 비용이 발생하고 대응 가능한 3개월의 시간이 모두 소비되면 기간 연장이 필요할 수도 있는데, 기간 연장하는 경우 상당한 관납료가 발생합니다. 한 달 연장하는 경우 200달러이고 두 달 연장하는 경우 600달러 등으로 증가하는데, 소기업의 경우 50% 감면을 받습니다.

참고로, AFCP는 2019년 9월 30일까지 시행되는 한시적인 제도로 연장되지 않으면 역사 속으로 사라지게 됩니다. 그러나 지금까지 매년 연장되어 왔으니까 이번에도 연장되지 않을까요?

의견서와 보정서만 제출하는 경우나 AFCP를 신청하는 경우에는 FOA 발송일로부터 2개월 내 완료해야 제출기한 만료일인 3개월 내 심사관의 의견이 담긴 AA를 받아볼 수 있고, 이후 기간 연장을 고려하지 않고도 RCE를 진행할 수 있습니다. 특히 이렇게 심사관이 AA를 통지한 경우에는 다시 FOA를 통지하지 못하게 됩니다. 즉 등록결정이 안되더라도 최소한 RCE 등이 필요 없는 NFOA(Non-final OA)를 받을 수 있습니다.

넷째, Pre-appeal Brief Conference를 신청할 수 있습니다.

저희는 통상 프리-어필로 부르고 있습니다. 이는 appeal(불복심판) 전 간이 절차로 청구항 보정서를 제출을 할 수는 없고, 5페이지 이내로 의견서를 제출할 수 있는데, 심사관 3인 합의체가 심사를 해서 Final Office Action을 철회 또는 유지할 것을 결정하게 됩니다.

담당 심사관이 좀처럼 이해되지 않는 이유로 계속해서 Office Action을 내고, 이러한 태도에 전혀 변할 기미도 보이지 않는 경우 이 방법을 이용하면 좋은데, 담당 심사관을 압박하는 효과가 있습니다. 총 소요되는 비용은 RCE 비용과 크게 차이가 나지는 않았습니다.

다섯째, Appeal을 신청할 수 있습니다.

이는 한국의 거절불복심판으로 보시면 이해하기 쉬울 것 같습니다. 다만, 관납료뿐만 아니라 대리인 비용도 많이 들고, 시간도 많이 듭니다.

여섯째, Post-Prosecution Pilot(P3) Program을 신청할 수 있습니다.

5페이지 이내로 Final Office Action에 대한 답변을 제출하고 그 외에 선택적으로 독립항을 보정하는 보정안을 포함할 수 있으나, 청구범위를 넓혀서는 안 되며, 이에 대한 신청 시 별도로 프리-어필이나 AFCP를 할 수 없습니다.

절차는 특허청에서 출원인에게 P3 회의 일시를 잡아 통보하며, 회의 때 출원인은 심사관 패널 앞에서 구두 발표를 20분 안에 해야 합니다. 패널은 최종 거절 지지(Final Rejection Upheld), 등록결정서 발급(Allowable Application) 또는 새로운 OA 발부 (Reopen Prosecution)라는 3가지 결정 중 하나를 통보합니다. 이에 대한 추가 관납료는 없으나, 절차를 보건대 상기 다섯 개 방 안보다도 현지 대리인 비용인 훨씬 더 들 것으로 보입니다.

마지막으로, 대리인으로서 하기 어려운 얘기지만 미국에서 특 허받기까지 상대적으로 많은 비용과 시간 등이 들어가므로, 특 허 가능성이 낮은 경우 일찍 포기(Abandonment)하는 것도 현명 한 방법일 수 있습니다. 출원인이 OA에 대응하지 않으면 미국 특 허청에서는 특허 출원을 포기하는 것으로 간주합니다.

Final Office Action에 대한 직접적인 대응 방법은 아니지만, 해 당 미국 특허 출원(원출원)을 기반으로 별도의 특허 출원을 진행 하여 새롭게 심사를 받아 볼 수도 있습니다. 이러한 특허 출원으 로는 원출원에 개시된 내용 안에서 새로운 특허청구범위를 작성 할 수 있는 계속출원(Continuation Application), 원출원에 개시되 지 않은 구성이나 실험 데이터 등을 추가할 수 있는 부분계속출원 (Continuation-in-part Application), 및 원출원 심사 시 발행된 한 정요구(Restriction Requirement)에 의해 선택되지 않은 발명을 특허청구할 수 있는 분할출원 (Divisional Application)이 있습니 다.

112
주요 5개국의 확대된 선출원주의의 차이점

 특허에 있어서 모든 나라들은 선출원주의를 택하고 있습니다. 동일한 발명에 대하여 먼저 특허 출원한 사람에게 특허권을 주는 것입니다. 그래서 선출원주의 하에서는 특허 출원을 서두를 필요가 있습니다. 단지 위험천만한 일이기는 하지만 특허 출원이 늦어졌는데도 경합하는 발명이 없다면 특허권의 존속기간이 늘어나는 효과는 있을 것 같습니다. 특허권의 존속기간은 일반적으로 특허권 발생 후 출원일로부터 20년까지입니다.

 확대된 선출원주의는 말 그대로 선출원주의가 적용되는 범위를 청구항에서 명세서 전체로 확대한 것입니다. 따라서 선출원주의가 문제될 때 서로 청구항에 기재된 발명만 다르게 보정하면 특허를 받을 수 있지만 확대된 선출원주의가 문제될 때에는 청구항에 기재된 발명을 먼저 특허 출원된 명세서 전체에 기재된 발명과 실질적으로 다르게 보정해야 특허를 받을 수 있습니다.

 다만, 앞뒤로 특허 출원된 두 발명이 출원 시에 출원인 또는 발명자가 동일한 경우에는 확대된 선출원주의가 적용되지 않고, 앞서 특허 출원된 발명이 공개된 다음에 특허 출원되는 경우에는 선출원주의나 확대된 선출원주의가 아닌 신규성 및 진보성이 문제됩니다(특허법 제29조 제3항).

이와 관련해서 먼저 특허 출원된 발명은 확대된 선원의 지위를 갖는다고 하는데, 조약우선권 주장 출원이나 PCT 국제출원을 경유해서 국내로 들어온 특허 출원의 경우 확대된 선원의 지위는 원출원일, 즉 우선일로 소급됩니다.

그러나 미국은 한국과 달리 조약우선권 주장 출원이나 PCT 국제출원을 경유해서 들어온 특허 출원의 경우 확대된 선원의 지위가 우선일로 소급되지 않고 실제 미국 출원일이 기준이 됩니다. 다만, PCT 국제출원이 영어로 국제 공개가 된 경우와 PCT 국제출원이 통상의 국내 단계 진입이 아닌 계속출원(Continuation Application)으로 미국으로 들어온 경우에는 확대된 선원의 지위가 PCT 출원일로 소급될 수 있습니다(미국 특허법 제102조(e) 및 제120조). 그리고 출원인 또는 발명자가 동일한 경우에는 확대된 선출원주의가 적용되지 않습니다(미국특허법 제102조(a)(2)).

유럽은 출원인이나 발명자가 동일한 경우에도 한국과 달리 확대된 선출원주의가 적용되지만, 지정국이 다르거나 선출원의 지정 수수료가 지불되지 않은 경우에는 확대된 선원이 적용되지 않습니다(유럽특허법 제54조(3), (4)).

일본은 한국과 동일하고, 중국은 한국과 거의 같으나 양 특허 출원의 출원인이 같은 경우에만 확대된 선출원주의가 적용되지 않고 발명자가 동일한 경우에는 적용되는 차이가 있습니다.

113
한국 변리사와 미국 특허 변호사

저는 심사관의 비위를 최대한 맞추어 주려고 합니다. 아쉽지만 그렇게 배웠습니다. 심사관에게 주장하고 요구하기 보다는 대체적으로 이해시키고 설득하고 부탁하는 식입니다. 주장을 뒷받침하는 논리나 법리가 틀린 것 같아도 기분 상하지 않게 하려고 틀렸다고 얘기하지 않고, "이렇게 볼 수는 없을까요?"라고 묻습니다. 그래도 인정하지 않으면 또 다른 예를 들면서 "저희 쪽에서는 이렇게도 보는데요."라고 얘기합니다. 심사관이 끝끝내 주장을 굽히지 않으면 다른 방안, 즉 다른 보정안을 찾습니다.

가끔 미국 특허 변호사가 쓴 의견서(remarks)를 보면 당당하게 주장하고 근거를 대라고 요구하는 것을 볼 수 있습니다. 그렇다고 미국 특허 변호사가 한국 변리사보다 실력이 뛰어난 것도 아닙니다.

어쩌면 제가 알고 있는 미국 특허 변호사가 다른 사람들보다 더 자신감이 넘치고 대범한 사람이었는지도 모르겠습니다. 때때로 저를 포함한 한국 변리사들도 심사관에게 좀 더 당당해지면 어떨까 하는 생각을 해 봅니다. 심판관이나 판사 앞에서도 마찬가지입니다. 그러나 그전에 서로가 먼저 변화되어야 할 관행들이 조금 남아 있는 것 같습니다. 저 자신만의 일이라면 한 번 해

볼 수도 있는데, 의뢰인이나 출원인을 볼모로 무작정 당당해질 수는 없는 노릇입니다.

　미국의 형사문화는 피의자들이 적극적으로 진술거부권을 행사하고 또한 변호사와 검사가 싸우면서 실체적 진실에 접근해 가는 반면, 한국의 형사문화는 변호사가 검사와 싸워서 좋을 게 없다는 생각에 피의자의 진술거부권을 요구하기보다는 사실대로 말하고 선처나 용서를 구한다는 비판적인 기사를 어디선가 읽은 적이 있습니다. 변호사도 변리사와 크게 다르지 않은 것 같습니다. 역시 문화적 차이일까요?

114
현지 대리인, 믿어 말아?

　외국에서 특허권을 갖고자 할 때는 현지 대리인을 통해서 그 나라에 특허 출원 등을 하게 됩니다. 현지 대리인은 국내 변리사보다 현지 특허법이나 실무에 정통해 있고, 그 나라 심사관 등과 직접 접촉하므로, 그들이 건네는 코멘트나 의견은 거의 현 상황에서 최선의 것이라고 여겨질 수 있습니다. 그러나 실제 그렇지는 않습니다. 국내 변리사들도 각기 전문분야가 다양하고 그 실력 또한 가지각색인 것처럼 현지 대리인도 그 전문분야나 실력이 제각각일 수밖에 없습니다.

　한 번은 중국 특허 출원 건인데, 한국의 거절결정불복심판에 대응되는 복심청구 후 기각 결정되었습니다. 즉 거절 결정이 유지되었습니다. 이 상황에서 특허받기 위해서는 인민법원에 소를 제기하여 그 결정을 취소시키거나, 새로이 분할출원을 하여 다시 심사를 받는 두 가지 경우가 있습니다.

　소송은 심판부에서 재판부로 판단 주체를 달리할 수 있으나, 비용이 많이 들고 특허청구범위를 수정할 수가 없습니다. 반면 분할출원은 원출원 심사관이 그대로 심사할 가능성이 높으나, 비용이 저렴하고 특허청구범위를 수정할 수 있습니다. 의뢰인과 논의 끝에 분할출원으로 결정하고 현지 대리인에게 이에 대한 의견을 요청했는데, 소 제기를 반드시 해야만 분할출원이 가능하다는 답변을 보내왔습니다.

확인해 보기 위해 제가 가지고 있는 중국 심사지침서 번역본을 살펴보니, 전체적인 취지 상 소 제기를 하지 않아도 기각결정 통보를 받은 날로부터 3개월 내에는 분할출원이 가능한 것처럼 쓰여 있었습니다. 이상해서 현지 대리인한테 직접 전화해서 다시 물어봤는데 똑같이 소 제기를 해야 한다고 말하는 것이었습니다. 그래도 미심쩍어 중국의 다른 대리인에게 물었더니 결국 소를 제기하지 않고서도 분할출원 가능하다는 답변을 들었고, 그에 대한 근거로 심사지침서 상 일부 내용까지 전달받았습니다.

또, 한 경우는 중국에서 복심이 아닌 분할출원으로 진행하게 되면 원출원 심사관이 분할출원도 다시 심사하게 되는 것인지 중국 현지 대리인에게 문의를 했더니, 답이 오기를 거의 그렇다는 것이었습니다. 그런 일이 있은 후 2~3개월 후에 '특허와 상표'라는 신문에 중국 특허사무소에서 일하는 한국 변리사가 쓴 칼럼을 읽게 되었습니다. 몇 년 동안 자신의 사무소에서 처리한 분할출원 전체를 검사해보니 원출원 심사관이 분할출원을 다시 심사한 경우가 거의 없다는 것이었습니다. 자기 생각에는 행정 시스템이 잘 구비되지 않아서 그런 것 같다고 썼습니다. 그러면서 나중에 시스템이 구비되면 바뀔 수가 있지만, 현재로서는 분할출원을 활용하는 것이 좋을 것 같다는 코멘트를 남겼습니다. 다만 이후 중국 분할출원을 몇 건 처리해 보니 심사관이 바뀌기는 하는데 모출원 심사관의 거절 이유나 결과 등을 잘 바꾸려 하지 않았습니다.

이런 예들이 중국 만이 아니라 다른 국가도 마찬가지입니다. 현지 대리인의 말이라고 전적으로 믿을 것은 못 되고, 정말 그러한 것인지 때로는 확인해 볼 필요가 있을 것 같습니다.

115~120

제언

115
거절 이유 대응에 번득이는 아이디어가 필요하다

특허번호가 정확히 생각나지는 않지만, 오래전에 어떤 일본 특허를 검토하다가, 이 특허의 출원포대에서 재미있는 내용을 발견한 적이 있습니다. 심사관이 거절 이유에서 인용한 인용문헌에 A 함량 3~8%가 개시되어 있었고, 이건 발명의 실시예에는 단지 A 함량 8%와 12%에 대한 데이터가 있었습니다.

그런데, 특허의 출원인은 신규성 및 진보성 극복을 위해 청구항을 'A 함량 8~12%(단, 8%는 제외된다)'로 보정하였고, 이것이 받아들여져 결국 특허를 받았습니다.

통상 이러한 보정은 국내든 해외든 실무에서 신규사항 추가, 즉 특허 출원 후 발명에 새로운 내용을 추가하는 것에 해당해 적법한 것으로 받아들여지지 않으므로 일반적인 케이스로 보면 안 되겠지만, 상기와 같은 케이스를 통해서 몇몇 변리사가 가진 지식과 경험이 절대적일 수 없고, 거절 이유 등에 대한 대응에 있어서도 창의적인 생각이 필요하며 편견이 없어야 함을 절감할 수 있었습니다.

8%와 12%를 연속적인 수치 범위의 경계값으로 보고, '단, 8%는 제외된다'를 적법한 제외 청구항으로 볼 여지도 있으나, 실제 한국이나 외국에서 이러한 보정이 적법한 것으로 인정받기는 어

려울 것 같습니다. 그렇지만 선입관은 금물입니다! 길을 찾는 것이 중요하지만, 때로는 길을 만들 수도 있어야 합니다.

특허 거절 이유 또는 거절 결정의 이유에 대한 대응이나 심판 또는 소송은 법리 및 논리와 그 법리 및 논리를 뒷받침할 수 있는 자료의 싸움입니다. 심사관이나 심판관 등이 출원인이나 청구인의 법리나 논리를 반박하기 어렵다면 등록 결정이나 원결정 취소 심결을 낼 수밖에 없을 것입니다.

참고로, 수치 범위를 축소하는 보정은, 나라마다 그 처분이 다른데, 그 축소된 범위가 명세서에 기재되지 않았어도, 출원 시 이미 출원인이나 발명자의 의사에 있었던 것으로 볼 수 있고, 수치 범위 내에 있는 모든 수나 범위를 다 기재하는 것이 사실상 불가능하며, 새로운 기술적 사항이 추가되는 것도 아니므로, 발명이 실질적으로 변경되지 않는 한, 이를 신규 사항 추가로 보는 것은 출원인에게 너무 가혹하고, 발명의 보호·장려 등을 통해 산업을 발전시키고자 하는 특허법의 취지와도 맞지 않는다고 생각합니다.

신규 사항 추가는 특허 출원서에 최초로 첨부된 명세서 또는 도면에 기재되지 않은 사항을 추가하는 보정으로 위법합니다. 다만, 한국이나 일본의 심사 실무 및 판례는 출원서에 최초로 첨부된 명세서, 특허청구범위 또는 도면의 기재로부터 자명한 사항의 추가는 제한적으로 신규 사항 추가에 해당하지 않는다는 입장입니다.

116
거절 이유 등에 대한 의견 교환의 유익

의견제출통지서나 거절결정서에 기재된 거절 이유 등을 살펴보면 심사 실무가 어떻게 변하고 있는지, 그리고 해당 심사관이 어떤 성향을 가지고 있는지 등을 파악할 수 있습니다. 다만, 해당 심사관의 성향 등은 전화 인터뷰나 면담 등을 통해서 보다 확실히 알게 되는 것 같습니다. 백 퍼센트 확실한 것으로 볼 수는 없지만, 이렇게 파악한 심사 실무의 변화나 심사관의 성향 등을 감안하여 거절 이유 등에 대응하거나 출원명세서를 작성한다면, 원하는 결과를 보다 수월하게 달성할 수 있습니다.

의견제출통지 등과 같은 중간 사건을 처리하는 사람들끼리 모여 거절 이유나 그 담당 심사관 등에 대해서 이야기를 하다 보면, 자연스럽게 최근의 심사 경향이나 해당 심사관의 성향 등이 나름대로 정리가 됩니다. 이래서 같은 업무를 하는 사람들 간의 생각이나 의견 교환, 그리고 경험의 공유가 중요한 것 같습니다.

117
심사의 패러다임

　미국 OA(Office Action; 의견제출통지서)를 보다 보면, 간혹 심사관이 자의적인 해석이나 판단은 최소화하면서 어떻게 해서든지 인용문헌(Reference)과 같은 객관적인 근거를 가지고 출원인의 주장에 응답하려고 하는 노력이 느껴지는 건들이 있습니다.

　그냥 자명하다고 하는 것이 아니라 그러한 방식이나 원리가 나타난 근거 자료를 제시하고 있습니다. 그냥 주지관용의 기술에 해당한다고 하지 않고 텍스트 북의 내용을 인용하고 있습니다.

　반대로, 한국 의견제출통지서에서 객관적인 근거나 타당한 논리의 제시 없이 너무 쉽게 통상의 기술자에게 자명하다거나 주지관용의 기술에 불과하여 진보성이 없다고 하는 거절 이유를 발견할 때가 있습니다. 드물기는 하지만, '이렇게 자의적일 수 있을까?' 하고 납득하기 어려울 때도 있습니다. 예를 들면, 구성 A, B, C, D에서 구성 A는 인용문헌 1의 A′로부터 자명하고, 구성 B는 인용문헌 2의 B′로부터 자명하며, 구성 C는 인용문헌 3의 C′으로부터 자명하고, 마지막으로 구성 D와 이들 구성의 결합은 통상의 기술자에게 주지관용의 기술에 해당하므로, 본 발명은 특허를 받을 수 없다는 것입니다.

　여기에도 문화적인 차이가 있어서 일까요?

한국 심사관은 지극히 개인적인 경험이나 감을 더해, 본인은 아니라고 하겠지만, 진보성을 판단하는 경우가 있고, 이에 대한 의견은 출원인에게 구체적인 자료를 가지고 입증하라고 하고, 그래서 출원인 측에서는 뭐라 말도 못 하고 열심히 입증하려고 합니다.

상대적으로 미국은 출원인 측도 심사관에게 입증하라고 요구하고, 심사관도 열심히 입증하며, 나아가 심사관도 거절 근거나 논리가 부족하면 특허를 허가하는 비율이 높은 것 같습니다.

거기도 사람 사는 곳이니까 다 그렇지는 않겠죠?

한편으로는 저만의 문제일 수도 있겠다는 생각이 들지만, 우리도 패러다임을 바꿔, 심사관한테 적극적으로 거절 이유통지에 대한 개관적인 근거나 타당한 논리를 제시하라고 촉구하고, 심사관도 거절 이유에서나 응답 시 출원인에게 객관적인 근거나 타당한 논리를 제시하는 방향으로 나아가면 좋을 것 같습니다. 그러나, 지금 생각해도 '정 그러시면 심판으로 가보세요.'라는 말은 무척 당혹스럽게 느껴집니다.

다만 어떤 미국 대리인, 즉 특허 변호사를 만났을 때 "경험상 중국보다는 한국이, 한국보다는 미국이 특허 심사에 있어서 합리적인 것 같습니다."라고 얘기를 했더니, 우습게도 본인의 경험상으로는 중국이 그렇다는 것에는 동의할 수 있지만, 미국이 한국보다 합리적인지는 의문스럽다고 말했습니다.

118
심사의 한계 : 사람이 하는 일

"보기에는 쉬워 보여도 이쪽 일하는 사람한테 만들어 보라고 하면 쉽게 만들어 낼 수 있는 것이 아닙니다." 발명자로부터 자주 듣는 말입니다.

근래에 발행되는 의견제출통지서에 새로운 심사관들의 이름이 보입니다. 보다 꼼꼼하게 심사한 것처럼 보이고, 출원발명의 진보성을 부정하기 위해 인용문헌 3~4개는 보통으로 제시하는 것 같습니다. 출원인의 의견에 대한 반박에도 빈틈이 없어 보이지만, 너무 경직되어 있는 것은 아닌가 하는 생각이 들 때가 있습니다.

너무 경직된 심사는 발명의 실체를 놓칠 수 있으며, 적극적으로 특허가 될 만한 발명을 찾아내 특허를 내주고자 하는 특허청의 정책 방향과도 맞지 않는 것 같습니다. 또한, 경직된 심사는 예외적인 사항이나 참고가 될 수 있는 사항에 대한 고려가 부족할 수 있습니다. 때로는 예외적인 사항이나 참고 사항이 특허 여부를 결정하기도 합니다.

특허 출원 명세서를 쓸 때 발명이 쉬워 보이게 써서는 안 될 것 같습니다. 특히 예외적인 사항이나 참고가 될 수 있는 사항이 있다면 그것이 잘 드러나도록 써야 하며, 이와 관계된 효과나 유기적인 결합 관계 또는 과제의 해결 원리 등도 명세서상에 잘 풀어내야 합니다.

또한, 심사관의 거절 이유에 대한 대응에 있어서도 마찬가지로 발명의 실체를 부각시키고, 발명에 대한 예외적인 사항이나 참고가 될 수 있는 사항 등에 의하여 발명이 특허받을 수밖에 없는 당위성을 잘 설명해야 합니다.

진보성의 유무 등은 일반인이나 그 기술 분야에서 최고의 학식을 가진 사람이 아닌, 그 기술 분야에서 통상의 지식을 가진 자 즉, 보통 정도의 기술적 이해력을 가진 자를 기준으로 종래기술로부터 발명이 쉽게 도출될 수 있는지 여부로 판단합니다. 이러한 기준은 어느 정도 주관적이고, 추상적일 수밖에 없으므로 심사관의 전공이나 경력 등에 따라 차이가 있을 수 있습니다. 따라서, 발명이 해당 기술 분야에서 통상의 지식을 가진 자에게는 일반적인 것이 아님을 주장할 필요가 있고, 나아가 심사관에게 증거나 자료 등도 과감히 청구할 필요가 있습니다.

관련해서 대법원 2009. 11. 12. 선고 200후3660 판결에서는 발명의 진보성 유무를 판단함에 있어서는, 적어도 선행기술의 범위와 내용, 진보성 판단의 대상이 된 발명과 선행기술의 차이 및 통상의 기술자의 기술 수준에 대하여 증거 등 기록에 나타난 자료에 기하여 파악해야 한다고 판시하고 있습니다.

119
잘못된 이력을 만들지 말자!

잘못된 이력을 일부러 만드는 경우야 없겠지만, 설사 그러한 경우에 놓이게 되더라도 그냥 두지 말고 바로잡는 쪽을 선택해야 합니다. 바로잡으려면 비용이나 시간이 더 들 수도 있고, 또한 상급자나 의뢰인에게 좋지 않은 평가나 인상을 받을 수도 있습니다. 그렇지만 제 경험에 매도 먼저 맞는 놈이 낫다는 속담이 딱 들어맞습니다.

이력을 이때 바로잡아 놓지 않으면 해당 건이 완전히 소멸하지 않는 이상 담당자가 바뀔 때마다 그리고 새로운 절차를 밟을 때마다 두고두고 말썽의 소지가 됩니다.

잊을 만하면 일이 꼬이고, 다 잊었었는데 어느 순간 불쑥 튀어나옵니다. 당장은 편치 않아도 잘못된 이력을 만들지 않아야 사건 관리에 드는 시간, 비용 및 에너지 낭비를 최소화할 수 있습니다.

120
협업의 1+1=3의 효과

하나에 다른 하나를 더한 발명이 둘이 되면 특허를 받을 수가 없습니다. 하나에 다른 하나를 더한 발명이 셋은 되어야 특허를 받을 수 있습니다. 이렇게 하나 더하기 하나가 셋이 되는 효과를 특허에서는 통상의 기술자가 예측할 수 없는 효과라고 하기도 하고, 종종 상승된 효과, 즉 시너지 효과로 설명되기도 합니다.

이러한 시너지 효과는 둘이 하나처럼 움직일 때 나타나는 효과입니다. 만일 둘이 따로 놀면 둘도 아닌, 하나만도 못할 수도 있습니다. 특허 업무도 마찬가지 같습니다. 특허사무소 내에서 실무팀, 관리팀 및 회계팀 모두가 하나처럼 움직여야 1+1=3의 효과를 낼 수 있습니다. 그리고 기업과 특허사무소 그리고 발명자나 연구원도 손발이 착착 맞을 때 1+1=3의 효과를 낼 수 있지 않을까 생각해 봅니다.

그런데 저는 얼마나 주위의 사람들과 하나가 되어 일해 왔는지 자문해 보면, 유구무언입니다. 그래도 마음을 잡고 다시 또 다짐해 봅니다. 우리 모두 파이팅 합시다!

제4화

심판·소송 단계 이야기

심판/소송 단계는 상대적으로 사건도 적고 상담도 많지 않았습니다. '특허 출원 비용과 거절결정불복심판 청구 비용'에 관한 것과 '논리적이고 타당해 보인다고 심판이나 소송에서 이길 수 있을까?'라는 내용 등을 다루어 보도록 하겠습니다.

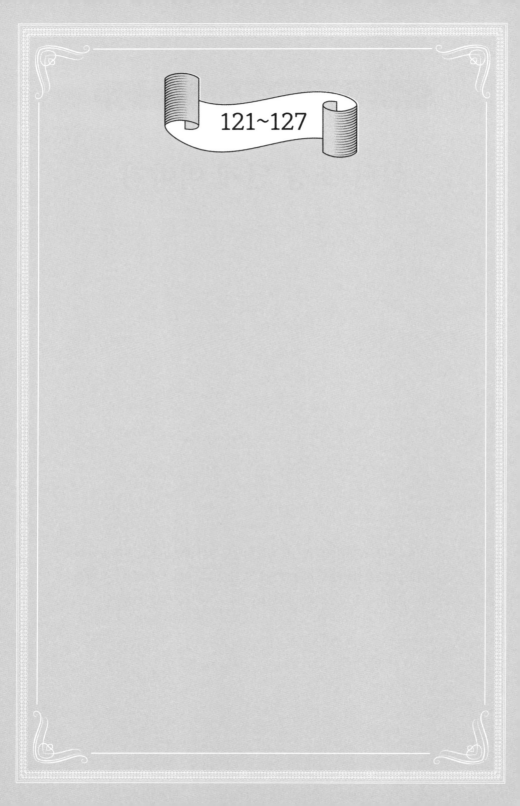

121~127

121
균등 범위와 자유기술 항변

균등 범위는 각 국의 실무나 판례 등에 따라 다를 수 있는데, 동일한 것으로 오해하는 경우가 있습니다. 또한, 자유기술항변 등은 모든 나라가 아닌 한국이나 일본 등에서 받아들여지는 법리에 불과하고, 자유기술에 대한 객관적인 범위를 정하기가 어려워 법의 안정성을 훼손할 우려가 있습니다.

한국이 아닌 미국 등에서의 특허권 행사나 특허 침해의 문제인데도 자유기술에 해당하므로 침해가 아닐 것이라는 잘못된 판단을 할 수가 있으니 조심해야 합니다.

균등 범위는 특허발명과 완전히 동일하지 않지만 동일시할 수 있는 범위로서 특허발명의 보호범위, 즉 권리범위에 해당합니다. 우리 판례는 과제의 해결 원리가 같고, 효과에 차이가 없으며, 통상의 기술자에게 자명한 경우에 특단의 사정이 없는 한 특허발명의 보호범위에 속하는 것으로 보고 있습니다.

참고로, 특허발명의 과제의 해결 원리는 선행기술을 참작하여 특허발명이 기술발전에 기여한 정도에 따라 얼마나 넓게 또는 좁게 파악할지 결정해야 하지만, 발명의 상세한 설명을 신뢰한 제삼자를 보호하기 위해 발명의 상세한 설명에 기재되지 않은 공지기술을 근거로 발명의 상세한 설명에서 파악되는 기술사상

의 핵심을 변경할 수는 없습니다(대법원 2019. 1. 31. 선고 2017
후424 판결).

자유기술의 항변은 권리범위확인심판 또는 침해소송에서 자
신이 실시하는 기술은 특허발명이 아니라, 누구나 자유롭게 사
용할 수 있는 공지기술 또는 공지기술로부터 자명한 기술이라는
주장으로, 우리 판례는 이러한 항변을 인정하고 있습니다.

122
논리성(logicality)과 심판·소송 결과

논리적이고 타당해 보이면 심판이나 소송에서 반드시 이길 수 있을까요?

특허심판이나 소송에서 자신이 보기에 상대방 주장 보다 자신의 주장이 더 논리적이거나, 타당한 것처럼 보이면 이길 가능성이 높은 것으로 착각할 수 있습니다.

논리성이나 타당성은 법 규정도 아니고 판례도 아니기 때문에 심판이나 소송에서 이것들로 승리를 장담할 수는 없습니다.

오히려 승패의 열쇠는 다른 곳에 있는데 상대방의 논리나 타당성만 열심히 따지다가 어이없이 져 버릴 수도 있습니다. 논리나 타당성이 함정이 된 것입니다.

논리나 타당성을 가지고 가야지 이것만 쳐다보거나 이것을 따라가서는 안 됩니다. 또한, 심판이나 소송에서는 논리나 타당성만으로 설명할 수 없는 대의(大義)나 무언가가 있을 수 있다는 것을 항상 염두에 두고 대응할 필요가 있습니다. 그래야 대응에 빈틈이 없고 결과에 대해서도 너무 과신도, 너무 불안해하지도 않게 될 것입니다.

저의 경우 예전에 외국계 출원인의 의약발명으로 진보성을 인정받기 위해 심판원에 거절결정불복심판, 특허법원에 심결취소

소송 그리고 대법원에 상고까지 한 적이 있는데, 피청구인인 특허청의 주장 대비 저의 주장이 논리적으로 우세하고 타당하다고 생각했고, 내심 이기지 않을까 하는 기대도 많이 했지만, 기각, 패소 그리고 심리불속행이라는 전혀 예상치 못한 결과들을 차례로 받았습니다.

특허법원의 판결문을 검토해 봤는데, 여전히 타당성이 부족해 보이고 논리적으로 수긍이 가지 않는 부분들이 여러 곳(?) 있었습니다. 나름 정리하면, 효과를 중시하는 의약발명의 특수성과 여러 정황 등을 고려하여, 재판부가 크게 봤을 때 진보성을 인정하기 어렵다고 결론을 내리고 나서, 그 결론에 대한 논리를 만든 것은 아닌지 하는 생각이 들었습니다.

아쉬웠던 점은 상대방의 논리를 반박하는데 열을 올리기보다는 이 출원발명이 얼마나 우수한 발명인지와 왜 특허를 내주지 않으면 안 되는지에 대해서 좀 더 고민하고, 그 결과를 가지고 좀 더 열심히 재판부를 설득해 보지 못한 것입니다. 어찌 보면 소송에서 이겨야 할 대상이 상대방이 아니라 재판부인 것 같습니다.

상기와 같은 사건 이후에 비슷한 경험을 여러 번 더 하면서 진보성 등을 다툴 때는 작고 협소한 논리나 타당성보다는 큰 그림 안에서 작전을 세우고 초점을 잃지 않는 자세가 중요하다는 것을 확신하게 되었습니다.

이 글을 정리하던 중에 특허와 상표에서 2015. 7. 22. 자 손천우 특허법원 판사의 '판사가 특허사건에서 궁금해하는 것들'이란 제목의 글이 실려 있어 이를 일부 발췌해 소개해 드립니다.

"소장과 답변서, 준비서면에 특허발명과 선행발명의 기술적인 내용을 읽어보고 궁금한 것을 찾아보고 법정에 들어온 판사가 이것저것 물어본다면, 소송대리인들께서는 판사가 기술을 몰라서 묻는 것이라고 단정 짓기 전에, 판사가 궁금해하는 사항들에 대해 보다 관심과 주의를 기울일 필요가 있다. 그리고, 소송대리인이 아무리 기술파악을 잘하고 막힘없이 설명하더라도 판사는 상대방이 다투는 사건에서 일방의 소송대리인의 '유창한 변론'만을 판단의 근거로 삼을 수는 없다. 아무쪼록 소송대리인들이 판사가 판단의 근거로 삼을 수 있는 전문가 증언, 사실조회, 검증, 감정이나 관련 기술자료 등의 증거방법을 적극적으로 활용하여 '판사가 정말 궁금해하는 것'을 해소시켜 주었으면 한다. 법정에서 하는 것은 발표나 강의가 아니라 '소송'이기 때문이다."

읽으면서 내용이 가슴에 크게 와닿았습니다.

123
법원의 역설(The Paradox of the Court)

프로타고라스(Protagoras)는 변론술을 배우기 위해 찾아온 에우아틀로스(Euathlus)를 제자로 삼았습니다. 다만 수업료는 에우아틀로스가 수업을 다 마치고 자신의 첫 소송에서 이기게 되면 그때 주기로 약속했습니다. 프로타고라스는 기원전 5세기경 활동한 그리스 철학자로 최초의 소피스트로 불리는 인물입니다.

모든 수업이 끝난 후에 에우아틀로스는 법률 분야에 입문하지 않기로 결정했고, 이에 프로타고라스는 수업료를 받기 위해 에우아틀로스에게 재판을 걸었습니다.

법정에서 프로타고라스는 내가 재판에서 이기면 에우아틀로스는 수업료를 지불해야 하고, 내가 만약 지더라도 에우아틀로스는 원래의 약속한 대로 재판에서 이겼으니까 수업료를 지불해야 한다고 주장하였습니다.

그러나 에우아틀로스도 자신이 재판에서 이기면 프로타고라스에게 수업료를 지불할 필요가 없고, 만약 프로타고라스가 재판에서 이겨도 자신은 여전히 소송에서 이긴 적이 없으므로 원래의 약속대로 수업료를 지불할 수 없다고 주장하였습니다.

이 일화는 여기까지인데 프로타고라스나 에우아틀로스 중 누구의 손을 들어줘야 할까요? 확실한 것은 논리나 타당성만으로는 재판이든 상대방이든 압도할 수 없다는 것입니다.

124
중국 복심청구 기한

한국의 거절불복심판에 해당하는 중국의 복심의 경우 거절결정서를 현지 대리인이 접수한 날로부터 대응 기간이 진행됩니다. 즉 접수일로부터 3개월 이내에 복심을 청구할 수 있습니다. 그러나 추정 접수일이라는 것이 있어서 중국특허청이 통지 또는 결정서류를 발송한 날로부터 만 15일이 되는 날 현지 대리인이 서류를 받은 것으로 추정됩니다(중국 개정 특허법 실시세칙 제4조 제3항 참조). 이 때문에 실제 대응 기간이 15일 정도 늘어난다고 보시면 될 것 같습니다.

예를 들면 2016년 12월 19일에 중국특허청이 거절결정서를 발송하면 2017년 1월 3일에 출원인이 받은 것으로 추정되고, 이 날로부터 3개월의 복심청구 기간이 기산됩니다. 그러나 보통은 안전하게 실제 접수일로부터 3개월로 기한관리를 합니다.

125
특허분쟁 LG화학 VS SK이노베이션

특허분쟁의 과정과 그 결과를 살펴보면 작게는 특허 출원명세서를 어떻게 써야 할지, 거창하게는 특허정책을 어떻게 세워야 할지 등 생각이 많아집니다. 제가 크게 관심 갖고 있던 특허분쟁 사건이 최근 최종 결과가 발표되어 소개해 드립니다.

특허분쟁의 포문은 특허권자인 LG화학이 열었습니다.

2011년 12월에 LG화학은 자신의 리튬 이차전지 분리막 특허 제775310호를 가지고 SK이노베이션을 상대로 특허권 침해소송을 서울지방법원에 제기합니다. 이에 SK이노베이션도 상기 LG화학 특허에 대한 무효심판을 특허심판원에 제기하게 됩니다. 만약 LG화학의 특허가 무효가 되면 특허권은 처음부터 없었던 것이 되어 더 이상 특허 침해가 문제 되지 않기 때문입니다.

다음 해에 LG화학의 특허에 대한 무효심판에서 SK이노베이션이 승리하여 LG화학의 특허 제775310호가 무효심결을 받게 되고, 이에 불복하여 LG화학이 특허법원에 무효심결 취소소송을 제기합니다.

특허심판원의 무효심결의 이유는 특허의 핵심 기술인 분리막에 도포된 활성층 기공 구조에 대한 특허청구범위가 너무 넓어 선행기술에 개시된 분리막의 기공 구조를 일부 포함하고 있고,

효과에서도 전지의 성능과 안정성을 개선한 일부 효과 또한, 차이가 없는 부분이어서, LG화학의 특허가 선행기술로부터 신규성이 부정된다는 것이었습니다.

이후 LG화학이 제기한 무효심결 취소소송은 2013년에 기각되었고, LG화학은 다시 이에 불복하여 대법원에 상고를 합니다. 상고 후에 LG화학은 별도로 특허심판원에 특허 제775310호의 특허청구범위를 축소하여 특허정정심판을 청구하고, 이것이 받아들여지게 됩니다. 특허정정심판이 받아들여져 특허청구범위가 정정되면 처음 등록 시부터 그 정정된 특허청구범위로 등록된 것으로 간주하므로, 특허청구범위를 기준으로 판단하는 무효심판이나 침해소송도 크게 영향을 받을 수밖에 없습니다.

그 후 앞서 설명한 대로 무효심판 사건에 대해서 대법원은 정정된 특허청구범위로 다시 심리하라는 취지로 특허법원에 파기환송하였습니다. 그러나 SK이노베이션은 또다시 LG화학의 특허정정에 대하여도 정정무효심판을 청구합니다.

2014년 2월 서울지방법원은 LG화학이 SK이노베이션을 상대로 제기한 침해소송에 대하여 특허비침해 판결을 하였고, LG화학은 이에 불복하여 항소하나, 몇 달 안 있어 스스로 항소를 취하하여 SK이노베이션에 대한 특허 침해 공격을 모두 종결합니다.

SK이노베이션은 그러나 LG화학의 항소 취하에도 불구하고 특허정정 무효심판에 대한 기각심결 즉, 특허정정에 대한 무효가 받아들여지지 않은 것에 대하여 심결취소소송을 제기하고, 특허무효심판에 대한 심결취소소송도 계속 유지하였습니다.

SK이노베이션의 이런 대응에 많이 의아해했고, 이러다 아까운 특허 하나가 무효가 되는 것은 아닌지 무척 안타까워했습니다. 다행히, 2014년 10월에 LG화학과 SK이노베이션이 2011년부터 진행해 온 세라믹 코팅 분리막 특허와 관련된 모든 소송과 분쟁을 종결하기로 합의함으로써 나머지 두 개의 심결취소소송도 모두 취하 종결됩니다.

우리는 LG화학과 SK이노베이션의 특허분쟁으로부터 두세 가지 생각해 볼 것이 있습니다.

첫째, 특허 침해 소송은 함부로 해서는 안 되겠다는 생각이 들었습니다.

상대가 내 특허를 침해하고 있다는 확신만으로는 부족하고, 상대가 제기할 것이 뻔한 특허 무효심판에도 특허가 꿋꿋하게 견뎌낼 수 있는 강한 특허인지를 확인할 필요가 있습니다. 다시 말해 내 특허가 무효 가능성은 없는지 반드시 확인해 봐야 합니다. 상대방에 대한 특허 침해 감정서만으로는 부족합니다.

다음으로, 특허가 등록된 이후에 정정청구나 정정심판으로 특허청구범위를 정정하는 것은 생각하는 것과는 달리 쉽지 않습니다.

실무상 인정되는 범위가 심사 단계의 보정보다 무척 좁고 엄격합니다. 상당히 큰 폭의 정정이 있었는데, 제 생각에 LG화학이 운이 좋았던 것 같습니다.

경쟁이 되는 중요한 발명으로 강한 특허를 원한다면, 만약 청구항 제1항, 제3항, 제7항 및 제10항으로 모두 한정된 발명이야말로 실질적인 발명 또는 핵심적인 발명이 될 때, 출원 전 명세서 작성 시 또는 출원 중 보정 시 청구항 제3항, 제7항 및 제10항의 한정사항(limitations)을 모두 포함하면서 청구항 제1항을 인용하는 종속항을 마련하거나, 아니면 청구항 제1항, 제3항, 제7항 및 제10항의 한정사항(limitations)을 모두 포함하는 별도의 독립항을 마련해 두는 것이 좋을 것 같습니다.

또한, 옵션으로 도면이나 실시예를 베끼듯이 묘사하여 특정하는 청구항인 소위 픽처 클레임(picture claim)도 고려해 보면 좋을 것 같습니다.

마지막으로, LG화학이나 SK이노베이이션 모두 특허 침해 소송에서 유력한 증거가 될 수 있는 권리범위확인심판을 활용하지 않았습니다.

LG화학은 법원에서 권리범위확인심판의 결과를 배척할 수도 있으므로 적극적 권리범위확인심판이 근본적 해결수단이 될 수 없고, 따라서 권리범위확인심판을 따로 청구할 실익이 적다고 판단했을 수도 있습니다. 그리고 SK이노베이션은 무효 심판에 의하여 LG화학 특허가 무효만 되면 되니까 별도의 소극적 권리범위 확인심판을 청구항 필요가 없었을 것입니다.

126
특허 출원 비용과 거절결정불복심판 청구 비용

거절결정불복심판의 경우 심사 단계와 연속성이 있어서 간혹 의뢰인 중에는 거절결정불복심판 청구가 별도의 위임계약이 필요한 새로운 사건이라는 것을 모르는 경우가 있습니다. 낭패를 피하기 위해서 특허거절결정서를 송달받았을 때 이를 명확히 알리고 견적서 등을 보내, 심판 청구 비용 등을 반드시 합의할 필요가 있습니다.

특허 가능성이나 심판청구 여부만을 따지다가 나중에 비용 문제로 서로 불편해질 수 있으므로 꼭 주의해야 합니다.

아무리 사건 처리를 잘했어도 나중에 비용이 문제가 되면 서로 상처를 받을 수 있습니다.

127
특허 침해당할 때 특별사법경찰에 신고하기?

변리사 의무연수 중에 손으로 무릎을 치면서 "진작 생겨났으면 좋았을 것을…" 하고 탄식한 제도가 하나 있는데, 바로 특허청의 특별사법경찰(특사경)입니다.

특허를 비롯한 지식재산권이 침해당했을 때 변리사가 제안할수 있는 방안으로 통상 경고장 발송, 사전 협상, 형사 고소, 특허권 침해금지청구, 손해배상청구 및 적극적 권리범위확인심판 등이 있고, 이들 중 손쉽고 리스크가 적은 경고장 발송과 적극적 권리범위확인심판을 먼저 진행할 것을 제안합니다. 그런데 이제는 특허청의 특별사법경찰에 신고하는 방안도 안내할 필요가 있을 것 같습니다.

특허청의 특별사법경찰은 2010년 9월에 위조상품 전문수사기관으로 출범하였고, 이후 사법경찰직무법이 개정되어 2019년 3월부터 수사 범위가 상표 침해에서 특허, 영업비밀, 디자인 침해 등으로 확대되었습니다.

특별사법경찰 제도와 관련해서 많은 내용이 있었지만, 제가 무릎을 친 것은 딱 세 가지 이유 때문입니다.

첫째, 관할 제한이 없습니다. 지식재산 침해 사건이 전국 어디에서 발생하든 특허청 특별사법경찰에 신고(고소 또는 고발)할 수 있습니다. 만일 일선 경찰서에 신고하려면 해당 침해 사건이 발생한 지역이나 침해자의 주소지를 관할하는 경찰서에 해야 하는 제한이 있습니다.

둘째, 침해 신고에 부담이 없습니다. 온라인이나 오프라인 모두 가능하고, 전화, 이메일, 등기, 팩스 등을 통해서도 신고할 수 있습니다. 만일 일선 경찰서에 신고한다면 특별사법경찰과 같은 지식재산 침해 전문 수사관의 체계적인 도움을 받기 어렵기 때문에 신고자에게 여러 가지로 부담이 클 수밖에 없습니다.

셋째, 침해 유형별 전문 수사관이 수사합니다. 신고된 사건에 대한 신속하고 정확한 침해 여부 판단이 가능하므로, 기소율이 일선 경찰서에 비해 월등히 높습니다.

참고로, 변리사는 해당 지식재산권 침해에 대한 의견서나 감정서를 제출할 수 있고, 변호사가 아니므로 대리인 신분이 아닌, 참고인 신분으로 수사에 관여할 수 있습니다. 또한, 저작권 침해에 대한 수사는 특허청이 아닌, 문화체육관광부의 특별사법경찰이 담당하고 있습니다.

제5화

특허권 단계 이야기

여기에서는 특허권의 효력이나 활용 등에 관한 내용을 다루어 보도록 하겠습니다.

128~137

WIPS ON을 이용한 선행기술조사의 노하우

특허 검색을 잘하기 위해서는 기본적으로 검색 연산자 사용에 숙달되어야 합니다. 절단자를 적절히 사용하고 식을 자유자재로 세울 수 있을 정도여야 합니다.

그다음은 키워드를 잘 찾은 후에 이를 좌우로 확장 및 상하로 확장할 수 있어야 합니다. 좌우로 확장의 예는 같거나 유사한 의미를 갖는 단어가 있겠고, 상하로 확장의 예는 상위 개념의 단어와 하위 개념의 단어가 되겠습니다.

마지막으로 키워드를 적합한 검색 필드에 배치할 수 있어야 합니다. 발명의 명칭에 잘 쓰이는 용어가 있고, 청구항이나 발명의 상세한 설명에 써야 하는 용어가 있습니다. 그래서 명세서를 많이 써본 사람이 특허 검색도 잘할 수 있습니다.

이하는 검색 팁을 두서없이 생각나는 대로 적어 보았습니다.

1) 하이픈 (-), 쉼표(,), 작은따옴표('), 슬래시(/) 및 숫자 등은 문자로 인식되므로 화학물질명으로 검색할 때 적절히 활용할 수 있습니다. 그러나 큰따옴표(")는 문자로 인식되지 않고 만일 "우레탄"으로 검색하는 경우 우레탄 앞이나 뒤에 어떤 접사나 조사도 붙지 않은 "우레탄"만을 포함하는 특허 문헌만 검색됩니다.

즉 '우레탄을', '우레탄은', '폴리우레탄' 등은 검색되지 않고, '폴리우레탄 등'과 같이 우레탄만 따로 떨어져 있는 경우에 검색됩니다. 그리고 urethane*와 같이 후방 절단은 가능하나 *urethane과 같은 전방 절단은 불가합니다.

그래도 쉼표, 하이픈, 인용 부호 등은 특별한 경우가 아니면 사용하지 않는 것이 좋습니다. 데이터베이스 서비스의 질에 따라서 검색이 안 되는 건들이 있을 수 있습니다. 예를 들면 실제로는 총 10건인데, 검색 결과로는 총 5건만 나올 수 있습니다.

주의할 것은 괄호 "( )"는 검색식에서 먼저 계산할 부분을 묶는 역할을 하는 것으로 문자로 인식되지 않습니다. 따라서 bisfluoro(oxalate) phosphate와 같은 화합물을 검색하고자 한다면, "bisfluoro(oxalate) phosphate" 또는 "bisfluoro(oxalate) phosphate*"과 같이 큰따옴표로 묶어야 그 안의 괄호가 문자로 인식될 수 있습니다.

2) urethane*으로 검색하는 경우 polyurethane만을 포함하는 특허 문헌은 검색되지 않습니다. 이유는 색인을 만들 때 polyurethane을 poly와 urethane으로 나누지 않고 polyurethane을 통으로 만들기 때문입니다.

따라서 이럴 때는 polyurethane*과 urethane*을 같이 검색해야 합니다. 특히 실제 키워드가 외국어인 경우에 이를 한국어로 검색할 때 더 자주 발생하니 주의가 필요합니다.

색인이 어떻게 되었는지 쉽게 확인하는 방법은 [서지+요약+대표 청구항] 범위에서 검색식을 (poly adj urethane)으로 놓고 검색을 실행했을 때 그 결과로서 'polyurethane'을 포함하는 특허 문헌이 나오는지를 보면 알 수 있습니다. 'polyurethane'을 포함하는 특허 문헌이 나오면 'poly'와 'urethane'으로 색인이 만들어진 것입니다.

3) 스텝(STEP) 검색을 활용하면 검색 과정을 체계적으로 정리하는데 있어서 약간의 시간을 절약할 수 있습니다.

먼저 한 검색 결과들과 이번에 한 검색 결과가 검색식을 넣는 메인 박스 아래에 작은 표로 검색식과 함께 정리되어 나타납니다. 조사 보고서를 작성할 때와 같이 검색 과정과 검색 결과를 보여 줘야 할 경우 단계별로 기록이 남으니까 별도로 정리할 필요가 없어 조금이라도 손이 덜 가게 됩니다.

4) 경쟁사를 출원인으로만 검색하면 출원 이후에 경쟁사로 양도된 특허는 볼 수 없으므로, 현재 등록 권리자로도 검색하는 것이 좋고, 여기에서 추가로 확인된 양도인이나 양도 회사를 다시 출원인에 추가하여 검색하면 보다 완벽한 조사가 될 수 있습니다.

5) 약어의 경우 인터넷상이나 특허 문헌 등에 있어서 대표적으로 사용되는 것인지 꼭 확인할 필요가 있습니다. 그렇지 않으면 노이즈, 즉 필요 없는 특허가 검색 결과에 많이 포함되어 선행기술조사의 효율성을 떨어뜨립니다.

예로 특정 수지로 한정하고자 ABS를 검색해 보면 Anti-lock Braking System, American Bureau of Shipping, Acrylonitrile Butadiene

Styrene 등과 관련된 내용이 모두 쏟아져 나옵니다.

　또한, 약어가 단어(word)의 중간에 끼일 수 있는 경우 엄청난 노이즈가 포함될 수 있습니다. 예로, 약어가 TIN인 경우 testing, counting 등의 단어가 포함된 자료를 모두 가져옵니다.

　6) 영어 두문자어나 약어의 경우 약어의 경우 한글로 읽히는 대로도 검색할 필요가 있습니다. 예로, BPA의 경우 '비피에이'로도 검색할 필요가 있습니다.

　'apple'을 찾을 때 '애플'을 빼먹으면 큰 실수를 하는 것입니다.

　7) 검색 결과에 대하여 전체 선택을 클릭한 후 항목별로 분류하고 나서 IPC만을 선택 분류하면 어떤 IPC에 있는 특허가 검색되었는지 확인할 수 있고, 이로부터 필요 없는 IPC 분야가 있는지 확인할 수 있습니다.

　이러한 자료를 가지고 검색식에서 IPC를 특정 분야로 한정하면 때때로 상당한 노이즈를 제거할 수 있습니다. 특허 분류에는 IPC(International Patent Classification) 외에도 CPC(Cooperative Patent Classification), Original US Class, Original F-Term 등이 있습니다.

　8) 검색식을 완전히 믿으면 안 됩니다.

　신뢰할 수 있는 결과인지를 확인할 수 있는 방법이 있으면 최대한 다 확인하는 것이 좋습니다. 두 개의 다른 검색식으로 검색을 한 다음 이를 하나의 검색식으로 통합할 때, 두 개의 검색식에서 나온 결과를 다 포함한다고 확신하지 말고, 정말 그런지 확인해 봐야 합니다.

일단 양 검색식 모두에 포함된 자료는 1건으로 계산되므로 전체 건수는 줄어들게 됩니다. 이 경우 양 검색식으로 검색한 자료를 동일 마이 폴더에 저장하면 중복되는 건들은 중복해서 저장되지 않으므로, 여기에 저장된 건수와 통합된 검색식에 의해 나온 건수가 대응되는지 확인해 보면 됩니다.

9) 검색 연산자 'NOT'은 조심해서 사용해야 하고, 특별한 경우가 아니면 사용을 추천하지 않습니다.

어떤 KEY WORD 때문에 노이즈가 너무 많이 따라올 때 연산자 'NOT'을 써서 상당한 양의 노이즈를 제거할 수 있는데, 실제 써보면 노이즈가 아닌 것도 제거되는 경우가 많으므로, 그 결과를 꼼꼼하게 따져 보아야 합니다.

10) 보통 순차적으로 인접한 키워드를 찾을 때 연산자 'adj'를 쓰는데, 한글의 경우는 순서를 바꿔 쓰는 경우가 드물지만, 영어의 경우는, 예로 'candy box'를 'box of candy'와 같이 키워드 순서가 바뀔 수 있으므로 그것을 고려해서 순차적일 필요가 없는 연산자 'near'를 적절히 활용하면 좋습니다.

그러나 'adj'를 쓸 자리에 'near'를 쓰면 다 좋을 것 같지만, 아무 때나 쓰면 불필요한 노이즈가 많이 검색됩니다.

11) 의뢰인이 관련 특허문헌을 가지고 있다거나, 특허맵이나

다른 기타 자료로부터 관련 특허문헌을 확보하고 있다면, 이를 검색식의 인디케이터(indeicator)로 활용하면 적합한 검색식을 잡는데 도움이 됩니다.

내가 만든 검색식과 이들 특허문헌 번호를 연산자 'AND'로 연결한 후 검색을 했을 때 그 검색식이 이들 특허문헌을 다 포함할 수 있는 범위로 설정되었다면, 특허문헌이 10개면 10개 모두 검색 결과에 나타날 것입니다. 만약 특허문헌이 5개만 잡힌다면 내 검색식이 커버하는 범위가 너무 좁거나 필드 중심에서 다소 벗어나 있는 것이므로 범위를 새로 조정해야 합니다.

12) 검색 시 한글은 형태소 분석(morpheme analysis)이 그리고 영어는 어간 추출(stemming)이 자동적으로 진행됩니다. 검색 결과에 있어서 한글 검색은 큰 영향을 받지 않으나, 영어 검색은 상당한 영향을 받을 수 있습니다.

stemming의 어간은 stem이므로, stemming으로 검색해도 stemming, stemmed, stem 등과 같은 어간을 포함하는 특허문헌이 검색됩니다. 만약 형태소 분석이나 어간 추출 기능을 배제하고 싶으면 절단자(*)를 사용하면 됩니다.

13) 특허동향분석을 위한 선행기술조사에서 제 경험상 가장 무난한 방법은 먼저 서지+요약+대표청구항 범위에서 '키워드'로 검색식 작성, 다음으로 서지+요약+전체청구항 범위에서 '키워드 and 경쟁사'로 검색식 작성, 그다음으로, 상기 두 검색식을 or로 연결하여 검색, 마지막으로 검색 결과를 중복제거한 후 '확장 후

그룹핑' 하여 관련 특허문헌을 추출하는 것입니다.

테크트리(Tech Tree)나 특허 주제 조사 등이 목적이라면 국가별 패밀리 특허까지 확인할 필요는 없으므로, 마지막 단계의 '확장 후 그룹핑'은 생략되어야 합니다.

129
발명자가 궁금해하는 시장성에 대하여

발명자가 변리사인 저에게 가장 많이 물어보는 것은 자신의 발명이 특허를 받을 수 있는지 여부입니다. 그다음으로는 자신의 아이디어나 기술이 특허의 대상이 되는지와, 자신의 발명이 시장성이 있는지에 대한 것입니다.

시장 규모나 시장에 진입해 있는 기업들에 대한 정보는 통계청이나 관련 연구기관 등에서 조사한 자료를 통해 알 수 있고, 실제 시장에서 필요한 기술 또는 요구하는 기술이 무엇인지에 대해서는 직접 시장조사를 통해서 알 수 있으며, 간접적으로는 특허 문헌이나 학술자료 등을 통해서 알 수도 있습니다.

변리사가 상기와 같은 자료들을 토대로 시장성 여부를 대략적으로 말해주는 것이 불가능한 것은 아니겠지만, 어떤 식으로든 담보해 줄 수는 없습니다. 최대한 시장에서의 불확실성, 즉 리스크를 줄이고자 하는 발명자의 심정은 십분 이해할 수 있습니다.

참고로, 제가 조사한 것들을 정리하면, 시장조사(marketing research)는 한 상품이나 서비스가 시장에서 어떻게 구입되며 사용되고 있는지, 그리고 어떤 평가를 받고 있는지에 관한 조사를 말합니다.

또한, 시장조사는 크게 구입사용실태조사(상품의 구매와 사용 실태에 대한 조사), 판매계획조사(어떤 판매계획이 구체적으로 판매촉진에 어느 정도 기여하는지에 대한 조사), 제품계획조사(신제품의 개발이나 기존제품의 개량을 위해 어떤 조건의 것이 가장 인기를 끄는지에 대한 조사나 제품 테스트), 수요예측조사(장래 일정 기간 어느 정도의 생산량이 필요할지에 대한 조사) 등 네 가지로 분류할 수 있습니다. 더 많이 알고 싶은데 시간은 속절없이 지나갑니다.

130
원천특허는 어떤 특허를 말할까?

미디어에서 '원천특허! 원천특허!' 하니까 원천특허가 정확히 어떤 특허를 말하는 것인지 궁금해집니다. 그러나 특허업계에서 합의된 정의는 없는 것 같고, 근원 원(源) 샘 천(泉)이라는 말 그대로 샘과 같이 근원이 되는 기술에 대한 특허, 또는 'original patent'이라는 단어 뜻 그대로 다른 기술에 의존하지 않는 독창적인 기술에 대한 특허라고 생각하면 무난할 것 같습니다.

다만, 개인적으로 하기와 같은 요건을 모두 만족하는 특허라면 미디어에서 말하는, 그리고 사람들이 기대하는 원천특허에 해당한다고 볼 수 있습니다.

1) 개량된 기술에 관한 특허가 아닐 것

2) 어떤 제품에 있어서 필수적인 기술에 관한 특허일 것

3) 출원 또는 공개 이후 여러 개량특허가 나올 것

4) 청구범위가 포괄적으로 기재되어 있으나, 관련된 선행기술이 없어 무효 가능성이 매우 낮고, 회피설계가 불가능한 특허일 것

요건 1~3은 원천특허의 정의에 부합하고, 요건 4는 요건 1~3에 더하여 사람들이 원천특허에 대하여 상상하는 이미지, 즉 독창적이고 강력하며 어떤 경쟁사도 결코 피해 갈 수 없을 것 같은 특허가 되게 하는 요건에 해당합니다.

131
인도 특허청이 요구하는 실시보고서

인도에서 특허를 받은 경우 인도 특허청으로부터 매년 실시보고서 제출을 요구받습니다. 한국 등에는 없는 독특한 제도입니다.

특허사무소로부터 이러한 내용을 전달받으면 어느 정도까지 자세히 보고해야 하는지, 실시하지 않고 있을 때 불이익이 있는 것은 아닌지 등 굉장히 민감해집니다.

현지 대리인에 따르면 매해 6월 30일 이전에 특허 등록되면 다음 해 3월에 제출해야 하고, 만일 7월 1일 이후에 특허 등록되면 다다음 해 3월에 제출해야 하며(마감일 3월 31일), 이때 전년도 1월부터 12월까지의 생산량 또는 수입량과 생산액 또는 수입액(루피) 등을 기재해야 한다고 합니다.

보다 구체적인 사항은 다음 표 1과 같습니다.

표1

인도 내에서 상기 특허발명의 해당 연도 상업적 실시 여부
(생산/판매/수입 등)

실시하지 않은 경우	-실시하지 못한 이유	
	-실시를 위한 개발 단계	
실시한 경우	-생산/수입 여부	-생산업체명 / 수입 국명
		-생산량 및 생산액(루피) / 수입량 및 수입액(루피)
		-수요충족도(합리적 가격으로, 수요가 부분적/적정선/충분히 충족되었는지 여부)
	-라이선스 체결 여부	

현지 대리인 얘기로는 특허청에서 요구하는 실시보고서는 단지 특허가 인도 내에서 활용되고 있는지, 공중의 필요를 충족시켜 주고 있는지를 알아보기 위한 것일 뿐이지, 반덤핑 등 다른 문제에 실시보고서가 영향을 미치지는 않는다고 합니다.

실시보고서를 제출하지 않는 경우 페널티(penalty)로 최대 USD 21,000이 부과될 수 있으며, 특허를 무효화하지는 않으나, 강제실시(compulsory license) 또는 기타 소송 절차 등에 있어서 불이익을 받을 수 있다고 합니다. 참고로, 1달 정도의 유예기간(grace period)이 있습니다.

132
특허는 정말 쓸모가 없을까?

간혹 사람들로부터 "특허가 무슨 쓸모가 있느냐?"라는 말을 들을 때가 있습니다. 투자한 만큼 얻어지는 것도 없고, 특허와 관련해서 무슨 문제가 생겼을 때 사내 특허 전담부서나 변리사로부터 명쾌한 답을 듣기 어렵다는 이유 때문입니다.

어떤 분야든 보통 명쾌한 답을 찾기 어려운 지점에서 문제가 생기기 마련입니다. 그리고 많은 제안이 법원의 판결과 같은 공적인 판단을 가정해야 하기 때문에 리스크를 언급할 수밖에 없습니다. 이러한 리스크를 슬기롭게 처리하기 위해서는 특허적인 측면과 사업적인 측면을 모두 고려해야 하는 경우가 많은데, 사업적인 측면은 별도의 정보가 없는 이상 변리사가 고려하기는 어렵습니다.

개략적으로 특허는 아래와 같이 활용할 수가 있습니다.

첫째, 특허는 권리입니다.

특허권은 특허발명을 독점적으로 실시할 수 있는 동시에 타인의 실시를 배타적으로 배제할 수 있는 권리입니다. 타인이 정당한 권원 없이 특허발명을 실시하는 경우 특허권의 침해를 이유로 민형사상의 제재조치를 취할 수 있습니다. 고의로 특허를 침해했다면 감옥에도 갈 수 있습니다. 특허기술에 자본을 투입하여 물건이나 서비스를 만들고, 이를 시장에 독점적으로 판매함으로써 큰 이윤을 남길 수 있습니다. 잘 활용만 하면 특허는 직접 수익을 창출하는 도구가 됩니다. 점점 특허로 돈을 버는 회사들이 많아지고 있습니다.

둘째, 특허권은 개인의 재산권에 해당하므로 이전할 수도 있고, 특허권에 대한 실시권이나 질권을 설정하여 수익을 낼 수도 있습니다.

기술금융 지원을 받거나 IP 담보대출을 받을 수도 있습니다.

소위 특허 괴물(patent troll)이라고 하는 특허관리전문회사(NPE)는 일례로 분쟁의 대상이 될 만한 특허를 저가로 매입하여 국내외 실시기업을 분석한 후 라이선스 계약을 요구하고, 만일 라이선스 계약을 거절하면 해당 기업을 상대로 IP 소송 프로젝트를 기획하여 외부투자를 유치한 후 특허 침해 소송을 제기합니다. 승소할 경우 수익을 배분하는 방식입니다.

셋째, 특허 획득은, 특히 미국이나 유럽에서의 특허 획득은 주가를 끌어올리기도 합니다.

특허 취득 후 다음 날까지 금융감독원 등에 신청하면 공시가 되고 이로 인해 주가가 뛰기도 합니다. 다만, 해외 특허의 경우 대리인으로부터 특허권 취득 통지를 받은 즉시 공시신청을 할 필요가 있습니다. 최근에 조사 결과 과거와 달리 특허권 취득 공시(금융감독원 전자공시 시스템 기준)가 주가 상승에 바로 적용되지 않았다는 기사가 있었지만, 미국이나 유럽특허의 취득은 투자자들에게 여전히 매력적일 수밖에 없고, 공시 이후 특허 취득이 크게 기사화되는 경우 때때로 주가 상승에 상당한 영향을 끼치는 것 같습니다.

넷째, 특허는 기업이 독자적인 기술을 가진 기업임을 나타내주고, 이로 인해 투자자에게 유리하게 접근할 수 있으며, 투자자를 유인할 수 있습니다.

다섯째, 특허번호를 관련 상품 포장에 기입하거나, 특허받은 것을 홍보함으로써 소비자에게 회사와 제품의 우수성을 알려 제품 판매를 촉진할 수 있습니다.

여섯째, 정부나 지자체 또는 공공기관이나 공기업에 납품을 한다거나 정부의 지원을 받아야 할 때 관련 기술에 대한 특허권은 매우 유리하게 작용할 수 있습니다.
즉, 그 특허로 인해 선정이 될 수도 있고, 평가 시 필수조건 또는 가점이 될 수 있습니다.

일곱째, 제품에 대한 특허를 가지고 있다고 하면 경쟁업체와의 특허 침해 문제를 걱정하는 거래처를 안심시킬 수 있고, 특허 침해 소송이 제기되는 경우 손해배상액을 감액시키거나 크로스-라이선스를 할 수도 있습니다.

여덟째, 잘 아시는 바와 같이, 특허는 기술이전 시 로열티 산정에 절대적인 영향을 줄 수 있습니다.

참고로, 특허에 대한 로열티는 평균적으로 매출액의 3~8% 정도로 알려져 있으나, 화학, 식품, 자동차 등과 같은 산업분야의 로열티와 인터넷, 미디어, 소프트웨어 등과 같은 산업분야의 로열티는 상당한 차이가 있습니다. 뒤의 로열티가 훨씬 높은 것으로 나타납니다.

아홉째, 그리고 특허는 기술 분야나 시장을 선점하는 효과가 있습니다.

공장을 짓거나 제품을 판매하기 전이라도 특허로 그 기술 분야나 시장을 선점해 놓을 수가 있습니다. 아무리 공장을 크게 지어도, 아무리 생산한 제품을 사겠다는 사람들이 많아도, 그 제품에 대한 특허가 다른 사람의 소유라면 그림의 떡과 같습니다.

열째, 특허는 대부분의 사람들이 간과하기 쉬운 보이지 않는 효과가 있습니다.

경쟁사 또는 잠재적 경쟁사의 특허권 확보를 막을 수 있습니다. 얼마나 많은 특허 출원이 선출원된 특허로 인해 포기 또는 거절되었는지 특허권자는 알지 못하겠지만 많았을 것입니다.

또한, 경쟁사 또는 잠재적 경쟁사의 시장 진입을 막을 수 있습니다. 선행기술조사 결과 유효한 특허가 한두 개만 있어도 의뢰인들 대부분은 하려던 사업을 착수하지 않았습니다. 그렇다고 그 특허권자에게 "당신 특허 때문에 우리가 사업을 못 하게 되었습니다."라고 얘기해 주시는 않습니다.

133
특허받으면 특허를 팔 수도 있습니까?

간혹 의뢰인 또는 개인 출원인이 발명이나 특허 출원이 특허가 되면 팔 수 있는지 물어보는 경우가 있습니다. 사실 저 같아도 궁금할 것 같습니다. 특허를 사기 원하는 의뢰인도 한두 명 있었습니다만 거래가 이루어지지 않았습니다.

예전에는 솔직히 바로 답해 드릴 수 있는 질문이 아니었습니다. 답은 간단한데, '현실과 이상의 괴리'라고 할까요? 특허권은 개인이나 법인의 재산입니다. 이를 소위 지식재산권이라고 합니다.

당연히 사고팔고 할 수 있고, 빌려줄 수도 있으며, 이를 담보로 대출을 받을 수도 있습니다. 그러나 특허 거래가 발명자 또는 출원인이 피부로 느낄 수 있을 정도로 활성화되지 않은 현실을 무시하고 쉽게 '그렇다'라고 대답할 수도 없고, 그렇다고 안 될 것도 없는데 '안 된다, 어렵다'라고 대답할 수도 없기 때문이었습니다. 아직도 특허 거래나 라이선스 등은 대기업의 전유물 같아 보이는 것이 현실입니다. 그래도 지금은 예전에 비해 특허 업계도 특허 거래 시장에 많은 관심을 가지고 있고, 이를 활성화시키고자 많이 노력하고 있습니다. 특히 정부 차원에서 특허 거래를 활성화시키기 위해 많은 지원을 하고 있습니다.

한국과 같이 천연자원이 적은 나라는 특허 등과 같은 지식재산이 절실히 필요합니다. 더군다나 이제는 특허가 없으면 사업하기 힘든, 아니 사업할 수 없는 사회가 되어 버렸습니다. 지금까지는 사업자가 필요한 특허를 대부분 직접 개발하여 충당했지만 그러한 필요를 다 충족시키기에는 한계가 있고, 또한 국가적인 낭비가 아닐 수 없습니다.

요즘은 위와 같은 질문을 받으면, 마음에 주저함 없이, "예, 보장할 수는 없지만 가능합니다."라고 바로 말할 수 있습니다. 그런데, 이 말이나 저 말이나 그게 그거죠?

근래에 인터넷상에 특허권 거래 사이트들이 많이 생겨났습니다. 다만, 여기저기 살펴보면 특허 매도인이 생각하는 매매가와 특허 매수인이 생각하는 특허 매매가가 너무 차이가 나서 이를 합리적으로 조정할 수 있는, 양측 모두 납득할 수 있는 방법이 나오지 않으면, 한 번의 쇼로 끝나고 말 것 같습니다. 저도 의뢰인들의 특허를 적정한 가격에 팔아주거나 반대로 의뢰인들이 원하는 특허를 적정한 가격에 사주고 함께 좋아하는 날이 오기를 학수고대합니다.

특허 매매가는 시장 규모와 그 특허가 시장에서 차지하는 비중에 따라 결정될 수 있습니다. 그러한 비중은 ① 특허의 권리 범위와 개수, ② 상용화 정도, ③ 적용 가능한 제품의 범위, ④ 생산단가, ⑤ 유통구조, ⑥ 경쟁업체의 유무 등을 종합적으로 고려하여 결정할 수 있습니다.

134
특허법의 목적은 산업발전이다

  특허법의 목적은 디자인보호법, 상표법, 변리사법 등과 마찬가지로 산업발전입니다. 그러나 산업발전의 동력인 연구개발, 발명, 이윤 창출 중 어느 하나라도 중단되면 특허를 통한 산업발전은 기대하기 어렵습니다. 이윤 창출 없이는 연구개발에 투자를 끌어낼 수가 없고, 연구개발에 대한 투자 없이는 유용한 발명을 할 수가 없습니다. 이윤을 연구개발에 쏟고, 연구개발의 결과로 발명을 도출하고, 도출된 발명을 특허로 만드는 일이야말로 산업발전으로 가는 지름길입니다. 선진국들이 지식재산에 총력을 기울이는 이유가 여기에 있습니다.

  "어떻게 하면 권리화시킬 수 있을까?" 또는 "어떻게 하면 특허로 만들 수 있을까?"라고 고민하는 만큼, 아니 그 이상으로 이제는 "어떻게 하면, 이 특허가 빛을 보게 할 수 있을까? 어떻게 하면, 이 특허로 돈을 벌게 할 수 있을까? 어떻게 하면 특허로 우리 산업을 발전시킬 수 있을까?"라는 고민을 해야 할 것 같습니다.

  개인적으로, 개인 발명가가 획득한 특허의 경우에 쏟아부은 시간이나 노력을 충분히 보상받을 수 있는 통로가 있으면 더 좋겠지만, 최소한 출원 및 등록에 들어간 비용은 쉽게 건질 수 있는 정도의 특허 거래 시장이 활성화되었으면 좋겠습니다. 특허업계에 종사하는 사람들은, 특히 변리사는 이 나라의 산업발전을 간과할 수 없는 사람들입니다.

펠릭스 호프만(Felix Hoffmann 1868~1946)은 아스피린을 발명하여 인류로 하여금 새로운 세상을 맞이하게 했습니다. 최초의 합성 의약품으로 1899년 시판, 현재도 해마다 전 세계적으로 약 1000억 알이 소비되고 있습니다. 소염제, 해열제, 진통제, 심혈관 질환이나 심장마비 예방약, 치매와 암 예방에도 효과가 있는 것으로 알려져 지금도 그 효과에 대한 연구가 계속 진행 중입니다.

독일 화학자 한스 폰 페치만의 플라스틱(폴리에틸렌), 농업 혁명을 일으킨 독일의 프리츠 하버와 카를 보슈의 질소비료의 합성, 영국국방부가 영국 헐 대학교 죠지 그레이 교수에게 의뢰하여 개발한 평면 디스플레이, 기적의 섬유로 불리고 이전의 옷감 부족 문제를 일거에 해결한 미국인 화학자 월리스 캐러더스의 나일론 섬유, 10년 동안 약 20억 정이 판매되고 세계 5~6위 제약회사이던 화이자를 세계 1위의 제약회사로 만든 화이자 연구진의 비아그라, 20세기 히트 상품인 스펜서 실버의 감압 접착제(포스트잇) 등은 모두 새로운 세상과 문화를 낳은 위대한 화학발명들입니다.

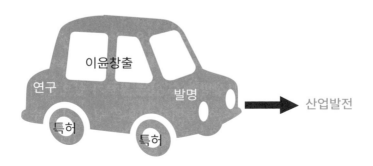

135
실용신안, 디자인, 상표 및 저작권

특허, 실용신안, 디자인, 상표 및 저작권은 어떤 차이가 있을까요?

특허는 고도한 발명에 대한 것으로, 인체를 대상으로 하는 치료방법 등과 같은 기술 외에는 그 대상에 큰 제한이 없습니다. 실용신안은 특허보다 덜 고도한 발명에 대한 것으로, 물질이나 방법에 관한 발명은 해당되지 않고 도면으로 나타낼 수 있는 물건, 즉 협의의 물건에 한정됩니다. 그 때문에 실용신안은 도면이 필수적입니다.

디자인은 말 그대로 물건의 디자인에 대한 것으로, 시각적으로 미감을 일으키는 것이어야 합니다. 디자인적인 특징(시각적미감)과 기술적 특징이 모두 있는 경우라면, 각각에 대하여 특허 출원 및 디자인 출원이 가능합니다. 그리고 디자인이 상표와 같은 식별력을 가진 경우에는 상품이나 서비스업을 지정하여 상표 출원도 할 수 있습니다.

상표는 창작이 아니라 선택의 문제로 자신의 상품 또는 서비스업과 타인의 상품 또는 서비스업을 구별하게 하는 식별력이 있어야 합니다. 따라서 상표는 반드시 새로울 필요는 없지만, 동일 또는 유사 상품의 상표와 동일 또는 유사하면 상표등록을 받을 수가 없습니다.

저작권은 창작물(저작물)에 대한 것으로 그 창작과 동시에 발생하므로 이를 위해 따로 등록하거나 표시할 필요는 없습니다. 다만 저작권 등록을 해두면 최소한 등록한 연월일에 창작물(저작물)이 창작되었다는 것을 추정받을 수가 있으므로, 저작권 침해 등의 문제가 발생했을 때 창작자 및 창작 연월일에 대한 입증 책임을 덜 수 있습니다. 그리고 창작물(저작물)이 상품의 표지나 물건의 디자인으로 기능할 수 있다면, 상표나 디자인으로도 등록받을 수 있고, 상표 등으로 등록받더라도 저작권은 배제되지 않습니다.

마지막으로, 특허는 존속기간이 출원일로부터 20년, 실용신안은 출원일로부터 10년, 디자인은 등록일로부터 20년, 상표는 설정등록일로부터 10년이지만 갱신 등록에 의하여 10년씩 연장되어 실질적으로 존속 기한에 제한이 없습니다. 저작권은 창작자가 죽은 뒤에도 70년 동안 보호받을 수 있습니다.

다만, 의약품 또는 농약 특허는 관련 기관의 허가나 등록을 받아야 실시할 수 있는 제한이 따르므로, 이에 대한 보상으로 소정 요건 충족 시 5년의 범위 내에서 그 특허권의 존속기간을 연장해주는 제도가 있습니다.

136
특허 침해 상담 : 침해검토, 무효검토, 회피설계

특허 상담 시 특허 침해가 문제 될 수 있는 경우 통상 실시기술 또는 실시예정기술에 대한 침해 여부 판단, 대상 특허에 대한 무효 여부 판단 및 대상 특허에 대한 실시기술 또는 실시예정기술의 회피설계 등을 제안하게 되는데, 먼저 현재 가장 필요한 것, 또는 우선적으로 진행해야 할 것이 무엇인지 파악한 후 의뢰인에게 그에 대한 내용, 절차 및 비용 견적을 제시해야 합니다.

침해 여부를 판단하는 구성요소 완비의 원칙에 의할 때 특허발명의 청구항에 개시된 모든 구성요소를 포함해서 실시해야 특허 침해가 성립하므로, 청구항의 일부 구성을 생략 또는 치환하는 경우에는 그 특허발명의 권리를 침해하지 않고 피해갈 수 있는데, 이렇게 실시기술이나 실시예정기술을 변경하는 작업을 회피설계라고 합니다. 그리고 회피설계된 기술은 방어적으로 특허출원해 놓는 것이 좋습니다.

만약 한 가지 방법을 우선적으로 선택하기 어렵고, 세 가지 방법을 모두 진행하기에는 비용적으로 부담이 되는 상황인 경우라도, 상담 자리에서 우물쭈물할 필요가 없습니다. 그 자리에서 명확히 하면 좋겠지만, 이후 관련 기술 검토 후 세 가지 경우에 대하여 모두 견적서를 보내 주겠다고 해도 괜찮습니다. 이럴 때 의뢰인도 세 가지 경우에 대한 견적서를 모두 받고 싶어 합니다.

137
세관의 침해 의심 물품 수출입 등
사실 통보서를 받았을 때

　세관은 수입 신고된 물품 등이 지식재산권 침해에 해당한다는 합리적인 의심이 드는 경우 이에 대한 사실을 지식재산권 권리자와 수입업자에게 통보합니다.

　지식재산권 권리자는 해당 수입 신고된 물품 등이 자신의 지식재산권을 침해한다고 판단되면 통보를 받은 날로부터 7일 이내에 통관보류 요청서를 제출할 수 있습니다. 이러한 통관보류 요청서에는 담보제공서, 담보를 수입업자의 손해배상에 사용하여도 좋다는 내용의 각서, 변리사의 감정서, 침해인 것을 증명하는 자료 등을 첨부해야 합니다. 만일 통보를 받은 날로부터 7일 이내에 담보제공서 등을 첨부하여 통관보류 요청서를 제출하지 않으면 통관보류 요청은 없는 것으로 간주됩니다.

　반면에 수입업자는 통보를 받은 날로부터 7일 이내에 자신의 물품이 지식재산권을 침해하지 않았음을 소명하는 변리사의 감정서 등을 제출할 수 있습니다. 상기 7일 이내의 기간은 연장되지 않으므로, 사실 통보를 받은 후 신속하게 대응해야 합니다. 만일 통보를 받은 날로부터 7일 이내에 변리사의 감정서 등의 소명 자료를 제출하지 않으면 통관보류 등 불이익을 받을 수 있습니다.

세관에서는 지식재산권 권리자의 통관보류 요청이 없거나, 수입업자가 제출한 소명 자료 등에 의해 침해가 아니라고 판단되면 통관 조치를 합니다.

만일 통관보류 조치가 취해지는 경우 지식재산권 권리자는 그 통보를 받은 날로부터 10일 이내(10일 연장 가능)에 한국 무역위원회(KTC)에 조사를 신청하거나 법원에 침해금지 소송을 제기해야 무역위원회의 의결 또는 법원 판결이 확정될 때까지 통관보류가 지속되고, 그렇지 않으면 통과보류 조치는 해제됩니다. 무역위원회 의결 또는 법원 판결을 통해 침해가 확정되면 통관보류 물품은 폐기되고, 반대로 침해가 아닌 것으로 확정되면 통관보류 물품은 통관이 되고 수입업자는 그동안의 손해를 지식재산권 권리자가 제공한 담보로부터 배상받게 됩니다.

결론적으로, 사실 통보서를 받은 사람이 지식재산권 권리자이고 해당 수입 신고된 물품 등이 자신의 지식재산권을 침해한다고 판단되면 통보를 받은 날로부터 7일 이내에 통관보류 요청서를 제출해야 하고, 반대로 사실 통보서를 받은 사람이 수입업자라면 통보를 받은 날로부터 7일 이내에 자신의 물품이 지식재산권을 침해하지 않았음을 소명하는 변리사의 감정서 등을 제출해야 합니다.

참고로, 지식재산권 권리자는 해당 지식재산권을 관세청 지식재산권 정보시스템에 등록하여 침해물품이 수출입 되지 못하도록 대비할 수 있고, 수·출입자는 통관보류 관련 절차를 진행하기에 앞서 세관에 폐기를 요청할 수도 있습니다.

세관에서 적용하는 지식재산권은 특허법, 상표법, 디자인보호법, 저작권법, 식물신품종보호법, 농수산물 품질관리법 상 등록된 권리이고, 부정경쟁방지 및 영업비밀보호에 관한 법에 의하여 보호되는 권리는 포함하지 않습니다.

세관은 법원 확정판결, 무역위원회 판정, 수입업자 인정 등이 있는 경우와 같이 수입 신고된 물품 등이 지식재산권에 대한 침해가 명백할 때에는 직권으로 지식재산권 권리자와 수입업자에게 통관보류를 통보하고 침해조사를 진행합니다. 침해조사 결과 침해에 해당하면 관련 법률에 의해 처벌되는 것은 별개로 수입 신고된 물품 등은 국외로 반출 또는 폐기되거나, 침해 부분이 쉽게 제거 가능한 경우에는 제거한 후 국내로 반입할 수도 있습니다.

제6화

특허 외 이야기

여기에서는 저작권, 상표권, 디자인권, 상호권 등이 어떻게 적용될 수 있는지에 관한 내용을 다루어 보도록 하겠습니다.

138~140

138
제가 만든 노래를 저작권으로 보호받고 싶습니다

변리사가 다루는 지식재산권은 산업재산권과 저작권을 포함합니다. 저작권은 특허 등의 산업재산권과는 달리 창작과 동시에 자동으로 발생하므로 별도의 출원이나 등록 등이 필요하지 않습니다. 따라서, 저작물의 저작자, 내용 및 창작일을 명확히 증명할 수 있는 경우라면, 예를 들어 공표, 출판, 기사, 논문 등을 굳이 비용을 들여 저작권 등록을 할 필요가 없습니다.

다만, 내가 출판 등을 하기 전에 누군가 도용 등을 할 가능성이 있다든지, 아니면 저작물의 저작자가 누구인지, 어떤 내용인지 또는 언제 창작했는지 등을 명확히 증명하기 어려운 경우에 이를 저작권 등록해 두면 등록된 내용(저작물, 창작자, 창작 연월일, 공표 연월일 등)에 법정 추정력이 발생하여 분쟁 시 입증책임을 면할 수 있습니다. 즉, 이를 부정하려는 자에게 입증책임이 전가됩니다.

저작물을 등록해 두면 법정 추정력 이외에도 제삼자에게 대항할 수 있는 대항력, 저작권법에서 정한 일정한 금액(저작물마다 1천만 원, 영리를 목적으로 고의의 경우 5천만 원 이하)을 손해액으로 인정받을 수 있는 법정 손해배상 청구권, 일부 공표 후 70년에서 저작자 사후 70년으로 연장되는 보호 기간연장 효과, 침해물품의 수출입으로부터 자신의 저작권을 보호받을 수 있는 침해물품 통관보류 신고 자격 등을 취득하는 이점이 있습니다.

따라서, 저작권 등록을 하지 않으면 저작물에 관한 사항의 입증이 어려운 경우인지를 살핀 후, 그렇다고 한다면 저작권 등록을 제안할 수 있습니다. 저작권 등록은 한국저작권위원회 사이트에서 신청할 수 있습니다.

참고로, 저작권은 저작자가 사람인 경우 사후 70년까지 보호받을 수 있고, 법인이나 단체인 경우 공표한 때로부터 70년까지 보호받을 수 있습니다. 여기에서 저작권을 전통적인 협의의 저작권과 시대가 복잡해짐에 따라 발생한 저작인접권으로 나눌 수 있습니다.

또한, 상기 저작권을 인격권과 재산권으로 나눌 수 있는데, 인격권은 인격에 관련된 공표권, 성명표시권, 동일성 유지권을 포함하고, 재산권은 재산에 관련된 복제권, 공연권, 공중송신권(방송, 전송, 디지털 음성 송신), 전시권, 배포권, 대여권(음반, 컴퓨터프로그램), 2차적 저작물 작성권을 포함합니다.

상기 저작인접권은 저작자 외에 실연자의 권리, 음반제작자의 권리, 방송사업자의 권리를 포함하고, 실연자는 일부 실연과 관련된 인격권과 재산권을 갖고, 음반제작자와 방송사업자는 각자와 관련된 일부 재산권을 갖습니다.

또한, 저작물을 원저작물과 2차적 저작물로 나눌 수 있습니다. 2차적 저작물은 원저작물을 번역, 편곡, 변형, 각색, 영상제작 또는 그 밖의 방법으로 작성한 창작물을 말하는데, 원저작자는 2차적 저작물을 만들 권리와 이용할 권리를 가집니다. 원저작자의 허락 없이 2차적 저작물을 만들면 원저작자의 2차적 저작물 작성권을 침해하게 되는 것입니다만, 제삼자와의 관계에서는 독립된 저작물로 보호받을 수 있습니다.

139
이모티콘, 지식재산권으로
어떻게 보호받을 수 있을까요?

얼마 전에 큰딸이 학교 조별 과제로 이모티콘을 만들어 온라인 상에서 판매를 시작했습니다. 어떻게 지식재산권으로 보호를 받을 수 있을까요?

먼저, 저작권은 특허 등의 산업재산권과는 달리 창작한 때부터 자동으로 발생하므로 출원이나 등록 등 어떠한 절차나 형식의 이행이 필요하지 않습니다. 따라서 누군가 딸아이의 이모티콘을 허락 없이 사용한다면 자동 발생한 저작권으로 형사 고소, 손해 배상의 청구, 명예 회복에 필요한 조치의 청구 등을 행사할 수 있습니다.

그런데, 상표권 행사는 가능할까요? 상품에 부착된 이모티콘은 소비자의 구매 욕구를 불러일으킬 수 있지만, 이와 같이 상표화하기 전 이모티콘은 커뮤니케이션의 일종 또는 감정 표시일 뿐 상품의 출처를 표시하는 상표의 기능을 갖는 것이 아니므로, 상표권 행사가 불가능합니다. 또한, 상표권은 이모티콘의 상표화에 의해 당연히 발생하는 권리가 아니고 상표 출원하여 심사를

371

거쳐 등록되어야 발생하는 권리이므로, 상표권을 행사하기 원한다면, 상품을 지정하여 상표 출원을 해야 합니다.

디자인권 행사는 어떨까요? 이모티콘은 화면 디자인으로 물품성이 인정되어 디자인권의 보호를 받을 수 있습니다. 그러나 디자인권은 디자인 출원하여 심사를 거쳐 등록되어야 발생하는 권리이므로, 그렇지 않은 경우에는 디자인권을 행사할 수 없습니다.

참고로, 이모티콘을 화면 디자인으로 출원할 때 디자인의 대상이 되는 물품을 '화면 디자인이 표시된 이동 통신기기', '화면 디자인인 표시된 컴퓨터 모니터' 또는 '화면 디자인이 표시된 디스플레이 패널' 등으로 기재할 수 있습니다. 덧붙여, 2021년 10월 21일부터는 물품성 제한 없이 신기술을 활용하여 공간상에 표현되는 화상 디자인 자체로도 보호받을 수 있습니다.

다만, 이모티콘을 화면 디자인으로 출원하는 데에는 별 무리가 없지만, 화상 디자인으로 출원하고자 할 때는 기능조작이나 기능발휘에 관련된 화상으로 한정되어야 하기 때문에 기능과의 연관성이 합리적인 경우에만 인정받을 수 있습니다.

이모티콘을 화상 디자인으로 출원할 때 디자인의 대상이 되는 물품을 '정보 표시용 화상', '정보 검색용 화상' 또는 '메인 화면용 화상' 등으로 기재할 수 있습니다(디자인 등록 제30-1164352호 참조). 만일, 등록된 화상 디자인을 온라인상에서 무단으로 전송한다면, 전송 자체만으로도 디자인권 침해에 해당합니다. 등록된 화면 디자인은 물품의 생산, 사용, 양도, 대여, 수출, 수입, 청약 등의 물품과 디자인이 결합된 실시 행위에 관한 권리가 주어집니다(디자인보호법 제2조 제7호 참조).

마지막으로 특허권 행사는 어떨까요? 특허는 기술적 사상을 보호하는 것이므로, 이모티콘을 특허권으로 보호받기는 어렵습니다. 다만, 이모티콘이 종래기술과 다른 기술적 사상으로 구체화된 경우라면, 이러한 기술적 사상과 이모티콘의 결합은 이론적으로 특허권의 보호를 받을 수도 있을 것 같습니다. 그러나 상표권이나 디자인권과 마찬가지로 특허권은 특허 출원하여 심사를 거쳐 등록되어야 발생하는 권리이므로, 그렇지 않은 경우에는 특허권을 행사할 수 없습니다.

결론적으로, 내가 만든 이모티콘은 창작과 동시에 저작권으로 보호받을 수 있고, 나아가 상표 출원이나 디자인 출원을 통해서 상표권이나 디자인권으로도 보호받을 수 있지만, 일반적으로 특허권으로는 보호받기가 어렵다고 할 수 있습니다.

140

영업에 사용 중인 표장 보호받기
: 상호등기 VS 상표등록

"현재 건축 구조물 설치업에 문자와 도형이 결합된 표장을 상호와 상표로 사용하고 있습니다. 경쟁업체 등 다른 사람들이 저의 표장을 무단으로 사용하는 것을 막고 싶은데 상호등기나 상표등록 중 어떤 것을 해야 하나요?"

가능한 경우의 수를 생각해 보면, 첫째 상호등기만 하는 것(방안 1), 둘째 상표출원만 하는 것(방안 2), 셋째 상표출원 및 상호등기를 모두 하는 것(방안 3), 마지막으로 상표출원 및 상호등기 모두 하지 않는 것(방안 4)이 있습니다.

방안 1 : 만일 다른 사람이 관할 시, 군 내에서 동종 영업에 나의 상호를 사용하는 것을 막을 수 있으면 충분하고 전국적으로 독점 배타적인 권리를 가질 필요는 없다고 생각한다면 상호등기만 하면 됩니다.

상호권은 사용 주의로 등기 여부와 관계없이 먼저 사용에 의해서 권리가 발생하지만, 등기를 하면 상호전용권의 행사가 매우 용이합니다. 따라서 타인은 동종 영업에서 선사용 또는 등기된

나의 상호를 사용할 수 없고, 만약 관할구역 내에서 동일 영업에 나의 상호와 동일한 상호를 사용할 경우 나에게 상호 사용 폐지 청구권이 발생하고, 손해를 입었다면 손해배상청구권도 발생합니다.

또한, 소송을 통해 상호전용권(상호 사용 폐지 청구권 및 손해배상청구권)을 행사하고자 할 때 상대방의 상호 사용의 부정한 목적을 입증해야 하는 어려움이 따르는데, 상호가 등기된 경우 입증책임이 모두 상대방에게 전가됩니다. 또한, 상호등기를 하면 이후 해당 광역시, 특별시, 시, 군의 등기소에서는 동종 영업에 있어서 동일한 상호의 등기를 배척하게 되고, 만일 실수로 등기되더라도 등기말소 청구권으로 이를 말소시킬 수 있습니다.

여기에서 반드시 생각해 봐야 하는 것이 있는데, 상호등기 사실만으로 상표권과의 저촉을 사전에 예방하거나 사후에 상호등기 사실로 상표권에 대항할 수 없습니다. 만일 사전에 타인의 상표권과의 저촉을 회피하고 사후에 타인의 상표권 침해 문제를 완전히 회피하기 위해서는 상표등록을 별도로 받을 필요가 있습니다. 상표등록을 받지 않고 상호만 등기한 후 영업활동을 하는 경우에는 타인의 상표권과의 잠재적 분쟁 위험성에 상시 노출된 상황이 됩니다. 이런 불안정한 상황이 해소되지 않고는 정상적인 영업활동의 영위와 사업의 원만한 성장이 어렵습니다.

참고로, 상호등기는 시, 군 지역 내에서 타인의 동종 영업에서의 동일한 상호가 존재하는지 확인할 뿐이므로, 같은 관할구역 내에서 동일한 상호가 선 등기된 것이 없다면 상호등기에는 어려움이 없습니다. 또한, 상호는 영업상 자신을 표시하기 위한 명칭이므로 반드시 문자로 표시되어 호칭될 수 있어야 하고 기호, 도형, 입체적 형상 등은 사용할 수 없습니다. 또한, 상호를 등기하려면 사업을 영위하고 있는 지역의 등기소에 가서 상호신설등기신청서를 사업자등록증 사본, 주민등록등본 또는 초본, 및 인감증명서와 함께 제출하고 소액의 정액등록세를 납부하면 됩니다. 상호신설등기신청서에는 상호, 사업자등록증에 기재된 영업의 종류, 상호사용자의 성명, 주소, 주민등록번호, 영업소 소재지를 기재해야 합니다.

방안 2 : 내가 사용하는 표장을 전국적으로 보호받고 싶다면 상표권을 획득해야 합니다. 상표권은 상표출원 후 심사를 거쳐 등록되어야 비로소 상표권이 발생하므로 상호등기보다 까다로운 부분이 있으나, 상표권은 전국적으로 독점 배타적인 효력을 가지고, 동일한 상표뿐만 아니라 유사한 상표에까지 권리가 미치기 때문에 상호권보다 전국적이고 포괄적인 권리에 해당합니다. 또한, 상표출원에 따른 특허청의 심사를 통해 타인의 상표권을 침해할 우려가 있는지 여부까지 간접적으로 확인할 수 있고, 상표등록 후에는 타인의 상표에 대한 침해 염려 없이 안심하고 자신의 영업에 상표를 사용할 수 있게 됩니다. 다시 말해, 타인의 상표를 침해하고 있다면 상표등록이 안 될 것이고, 만약 상표로 등록됐다면 타인의 상표권을 침해한 것이 아니므로 안심하고 상호를 상표로서 사용할 수 있게 되는 것입니다. 이런 메커니즘이 상호등기에는 없으므로 상표등록을 하는 것이 좋습니다.

참고로, 상표는 상호와는 달리 자신과 다른 사람들의 상품과 서비스를 식별할 수 있다면 기호, 문자, 도형 또는 이들의 결합의 형태로 이루어진 전통적인 상표 외에도 최근에는 색채, 소리 자체, 입체적 형상 자체만으로도 상표로서 보호되고 등록될 수 있습니다.

방안 3 : 매우 제한적이지만, 타인의 상호가 일견 나의 상표권을 침해한 것처럼 보이더라도 상표권이 사후적으로 미치지 않는 다음과 같은 예외적인 경우가 존재합니다.

상표법은 제90조에서 상표권은 자기의 상호를 상거래 관행에 따라 사용하는 상표에는 상표권이 미치지 않는 것으로 규정하고 있습니다. 이러한 예외를 인정받기 위해서는 상호를 상거래 관행에 따라 인적 표지로서 영업의 동일성을 표시하기 위한 것으로 사용해야 하는데, 판례는 일반인의 주의를 끌 만한 서체나 도안을 적용하는 경우에는 예외를 인정하지 않고 있습니다. 통상 상호라고 하더라도 소비자의 주의를 끌기 위해 색채를 입히거나 도안화해서 사용하는 경우가 대부분이므로 예외를 인정받아 상표 침해를 모면하는 것은 쉽지 않습니다. 특히 서비스업의 경우 상호를 상표로도 사용하는 경우가 많아서 종종 타인의 상표와 저촉이 발생하고, 따라서 분쟁이 많은 편입니다. 따라서 이러한 예외적인 경우까지 감안한다면 상표등록을 받는 것과는 별개로 상호도 등기하는 것이 바람직합니다. 다만 상호권은 사용에 의해서도 발생하므로 이미 상호로 사용 중이라면 등기가 절대적인 조치에 해당하지는 않습니다.

방안 4 : 마지막으로, 상호는 사용 주의로 등기 여부와 관계없이 먼저 사용에 의해서 권리가 발생하고, 법인과 달리 개인 사업자는 등기가 의무는 아닙니다. 따라서, 상술한 상표등록이나 상호등기로 얻을 수 있는 권리나 효과를 전혀 누릴 생각이 없다면, 굳이 돈이 드는 상표출원이나 상호등기 어느 것 하나 추천하기 어렵습니다.

　이제야 특허 노트가 대단원의 막을 내렸습니다. 시원섭섭하네요. 쉽고 재밌는 글이 되기를 바랐는데, 그렇지 못한 것 같아 무척 속상합니다. 지긋지긋한 날이 많았지만, 하나님의 은혜로 잘 버텨냈습니다. Soli Deo Gloria!

　이메일 주소를 남깁니다. 궁금하신 사항은 연락 주세요.
　개인 이메일 bnyking@hanmail.net